军事情报前沿理论探索丛书

主编 | 王 亮

"双重"建设重点项目

美军ISR术语内涵的演变与实践

刘海龙 | 著

金城出版社
GOLD WALL PRESS
· 北京 ·

图书在版编目（CIP）数据

美军 ISR 术语内涵的演变与实践 / 刘海龙著 . —北京：金城出版社有限公司，2022.7
（军事情报前沿理论探索丛书 / 王亮主编）
ISBN 978-7-5155-2203-6

Ⅰ. ①美… Ⅱ. ①刘… Ⅲ. ①作战指挥系统－名词术语－研究－美国 Ⅳ. ① E712.411-61

中国版本图书馆 CIP 数据核字（2021）第 273139 号

美军ISR术语内涵的演变与实践

作　　者	刘海龙
责任编辑	蔡传聪　王　璐
责任校对	盛菊艳
责任印制	李仕杰
开　　本	710 毫米 × 1000 毫米　1/16
印　　张	15
字　　数	210 千字
版　　次	2022 年 7 月第 1 版
印　　次	2022 年 7 月第 1 次印刷
印　　刷	天津旭丰源印刷有限公司
书　　号	ISBN 978-7-5155-2203-6
定　　价	45.00 元

出版发行	**金城出版社有限公司**　北京市朝阳区利泽东二路 3 号 邮编：100102
发 行 部	（010）84254364
编 辑 部	（010）64222699
总 编 室	（010）64228516
网　　址	http://www.baomi.org.cn
电子邮箱	jinchengchuban@163.com
法律顾问	北京市安理律师事务所　（电话）18911105819

◂ 丛书总序 ▸

努力系统探寻军事情报活动的“道”与“理”

一

对军事情报活动“道”与“理”的探寻，始于 2500 年前的孙子时期。“用间”篇、“相敌三十二法”等思想在军事历史的长河中熠熠生辉，引领与指导着军事情报实践活动，至今仍然闪耀着智慧的光芒。这份东方智慧在西方直至 19 世纪上半叶还无法被军事理论的研究者认同。西方的“兵圣”克劳塞维茨在《战争论》中依然仅用不足千字来讨论“战争中的情报”，主要阐释的是，指挥官面对情报的“不可靠性和多变性”应该如何“保持真正的镇静”，对于从情报人员视角思考怎样做好情报保障工作，克劳塞维茨既无信心也无办法。

西方开始系统理性地思考情报活动规律已然是 20 世纪的事情。19 世纪末 20 世纪初，新老帝国主义国家之间激烈博弈，对情报活动产生了巨大的需求，情报活动随之迅猛发展。在谍报领域，各国的情报侦察能力向体系化和精细化两个向度发展。在技术侦察领域，第一次世界大战前后，无线电技术侦察和航空侦察纷纷登上情报活动的历史舞台，极大地拓展了情报侦察手段的多样性。日俄战争催生了俄国独立的情报分析机构的产生，侦察和分析成为情报工作链条上两个独立的环节。日益复杂的情报活动既为系统的情报研究活动提供了实践基础，也对深入理解情报活动的内在规律提出了现实需求。战后，曾是沙皇俄国第一位晋升为将军军衔的情报人员——巴秋申撰写了《秘密军事情报工作与反情报工作》，这应该是最早对现代情报活动展开理性探讨的专门著作。此后，日本、英国等多个国家出现了类似的研究成果，但数量稀少，基本上是有着丰富情报工作经历的人员对情报经验的总结与升华，这些成果也多成为各国情报人员培训教材。

1949 年，曾在第二次世界大战期间服务于美国战略情报局的谢尔曼·肯特，撰写了《服务于美国世界政策的战略情报》，开启了美国情报理论研究的先河，更开启了文人研究情报活动的先河。肯特在战前 20 年的时间里，受训和执教于耶鲁大学，已经打下了扎实的学术训练功底，形成了极强的理论意识和方法意识，《服务于美国世界政策的战略情报》正是他的学术意识与情报领域实践活动结合的产物，更是他力图透过系统建构情报理论从而统筹与规范复杂的战略情报活动的尝试。自此，经验总结与升华不再是情报领域理性思考的唯一路径，引入自然科学和社会科学的理论，运用理论分析军事情报问题，进而创建军事情报理论，成为美国军事情报理论研究活动的不同面向。肯特之后，以罗伯特·沃尔斯塔特为代表的非情报人员出身的学者也投入到情报研究中来，形成了诸多研究成果。张晓军教授在《美国军事情报理论著作评介》一书的前言中曾经这样概括美国战后的军事情报理论研究："美国的军事情报理论研究，数十年热度不退……这些著作从不同层面、不同视角，对军事情报理论与实践进行了探讨。"[1]

与战后美国情报学界的百家争鸣景象不同，同样有着超强情报实力的中国与苏联，因为国家安全观念和情报文化的不同，在情报理论创新上鲜少呈现学者的相互争鸣，公开出版的情报相关文献有着共同的话语体系和共同的认知内容。《苏联军事大百科全书》和《中国人民解放军军语》及其修订版最有利于观察两国情报理论创新的节奏与面貌，其中情报相关篇章论述极为精炼，但其中却蕴含着极为丰富的情报工作实践经验与理性思考。

[1] 张晓军主编：《美国军事情报理论著作评介》，时事出版社 2005 年版，第 1 页。

东西方情报理论创新成果的广泛交融出现在冷战结束以后。20 世纪 90 年代，俄罗斯情报界开始向西方开放，俄罗斯情报学界也外溢出情报界，诸多国际政治和军事问题研究机构（大学和智库等）纷纷开始研究情报问题。传播本国继有的情报理论，引入美国情报理论研究成果，运用历史学研究方法深挖解密档案，创造性地引入系统论等现代科学方法探索军事情报问题，蔚然成风。在我国，20 世纪 90 年代末开始学术化地“研究军事情报活动的规律与指导规律”，系统构建军事情报理论知识与经验知识体系。由此，国内军事情报研究领域的拓荒者们一方面系统梳理情报活动的历史经验，另一方面从继承、“拿来”和创新三个路径探索情报理论。在对中国古代军事情报思想进行系统总结与提炼后，学界把目光投向了百花齐放的美国情报理论界。张晓军教授开此先河，《美国军事情报理论著作评介》丛书为国人打开了美国情报理论研究的万花筒，《美国军事情报理论研究》一书则开启了对美国军事情报问题的原创性理论研究。

过去的 20 年间，国内军事情报学者在军事情报理论的翻译与研究道路上大踏步前进。“情报与反情报丛书”“国家战略预警研究译丛”等书系为国内业界提供了丰富的美国情报理论研究全本译著，“军事情报学博士文库”“国家安全与情报丛书”等学界的研究成果也不断推陈出新，相映生辉。更为重要的是，一些研究大战略和战略问题的学者加入情报理论研究的行列，为学界贡献出不同视角下的情报理论研究成果。中国军事情报学界初露锋芒。

二

当我们讨论军事情报理论时，到底在指涉什么？军事情报活动是否需要理论？

为此需要先理解何谓理论。各个学科几乎都要从回答这一问题开始。陈嘉映在《哲学·科学·常识》一书中认为，“我们叫作‘理论’的东西，首先是一般的东西、普遍的东西、抽象的东西，是和具体情况相对的”，“理论的另一个含义是对世界的整体解释。”[1]文军在探讨何谓社会学视野下的“理论”时指出，“从功能主义的观点来看，理论实际上就是力求解释社会进程的过程和因果关系的一种体系或架构，在这一框架中，各种陈述都会由逻辑的关系连接起来，而逻辑必然性依靠的又是一套内部相关一致的定义和规则。所以，理论也可以看作是对事物的合理解释或事先预测，是对客观事物本质及其运动规律的一种科学认识。”[2]国际关系学者詹姆斯·多尔蒂和罗伯特·法尔兹格拉夫劝告该领域的学生不应被“理论”一词吓到，“理论只是对现象系统的反映，旨在说明这些现象，并显示它们是如何相互密切联系的。”[3]不一而足。从这些学者对“理论”的界定来看，第一，它是对世界（理论所对应领域）进程的反映，但是是对具体现象的系统反映，因而是一种抽象的反映；第二，它对世界进程中的因果关系提供一种解释，这种解释往往是整体的、结构化的，由多重逻辑关系构成的。

如果说上述对于什么是理论的定义具有较强的西方科学思维的色彩，那么从中国传统文化中对什么是“道”与“理”的解读，似乎更可帮助我们以中国人的思维习惯视角理解理论的内涵及价值。

庄子以一则《庖丁解牛》建构起了两组对立统一的概念——“技”与“道”、“道”与“理”。当文惠君感叹庖丁解牛技术之高明时，庖丁却为自己理解解牛的“道”而自豪，甚至向文惠君详细描述了处理大骨、小骨、骨结合部等部位的方法，此所谓“道”，即“所然”。庖丁进而解释了这些方法的形成依据，所谓“依乎天理”，即“道”背后的“理”，“所然”背后的“所以然”，按照今天的话语体系，庖丁所遵循的“天理”应为牛的内在结构。能够保证庖丁所用之刀十九年仍仿佛“新发于硎”的，并非“切割”这样的表象活动及其技巧，而是对所解之牛内在深层次结构（理）理解基础上的用刀之法（道）。

[1] 陈嘉映：《哲学·科学·常识》，中信出版社 2018 年版，第 60 页。

[2] 文军：《西方社会学理论》，上海人民出版社 2006 年版，第 6 页。

[3] 倪世雄等：《当代西方国际关系理论》，复旦大学出版社 2001 年版，第 2 页。

散见的道理无处不在。中国文化传播的特点是将诸多道理分别寓于形象化的故事中表达出来。散见的道理不能称为理论。道理还需要系统地说——“系统说理”。“常识所关的……是简单而基本的事实和道理”，而“细致、系统观察到的现象，仪器观察和实验所产生的结果，更是常识难以解释的”，所以需要“系统说理”，“所谓‘穷理’……是向深一层去探究事物的所以然”，“我们关于世界的东鳞西爪的知识，通过对所以然的追问，收归原理的统辖之下，形成一个系统。”“系统说理通过一套原理贯通各种具体问题”。[1]

由此，东西方关于“何谓理论”的理解达成了共识。抽象地阐述事物的所然，系统地理解事物的所以然，从而对事物形成整体的、结构性的认识，应为“理论”的本质内涵。

需要强调的是，“系统说理”的“系统”有着具体的内涵。中国文化中有强烈的“悟道”习惯，仿佛《关尹子教射》中的关尹子，所谓“教”者，只是明示列子需要知道射箭的“所然”与“所以然”，但“所以然”需要列子在实践中去体悟。西方的理论是对“所然”与“所以然”的系统逻辑推理过程。这也应该是陈嘉映所谓“系统说理”的本意吧。所以，我们进而可以说，通过系统地逻辑推理实现求道穷理的过程即为理论创造的过程，这一过程的产物——运用严密的逻辑推理过程系统地表达事物表象背后的“道”与“理”，即为理论。

当理解“理论”的内涵后，也就理解了“理论”的价值。人们应该皆希望自己是文惠君所赞之庖丁，而非“月更刀”“岁更刀”的“族庖”和“良庖”。《韩非子·解老》甚至有言，“夫缘道理以从事者，无不能成。”但是哲人们也提醒我们，不要过高估计“道”的价值。走过“确定领域中的确定事物中的沟沟坎坎”往往还需要经验和通过经验的累积而日益熟悉的“术”的帮助。[2]

所以，所谓军事情报理论应为对军事情报活动“道”与“理”的系统逻

[1] 陈嘉映：《说理》，华夏出版社 2011 年版，第 32—33 页。

[2] 陈嘉映：《说理》，华夏出版社 2011 年版，第 32—33 页。

辑推理，是对军事情报活动“所然”与“所以然”的结构化理解。

三

今天，中国军事情报学界已经走过了理论研究的拓荒时期。诸多军事情报理论探索的前辈在这一领域深耕二十余载，形成了自己对情报活动“所然”与“所以然”的认识。更为重要的是，他们以自己丰厚的学养和拓荒者的精神培养了新一代的情报理论研究者。薪火相传中，新一代的情报学人们承载着新的使命。

如果说，中国军事情报学界前 20 年的理论探索为军事情报理论研究领域不断拓展边界，赋予了它足够的宽度，那么在接下来的时间里，情报学人们努力的方向也许是：

首先，可以潜心深耕这片沃土。把情报理论研究前辈们已经开拓出的这片研究领域，作为情报理论探索的核心地带，努力为其中的每一个情报理论问题提供扎实的研究注解，这是构建系统情报理论的第一步，就像所有的通史研究都需要首先做好各个断代史的研究一样。

其次，可以在继承和拿来的基础上更加专注于对情报问题的原创性理解与阐释。事实上，美国的情报理论创新最重要的路径是将哲学和社会科学的方法引入到情报问题的理解中来，比如小理查兹·休尔的《情报分析心理学》、凯瑟琳·弗森的《战略情报的批判性思维》，即是将认知心理学的最新发展成果和西方传统的批判性思维引入到情报具体研究领域中来。面对情报活动中的诸多理论问题，我们也可以打开视野，运用不一样的哲学理论或者跨学科理论工具形成独特的系统解释。

再次，需要对军事情报活动的“所然”与“所以然”给出现代中国的答案。每一个民族每一种文化都有自己在长期的生产生活中形成的独特思维方式。如果说现代科学有共通的“天理”，当涉及人的精神理解时则必然会有文化的烙印。情报领域所需面对的问题既有科学的问题也有人文的问题。现代中国对军事情报基本理论的回答必然依托于自己的文化心理和思维方式。与此同时，情报理论学人们也应努力回答国家发展过程中所迫切需要回答的情报理论问题。信息时代，情报能力作为国家重要战略能力之一，面临着更大的竞争挑战，有着更为迫切的发展需求，通过理论创新引领与推动国家情报能力的发展是情报理论研究者责无旁贷的使命。

最后，需要紧跟时代发展的前沿努力探索情报理论的发展方向。“每一个时代的理论思维，从而我们时代的理论思维，都是一种历史的产物，在不同的时代具有非常不同的形式，同时具有非常不同的内容。”这句耳熟能详的教导同样适用于军事情报理论探索领域。这个时代的理论创新，一方面是对这个时代所产生新现象的深入系统理解；另一方面也应该包括以这个时代的视角和理解方式阐释军事情报的基本问题。

上述每一个方向的探索都殊非易事。好在我们都是“思想的苇草”，好在何兆武先生为我们指明了路径：“人的思想总是由零零碎碎的感触长期积累而逐步形成的，没有夹生的，自然也就不会有成熟的。”[1]

正是在这些思考基础上，我们策划了“军事情报前沿理论探索丛书”。这将是一个具有高度包容性的丛书系列，只要聚集军事情报理论探索问题，哪怕只是一个小小的理论问题，哪怕思想没有那么深邃，理论没有那么完美，我们都愿意将其视为珍宝奉献出来。多年以后，中国军事情报理论体系的构建也许就有今天一个小小的理论探索火花的作用。星星之火，终可燎原。

是为序。

王亮　彭亚平

2022 年 1 月 6 日

[1] 何兆武：《思想的苇草：历史与人生的叩问》，北京师范大学出版社 2013 年版，前言。

目　录

第一章
绪　论

一、研究缘起

冷战结束后，美军在几次局部战争中的表现十分引人注目，美军在技术上的创新和追求引领了新军事变革，美军战场上强大的态势感知能力十分突出。态势感知的背后，是美军情报能力的强大支撑，而 ISR（intelligence、surveillance、reconnaissance）就是海湾战争后，美军在条令中阐释情报内容时，开始使用的一个重要军事术语。

美军认为ISR是其每次军事行动取得成功的基础[1]，是作战取得胜利的首要能力，贯穿军事行动的始终。[2] 美空军甚至认为，ISR 能力是战场发现、定位和打击目标的核心，已经成为美空军全球警戒、全球到达和全球力量战略的基础。[3]ISR 在美军情报工作中的地位作用非常突出，是美军实现战场态势

---

[1]　Headquarters, United States Air Force,In Demand:Air Force ISR for the Joint Force in the Current and Future SecurityEnvironments, Major General Jack Shanahan, USAF Commander, 25th Air Force, 20 Nov.14.

[2]　U. S. Air Force, AFDD 2-9 Intelligence, Surveillance, and Reconnaissance Operations, 6 January 2012, Foreword.

[3]　Headquarters, United States Air Force, Lead Turning the Future: The 2008 Strategy for United States Air Force Intelligence, Surveillance and Reconnaissance, 4 July 2008, p. 22.

感知、谋求与确保情报优势甚至作战优势的关键。研究 ISR 对于透析美军的情报能力具有非常重要的研究价值。

本书选取美军公开的条令、文件、报告等官方文献，从术语的角度探究其内涵的发展变化，对美军相关的情报理论建设与发展进行系统深入的研究。同时，术语并非孤立存在于文献之中，透过承载术语的字词语句的替代和文本内容的更新，可以发现术语背后所映射的情报技术的发展、情报理论的创新、战场情报需求的变迁、情报作战能力的提升等诸多美军情报体系的重要组成内容。透过 ISR 术语的发展，可以一窥美军情报能力的建设与发展路径。

二、概念界定

关于 ISR 的概念界定，本书将其分解为三个问题：一是美军条令的规定；二是美军战争报告中的总结；三是国内对术语的翻译。

条令文件的规定，是了解 ISR 术语概念最直接也是最权威的途径。战争报告中对 ISR 的总结和阐释，则可以从战争实践的角度去框定 ISR 的内容范围，可以为深刻认知 ISR 提供非常有益的补充。了解国内对 ISR 的翻译现状，则可以确定术语的约定俗成的中英文表达，避免由于语言的转换带来研究偏差。

（一）条令对 ISR 的界定与阐释

ISR，是 intelligence（情报）、surveillance（监视）、reconnaissance（侦察）的简称[1]，是美国空军于 20 世纪 90 年代中期提出的术语，一直沿用至今。美军《国防部军事和相关术语词典》（*DOD Dictionary of Military and Associated*

---

[1] ISR 一词在 20 世纪 80 年代曾是美国国防部对“工业安全规则”（Industrial Security Regulation）的简称，现已不再用，也曾代指“图像支援需求”（Imagery Support Requirement）。在美国陆军条令中，ISR 曾是“军事设备状态报告”（Installation Status Report）的简称，也已不再用。

Terms，2019 年 1 月修订）对其定义为："情报、监视与侦察：1. 一项整合的作战与情报活动，对传感器、资产、处理系统、利用系统、分发系统的计划与行动进行同步与整合，以直接支援当前和未来的行动。2. 执行此类活动的组织或资产。也称为 ISR。"[1]

1. 概念的文本

对此定义进行文本的分解（如图 1.1），可以对 ISR 的内容做如下解读：

传感器（sensors），是信息数据的接收者，即情报搜集。

资产（assets），是美军对于平台与装备系统的一种表述用语，是指搭载 ISR 传感器的各种平台，如无人机、侦察卫星等。

处理（process）、利用（exploit）、分发（disseminate），是对搜集到的数据信息进行加工并传递给用户的过程。美国空军在 2007 年 AFDD1-02《空军词典》（*Air Force Glossary*）中将其简称为 PED。

对上述五个系统的"计划"与"行动"的同步与整合[2]，即为 ISR。

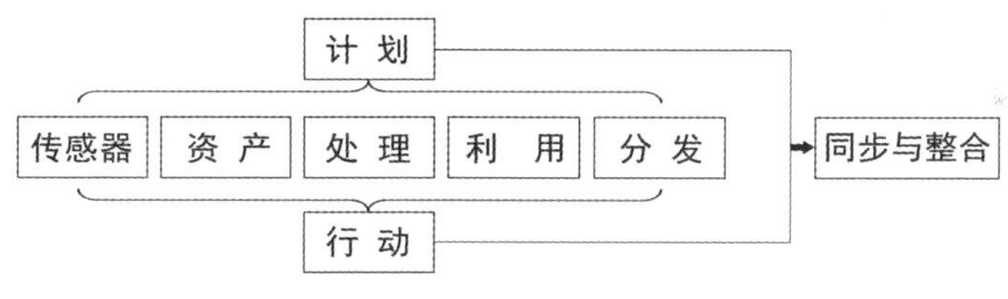

图 1.1 ISR 定义的解析

结合我军军语对照表达（见表 1.1），ISR 的内容包括情报搜集（传感器和平台两部分）、情报处理、情报分发等环节的计划与行动，并且要对这些计划与行动进行"同步"与"整合"，即对这些系统进行统筹、组织、协调，使其提高效率。这项活动的目的在于直接支援作战行动。而战场上的情报搜集、处理、利用、分发等行动，以及对这些行动的协调同步，则不会仅仅是单纯

[1] U. S. Joint Chiefs of Staff, *DOD Dictionary of Military and Associated Terms*, January 2019, p.117.

[2] 本书将 integrate 统一译为"整合"，国内也常见"融合""一体化"等译法。

的情报行动，必然也是一种作战行动。同时，理解 ISR 还要注意到条令的第二条阐释，即 ISR 不仅指这些行动，也指这些行动的执行者——组织或资产，即机构、部队和武器平台。

表 1.1 《中国人民解放军军语》（2011 年版）关于情报、监视、侦察的有关概念 [1]

军语	对应英文	含义
侦察	reconnaissance	为获取国家安全、国家利益和军事斗争所需情报而采取的行动。
侦察情报	reconnaissance and intelligence	侦察情报工作的简称。为满足国家安全、国家利益和军事斗争的需要，运用各种手段获取情报资料，并对其进行分析处理生成情报成果的活动。
战场侦察监视	battlefield reconnaissance and surveillance	运用各种侦察手段对战场情况进行侦察和跟踪观察的统称。
情报分发	intelligence dissemination	将情报送达情报使用对象的过程。
情报研判	intelligence interpretation	对情报资料等信息进行甄别筛选、分析研究，形成判断结论的过程。
情报综合	information integration	对各种情报进行提炼加工，形成综合性成果的过程。
情报融合	intelligence fusion	将各种渠道、各种手段获取的情报进行汇总、比对、印证、整合的过程。
情报通报	intelligence circulation	向有关部门、所属部队和友邻告知相关情报的活动。
情报整理	intelligence production	将各种来源的情报资料分析提炼成情报的过程。
情报传递	intelligence transmission	亦称情报传输。对情报和情报资料进行传送的活动。
情报处理	intelligence processing	对获得的情报进行分析研究、整理编写、报告通报、储存归档的活动。
情报分析	intelligence analysis	对情报资料进行甄别、筛选、研究、判断，最后形成结论的活动。

从“种差＋邻近的属”和“内涵 / 外延”的定义方法角度进行分析，美

[1] 全军军事术语管理委员会：《中国人民解放军军语》（全本），军事科学出版社 2011 年版，第 201—229 页。

军条令认为 ISR 是一种活动，活动的本质特征是同步与整合，活动的内涵是对传感器、平台 / 资产、处理系统、利用系统和分发（传输）系统的整合，活动的目的与意义在于直接支援作战。这种活动同时具有情报和作战的属性。同时，进行这些活动的相应组织或者装备系统，也可以称为 ISR。

2. 概念所属的领域

分析美军联合条令和军种条令对 ISR 进行概念界定的情况，可以发现，这些概念界定基本上都存在于 2 系列[1]的情报出版物中（见表 1.2），显然，ISR 是个情报领域的概念。

表 1.2 界定 ISR 概念的主要官方文件

文件名称	颁布方
AFDD50《情报、监视与侦察行动》	美国空军
AFDD2–52《情报、监视与侦察行动》	美国空军
AFDD2–9《情报、监视与侦察行动》	美国空军
AFDD 2–0《全球一体化 ISR 行动》	美国空军
TRADOC Pam 525–7–9《美国陆军概念能力计划——情报、监视与侦察 2015—2024》	美国陆军
FM2–0《情报》	美国陆军
ADP2–0/ADRP2–0《情报》	美国陆军
JP2–0《联合情报》	联合文件
JP2–01《军事行动联合与国家情报支援》	联合文件

美军将 ISR 定义为一种活动，对照美军在情报基础条令中关于“情报周期”或“情报流程”的阐释[2]，就可以分析 ISR 这种情报领域内的活动对应情报流程中的哪个阶段，这种对比有利于更深入地理解 ISR 定义所阐释的内容。

[1] 美军联合出版物根据职能领域分为 6 个系列，即 JP1 人事、JP2 情报、JP3 作战、JP4 后勤、JP5 计划和 JP6 通信。

[2] 美军将各类情报行动统称为“情报周期”（intelligence cycle），2004 年后称为“情报流程”（intelligence process）。

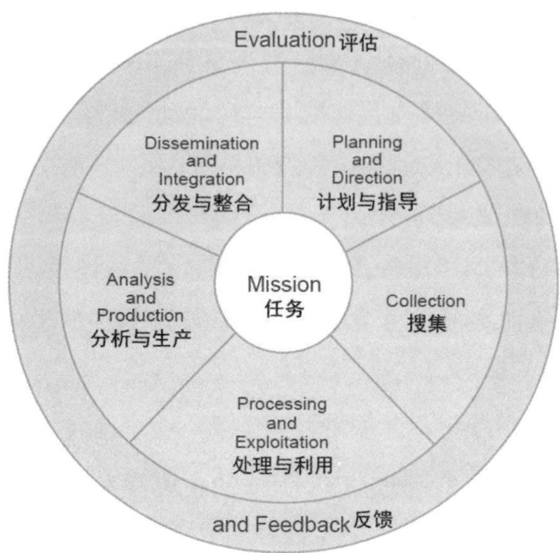

图 1.2 美军“情报流程”[1]

美军将“情报流程”分为六个环节（如图 1.2），即计划与指导、搜集、处理与利用、分析与生产、分发与整合、评估与反馈。联合文件 JP2–01《军事行动联合与国家情报支援》(2004、2012)、JP2–0《联合情报》(2013) 对 ISR 的阐释，都将其安排在对“搜集、利用”的“计划与指导”阶段，意即 ISR 是计划“搜集利用”和指导“搜集利用”。这与 ISR 的定义内容是相吻合的，ISR 的重点是“同步与整合”。

联合文件对 ISR 任务功能阐释时提到：“为了确保侦察与监视任务完全整合到联合行动中，J-2（联合参谋部情报主管）和作战指挥 J-3（联合参谋部作战行动主管）必须持续协作，以针对特定搜集目标同步利用配属的和可分配的平台和传感器。他们还必须确保原始数据被发送到适合的处理和利用系统，以使其转换为可用信息，并及时分发给用户。”[2]

[1] U. S. Joint Chiefs of Staff, JP2-0 Joint Intelligence, 22 October 2013, 第一部分第 6 页。
[2] U. S. Joint Chiefs of Staff, JP2-0 Joint Intelligence, 22 October 2013, 第一部分第 11 页。

情报主管与作战指挥的协作，正是对ISR既是情报行动又是作战行动的清晰阐释。ISR活动中，情报主管负责计划搜集目标并排序，引导ISR活动计划；作战指挥负责管理战场，指挥控制战场上的各种平台。二者的协作还在于对战场上各种ISR平台的使用与任务分配提出建议，进行计划与指导。情报主管制定的恰当搜集计划，以及与作战指挥之间的持续协作，为各级部队提供了所有可用平台、传感器和相关处理、利用和分发（PED）系统的有效管理和最佳使用策略。

所以，ISR是一项整合情报与作战的活动，协作、同步、整合是条令对于ISR内容界定的核心。

3.概念的组成形式

ISR形式上属于首字母缩略语，不过与美军其他首字母缩略语的含义界定不同，ISR的定义内容与I（情报）、S（监视）、R（侦察）的单独定义并没有特别直接的语义联系。

美军认为，“情报”是“1.对有关外国、敌对或可能的敌对力量或要素，实际或可能的行动区域的可用信息进行搜集、处理、整合、评估、分析和解释所产生的产品。2.产生这些产品所进行的活动。3.从事此类活动的组织”[1]。

“监视”是“通过视觉、听觉、电子、摄影或其他方式对空天、网络、地海面或地下区域、地点、人或事物进行的系统地观察。”[2]

“侦察”是“通过视觉观察或其他探测方法，了解敌人或对手的活动和资源的信息，或获取特定区域的气象、水文或地理特征数据的任务。”[3]

而ISR的定义，不是“产品”“观察”或者“探测”，而是“同步与整合”。这种差异，客观上造成了ISR区别于I、S、R的情况，容易产生理解上的偏差和研究范围的模糊。

---

[1] U. S. Joint Chiefs of Staff, DOD Dictionary of Military and Associated Terms, January 2019, p.115.

[2] Ibid, p.226.

[3] Ibid, p.196.

4. 概念解释的历史版本

必须注意到，ISR 这个术语美军已经使用了近 20 年，其内涵并非一成不变，对其多个历史定义作对比分析，更能厘清 ISR 的核心内容。

本书搜集的 ISR 的历史定义如下：

表 1.3 美军条令文件对 ISR 的定义

时间	文件	颁布方	概念表述（原文）
1999.04.21	AFDD2-52《情报、监视与侦察行动》	美国空军	Intelligence, surveillance, and reconnaissance (ISR) are integrated **capabilities** to collect, process, exploit, and disseminate accurate and timely information that provides the battlespace awareness necessary to successfully plan and conduct operations.[1]
2004.09.21	FM 1-02/MCRP 5-12A《作战术语与标图》	美国陆军 / 海军陆战队	An enabling **operation** that integrates and synchronizes all battlefield operating systems to collect and produce relevant information to facilitate the commander's decisionmaking. Also called ISR.[2]
2004.10.07	JP2-01《军事行动联合与国家情报支援》	联合文件	An **activity** that synchronizes and integrates the planning and operation of sensors, assets, and processing, exploitation, and dissemination systems in direct support of current and future operations. This is an integrated intelligence and operations function. Also called ISR.[3]

[1] U. S. Air Force, AFDD2-52 Intelligence Surveillance and Reconnaissance Operations, 21 April 1999, p.1.

[2] Headquarters Department of the Army, FM 1-02/MCRP 5-12A, Operational Terms and Graphics, 21 September 2004, pp.1-102.

[3] U. S. Joint Chiefs of Staff, JP2-01 Joint and National Intelligence Support to Military Operations, 7 October 2004, 词汇表第 18 页。

（续表）

时间	文件	颁布方	概念表述（原文）
2007.06.22	JP2-0 《联合情报》	联合文件	An **activity** that synchronizes and integrates the planning and operation of sensors, assets, and processing, exploitation, and disseminationsystems in direct support of current and future operations. This is an integrated intelligence and operations function. Also called ISR. (JP 2-01)
2007.07.17	AFDD2-9 《情报、监视与侦察行动》	美国空军	An **activity** that synchronizes and integrates the planning and operation of sensors, assets,processing, exploitation, and dissemination systems in direct support of current and future operations. This is an integrated intelligence and operations function.(JP1-02)
2008.02.27	FM 3-0 《作战》	美国陆军	An **activity** that synchronizes and integrates the planning and operation of sensors,assets, and processing, exploitation, and dissemination systems in direct support of current and future operations. This is an integrated intelligence and operations function. **For Army forces,** this activity is a combined arms operation that focuses on priority intelligence requirements while answering the commander's critical information requirements. (JP 2-01 contains ISR doctrine.)
2008.08.12	TRADOC Pam 525-7-9 《美国陆军概念能力计划：情报、监视与侦察 2015—2024》	美国陆军	An **activity** that synchronizes and integrates the planning and reconnaissance and operation of sensors, assets, and processing, exploitation, and dissemination systems in direct support of current and future operations. This is an integrated intelligence and operations function. **For Army forces**, this activity is a combined arms operation that focuses on priority intelligence requirements while answering the commander's critical information requirements.[1]

[1] Headquarters Department of the Army, TRADOC Pamphlet 525-7-9 The United States Army's Concept Capability Plan(CCP) Intelligence, Surveillance, and Reconnaissance 2015-2024, 12 August 2008, p.34.

（续表）

时间	文件	颁布方	概念表述（原文）
2010.03.23	FM2-0《情报》	美国陆军	An **activity** that synchronizes and integrates the planning and operation of sensors, assets, and processing, exploitation, and dissemination of systems indirect support of current and future operations. This is an integrated intelligence and operations function.**For Army forces**, this combined arms operation focuses on priority intelligence requirements while answering the commander's critical information requirements.(FM 3-0)
2012.01.05	JP2-01《军事行动联合与国家情报支援》	联合文件	An **activity** that synchronizes and integrates the planning and operation of sensors, assets, and processing, exploitation,and dissemination systems in direct support of current and future operations. This is an integrated intelligence and operations function.(JP2-01)
2012.01.06	AFDD 2-0《全球一体化情报、监视与侦察行动》	美国空军	An **activity** that synchronizes and integrates the planning and operations of sensors, assets, processing, exploitation, and dissemination systems in direct support of current and future operations. This is an integrated intelligence operations function.(JP1-02)
2012.08.31	ADP2-0/ ADRP2-0《情报》	美国陆军	An **activity** that synchronizes and integrates the planning and operation of sensors, assets, and processing, exploitation, and dissemination systems in direct support of current and future operations. This is an integrated intelligence and operations function.(JP 2-01)
2017.07.05	JP2-01《军事行动联合与国家情报支援》	联合文件	1.An integrated operations and intelligence **activity** that synchronizes and integrates the planning and operation of sensors, assets, and processing, exploitation,and dissemination systems in direct support of current and future operations.2.The **organizations** or **assets** conducting such activities.[1]

[1] U. S. Joint Chiefs of Staff, JP2-01 Joint and National Intelligence Support to Military Operations, 5 July 2017, 词汇表第 10 页。

从 ISR 不同阶段的定义可以看到，其内容的核心词语与表达语序具有一致性，但也确实存在区别。

在条令中界定 ISR 概念是美国空军于 1999 年做出的："搜集、处理、利用与分发准确及时信息的整合的能力，为成功计划与执行作战提供必要的战场态势感知。"空军的这一早期概念认为 ISR 是一种能力，此种能力搜集、处理并分发信息，为作战行动"提供战场态势感知"，反映了 ISR 本质上的情报属性。

陆军和海军陆战队 2004 年将 ISR 定义为："一种赋能行动，整合与同步所有战场作战系统搜集和生产相关信息，辅助指挥官作出决策。"陆军 / 海军陆战队的概念认为 ISR 是一种行动，行动的内容是整合所有作战系统，目的是搜集信息，此信息用于辅助指挥官作出决策。

2004 年联合文件提出了 ISR 的概念，统一了各军种的认知，《国防部军事和相关术语词典》同日更新[1]。2004 年 10 月 7 日至 2017 年 7 月 5 日近 13 年里，ISR 定义几乎保持了一字未改，即："同步与整合传感器、资产、处理、利用与分发系统计划与行动的活动，以直接支援当前和未来的作战，这是一个整合的情报与作战功能。"[2]这一概念与今天的ISR定义主要内容已经基本一致。联合文件认为 ISR 是一种活动，活动的核心是同步与整合。

2017 年联合文件 JP2-01《军事行动联合与国家情报支援》对 ISR 的定义做了修订，十几年不变的 ISR 定义有了新的变化。2019 年 1 月，《国防部军事和相关术语词典》也做出了更新。更新后的条令明确：ISR 除了继续表示这 13 年来一直规定的活动，同时也可以指执行这些活动的组织或资产。这是 ISR 内容上的重大变化。

[1] 2004 年 10 月 7 日，JP2-01 发布的当天，JP1-02 文件也发布了新的版本，对内容进行了更新。

[2] 美国陆军自 2008 年发布 FM 3-0《作战》后，对 ISR 提出了自己的理解与修订，但仍然认同联合文件对于 ISR 的定义。

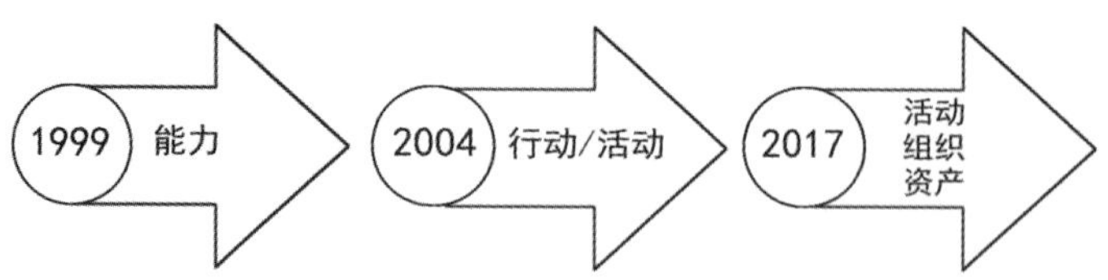

图 1.3 ISR 定义变化示意图

综上，ISR 术语自 1996 年美国空军首次写入条令至 2019 年《国防部军事和相关术语词典》的更新，其概念表述虽然有从能力、行动、活动再到组织装备的变化，但其核心内容与主要的组成环节基本保持了稳定。ISR 究其根本，是对情报流程中从搜集到分发的同步与整合，结合我军军语，可以理解为对侦察、监视、情报处理、情报分发传递等各个情报流程的计划、组织和统筹，是情报自搜集一直到递交给用户之前的过程。ISR 的本质内涵就是使美军可以在正确的时间、正确的地点获得正确的资产 / 装备。

同时，仅从 ISR 的定义内容看，包括各版本的历史定义，ISR 通常并不包括情报流程中的分析 / 研判环节。

（二）战争报告中 ISR 的任务范畴

除了从官方文件与条令的阐释中分析探讨 ISR 的确切含义，还应该考察美军在战争过后的报告中对 ISR 的总结与分析，探求美军在实践层面上对 ISR 任务范畴的理解。

1999 年科索沃战争后，美军在总结报告中提到："美国 ISR 能力为北约参战人员提供了前所未有的信息，情报支援体系包括一个由处理中心和高速数据通信构成的世界范围的网络。"同时，还提到 ISR 需要提供"更多的战场连续图景"和帮助"更加准确及时的确定目标"。在列举的 ISR 资产中，提到了"提供信息"的"第一次广泛投入战斗的无人机系统"和需要"改进处理与分发能力的更好的传感器"。[1]

[1] Report to Congress: Kosovo/operation allied force after-action report, 31 January 2000, Pxxii.

可见，在 1999 年，美军对于 ISR 的理解在强调能力属性的同时，主要包括具有情报搜集能力的传感器和武器平台、高速传输的通信系统和情报处理系统，同时强调传感器本身应具有处理与分发的能力。关于 ISR 的核心词是传感器、平台、处理、传输，这与条令文件的阐释是一致的。

2003 年伊拉克战争后，美国中央总部空军司令部公布了《“伊拉克自由”行动数字一览》，其中在情报章节涉及有关于 ISR 的部分，其数据见表 1.4：

表 1.4 联军情报、监视、侦察情况[1]

美国与联军的情报、监视、侦察飞机	80 架
情报、监视、侦察飞机出动架次	1000 次
战场图像	42000 幅
信号情报覆盖时间	2400 小时
活动视频图像（覆盖）时间	3200 小时
移动目标指示器（工作）时间	1700 小时

这里战场图像、信号情报、活动视频图像、移动目标指示都是具体的情报类型，可以报告明显将 ISR 对应为战场情报的提供者，即搜集情报功能。

美国战略与国际问题研究中心（CSIS）2003 年 7 月依据美国、英国、澳大利亚国防部、美国中央总部提供的每日战况和其他官方背景材料，公布了《伊拉克战争的经验教训主要报告》(The Lessons of the Iraq War：Main Report)，该报告资料十分翔实，具有相当的权威性和可靠性。报告中第六章第五节描述“ISR 行动的规模”时，除了引用上文美国中央总部空军司令部公布的 ISR 数据外，还加入了作战管理数据和通信数据。

[1] 《伊拉克战争——来自参战国军方的报告》（军事科学院世界军事研究部译），军事科学出版社 2005 年版，第 3 页。

表 1.5 《伊拉克战争的经验教训主要报告》中“ISR 行动的规模”[1]

活动	战前	战时	增加百分比
商业卫星通信机构终端	5	35	+560%
平均商业带宽（Mb）	7	10	+47%
军事卫星通信机构终端	20	44	+120%
平均军事带宽（Mb）	2	3	+68%
陆上链接	11	30	+173%
平均陆上带宽（Mb）	2	10	+444%
全球广播系统（Mb）	24	24	+0%
终端总数	36	107	+167%
带宽总数（Mb）	113	783	+596%

可见，在伊拉克战争时期，美军对于 ISR 的理解与实际运用，情报搜集仍然是最基本、最主要的内容，同时，通信传输甚至战场指挥控制也都在讨论之列。

从上述三份战后报告可以看出，在美军作战实践过程中，ISR 通常表现为包括传感器、平台在内的情报搜集系统和以数据链、通信系统、数据处理系统等为代表的信息传输系统。

实践层面与条令层面的 ISR 尽管核心内容有一致的地方，但确实也有着明显的差异。在实践中，ISR 就不再只是一个情报术语概念，更是一个具体的情报工作领域。ISR 定义中的“同步与整合”几乎无法体现为具体的资产，统筹、协作也都很难物化成具体装备，而搜集、处理、利用、分发系统则大都由具体的、种类繁多的、有明确性能指标的系统装备构成。这就使得 ISR

[1] 〔美〕安瑟尼·戈德曼、阿雷·伯克等：《伊拉克战争经验教训报告》（中国人民解放军总参谋部军训和兵种部译），2003 年，第 188 页。

的定义内容与实践中代表的内容极易出现偏差，定义内容聚焦在同步与整合，而实践内容则集中于各种情报搜集与传输资产 / 装备。以至于 2008 年条令中又产生了“ISR 同步”“ISR 整合”这样的概念，从词义的内容角度看，就是对“同步”的同步，对“整合”的整合，这显然是有逻辑问题的。可见，即便是美军自己创造和使用的概念，对它的理解也并不是始终如一的。

（三）国内学术界对 ISR 的翻译

外来学术专有名词通常在使用时需要将其翻译为中文词汇，以便推广和使用。ISR 术语的翻译，国内学术界有两种不同的情况。

1. 依据英文直译

ISR，国内大部分文献都将其直译为情报、监视与侦察，或者简称为“情监侦”。这是目前国内研究学者对于美军词汇的通行译法。此种译法其实并没有清晰地反映出 ISR 的内涵，简单的翻译和并列反而对正确理解术语内涵产生了一定的误导，但是确实已经成为国内的基本共识。

下表列举了 2000 年—2017 年研究 ISR 的部分学术文章，几乎都将其直译为情报、监视与侦察。

表 1.6 ISR 直译为“情报、监视与侦察”的代表文献

文章标题	期刊	时间
《美海军将大力发展潜艇的情报、监视与侦察系统》	《机电设备》	2000 年
《美空军情报、监视与侦察剖析》	《电子对抗技术》	2002 年
《ISR 拨开战场的迷雾——侦察、监视与情报》	《国防科技》	2002 年
《外军一体化联合战场情报、监视与侦察系统的发展》	《电讯技术》	2004 年
《美军情报监视与侦察系统的一些新发展》	《外军信息战》	2004 年
《美军情报监视侦察系统发展研究》	《国防大学学报》	2006 年
《美军情报侦察数据链的发展》	《电讯技术》	2006 年

（续表）

文章标题	期刊	时间
《先进情报、监视与侦察（ISR）雷达的未来》	《空载雷达》	2007 年
《建设我军战场情报监视与侦察体系的建议》	《航空航天侦察学术》	2008 年
《美军情报、监视、侦察系统一体化建设及启示》	《海军军事学术》	2010 年
《近距离剖析情报、监视与侦察技术发展现状》	《通信电子战》	2010 年
《情报、监视、侦察的重大变革》	《外国空军军事学术》	2011 年
《美空军情报、监视与侦察系统（ISR）的未来发展》	《世界空军装备》	2011 年
《国外情报、监视与侦察系统发展概况》	《现代雷达》	2012 年
《对非传统情报、监视与侦察系统的分析》	《空军指挥学院学报》	2012 年
《〈美空军全球一体化情报监视侦察行动〉解读》	《外军信息战》	2013 年
《美国空军对情报、监视与侦察的定义与原则》	《世界空军装备》	2013 年
《情报、监视与侦察（ISR）设备与平台发展动态》	《通信导航与指挥自动化》	2014 年
《解读美国空军〈情报、监视与侦察 2023：提交决策优势〉》	《世界空军装备》	2014 年
《美军一体化 ISR 系统发展与启示》	《第七届中国信息融合大会》	2015 年
《美国空军情报监视侦察体系》	《指挥信息系统与技术》	2017 年

2. 使用中文原有词汇

有一些学者不认同 ISR 的直接翻译，而使用情报侦察系统、一体化侦察体系等词语。如四川成都中国西南电子技术研究所的梁德文在 2004、2006、2007 年三篇文章中，皆将 ISR 译为“情报侦察”。

外军“情报、监视与侦察”指的是 ISR，即“Intelligence, surveillance and reconnaissance”，通常简称为“情报侦察”，它是现在和未来的军事综合电子信息系统（C4ISR）的一个重要组成部分。[1]

[1] 梁德文：《外军一体化联合战场情报、监视与侦察系统的发展》，载《电讯技术》2004 年第 2 期。

第三类是“情报侦察数据链”（美军称之为“情报、监视与侦察数据链”），用于将各种平台获取的目标数据（包括图像情报和信号情报数据）传送到情报接收系统或者情报处理系统。[1]

美军情报侦察系统（ISR）是美军 C4ISR 系统的一个重要组成部分，因此，一体化情报侦察系统的发展，是以一体化 G4ISR 系统的建设为前提的。[2]

ISR 显然不只是情报侦察，造成翻译困难的原因在于 ISR 定义中具体的活动，如搜集、处理、利用、分发等，几乎都可以找到对应的中文军语词汇，唯“同步与整合”没有对应的军事术语。原因一方面在于中美对于“情报”的理解有较大差异，另一方面也在于中美关于“情报流程”的理解差异。

所以 ISR 含义中“计划与指导”的内容在现阶段军语中无法体现，而“同步与整合”与“计划与指导”又有着紧密的联系。将 ISR 直译为情报、监视与侦察，显然缺失了美军 ISR 定义中最核心的“同步与整合”的含义，是直白但不准确的译法。

综上，由 I、S、R 构成的缩略语 ISR，其含义并不是简单的情报、监视与侦察含义的并列，而是对于情报搜集、传输与处理资产 / 装备的统筹计划与使用，较为准确的中文表达应该是“侦察监视行动管理”或“侦察监视指挥”。当然，随着美国军种对 ISR 的理解发生变化，ISR 的内涵也发生了改变，此时再将其翻译成中文，仍会出现偏差。鉴于此，本书使用 ISR 这种缩略语形式，来对其进行研究。

三、研究现状

关于 ISR 的研究文献，可以说浩如烟海。由于 ISR 本身既是美军提出的术语概念，也是美军重要的情报工作领域，所以国内外跟踪评析 ISR 战略

[1] 梁德文：《美军情报侦察数据链的发展》，载《电讯技术》2006 年第 2 期。
[2] 梁德文：《美军一体化情报侦察系统发展》，载《系统工程》2007 年。

规划、技术创新、作战运用等各方面的资料都非常多。本书围绕 ISR 的发展搜集国内外相关研究资料 4500 余篇，对其研究现状大致从国内、国外两个部分展开评述。

（一）国外研究现状

1. 研究素材的基本情况

由于目前的网络实际情况，以 .mil 为后缀名的美军官方网站无法登录，因此，外文研究资料其实获取的数量和范围并不够全面，但依然可以管中窥豹，看到国外对 ISR 相关问题的研究程度。

目前可以查询到涉及 ISR 的文献来源主要有以下几个方面。

①期刊与网站，如科学家联盟（FAS）、全球安全（*Global Security*）、国防工业日报（*Defense Industry Daily*）、欧洲跨大西洋安全信息中心（*BITS, Berlin Information-Center for Transatlantic Security*）、空军技术（*Air Force Technology*）、防务快讯（*Breaking Defense*）、军事技术期刊（*Military Technology*）、空天力量杂志（*Air & Space Power Journal*）、联合部队季刊（JFQ）、国防期刊（*National Defense*）、美国空军协会（Air Force Association）、国会图书馆（Library of Congress）、CORE 搜索、GALE 搜索、ResearchGate 搜索等。

②会议论文，主要有国际光学工程学会空中侦察分会（SPIE Conferenceon Airborne Reconnaissance）、指挥与控制研究与技术研讨会（Command and Control Research and Technology Symposium）、美国航空航天学会（American Institute of Aeronautics and Astronautics）、IEEE 控制与自动化国际会议等会议组织的论文。

③研究报告，如国会研究署（Congressional Research Service）、政府问责办公室（Government Accountability Office）、美国战略与国际问题研究中心（CSIS）、列克星敦研究所（Lexington Institute）、国防科学委员会（Defense Science Board）、兰德公司（RAND）等机构的研究报告。

④学术报告与学位论文，军事院校有海军战争学院（Naval War College）、空军战争学院（Air War College）、陆军军事学院（U.S. Army War College）、国防大学（National Defense University）、空军指挥和参谋学院（Air Command and Staff College）、海军陆战队指挥与参谋学院（USMC Command and Staff College）、陆军指挥与通用参谋学院（U.S. Army Command and General Staff College）、联合部队参谋学院（Joint Forces Staff College）、空军大学（Air University）、美国海军研究生院（Naval Postgraduate School）等，非军事院校有中北大学（Northcentral University）、新墨西哥大学（The University of New Mexico）、乔治华盛顿大学（The George Washington University）、杜伦大学（Durham University）等的学术报告、学位论文。

从文献的内容来看，包括美军在内的很多研究机构与学者都对 ISR 充满了研究热情，大部分文献都围绕 ISR 的理论与实践，针对 ISR 发展的战略、理论、应用、转型建设等诸多问题，展开了颇具深度的研究、总结、反思、探讨、评估，各类文献都很丰富。文献涉及许多细致、前沿、实践性很强的具体问题，如协调沟通、理论构建、算法设计与实践、非传统 ISR、ISR 的实战应用效率、ISR 的发展理念、ISR 的管理与问责、ISR 的预算、国防部与国会的责任义务等。

2. 研究文献的主要内容

(1) 官方条令与报告

条令、报告等官方文献是研究 ISR 术语内涵的基本依据，是本书展开论述的最基本素材。本书目前搜集的涉及阐释 ISR 的美军文件近 300 份（详细列表见附录 1），较为详细地反映了 ISR 进入条令后 20 多年的发展变化历程。这部分又可以简单分为各军种与国防部的条令文件（见表 1.7）、各条令的历史修改版本（见表 1.8），还有官方发布的一些其他文献资料，如空军发布的相关情报机构发展史。

表 1.7　有关 ISR 的重要条令与文件

时间	条令／文件	颁布者
1996	AFDD 50《情报、监视与侦察行动》	空军
1998	JP2-02《联合行动国家情报支援》	联合文件
1998	AFPD10-22《情报、监视、侦察计划与行动》	空军
1999	AFDD2-52《情报、监视与侦察行动》	空军
2001	FM3-90《战术》	陆军
2004	AFPD14-1《情报、监视、侦察计划、资源与行动》	空军
2004	FM2-0《情报》	陆军
2007	《持久情报、监视与侦察：计划与指导联合融合概念》（1.0 版本）	联合文件
2007	AFDD2-9《情报、监视与侦察行动》	空军
2008	《情报、监视与侦察战略》	空军
2008	《美国陆军概念能力计划：情报、监视与侦察 2015—2024》	陆军
2010	FM2-0《情报》	陆军
2012	JP2-01《军事行动联合与国家情报支援》	联合文件
2012	AFDD 2-0《全球一体化情报、监视与侦察行动》	空军
2012	FM3-55《信息搜集》	陆军
2012	ADP/ADRP2-0《情报》	陆军
2013	《美国空军情报、监视与侦察 2023：提交决策优势》	空军
2017	《美国陆军功能概念：情报 2020—2040》	陆军
2017	JP2-01《军事行动联合与国家情报支援》	联合文件
2018	ADP2-0《情报》	陆军

这些文件是阐述 ISR 术语与理论的直接文献，是美军提出、界定、使用、阐释 ISR 的最基本文件，对这些条令文件的分析解读，构成了本书研究的基础。从文献的数量上看，也是研究资料中最多的。

表 1.8　有关 ISR 的重要文件历史版本

条令系列	条令	历史版本颁布时间
JP2-0	《联合作战情报支援》	1991、1995、2000
	《联合情报》	2007、2013
JP2-01	《军事行动联合与国家情报支援》	1996、2004、2012、2017
JP3-0	《联合作战》	1993、1995、2001、2004
	《联合作战》	2006、2008、2010、2011、2017、2018
FM2-0	《情报》	2004、2008、2009、2010
	《情报作战》	2014
ADP2-0	《情报》	2012、2018、2019
FM3-0	《作战》	2001、2008、2011、2017
ADP3-0(FM3-0)	《统一陆地行动》	2011
ADP3-0	《作战》	2016、2017、2019
AFDD2-5.2	《情报、监视与侦察行动》	1999
AFDD2-9/AFDD2-0		2007
AFDD2-0	《全球一体化情报、监视与侦察行动》	2012

美军条令文件根据技术与时代的变化，时常更新，对同一条令的历史版本进行对比分析，可以发现 ISR 发展的具体进程、历史背景、转型方向等诸多重要研究问题的线索依据，术语内涵的演变更是需要通过细致的文本对照才能得出明晰有价值的观点结论。这些同编号条令的不同历史版本，对于本书的研究具有重大的价值。

除了条令、文件、报告，本书还搜集一些美军官方出版的机构发展史，主要包括《空军安全局到 ISR 局（1948—2010）：空军 ISR 局及其前身的历史》《空军第 25 航空队：延续的传统（1948—2014）》。这两份文献主要对空军情报机构——空军第 25 航空队及其前身空军 ISR 局的发展历史进行了较为细致的介绍，对于了解美国空军情报机构的演变有着重要的价值。

(2) 对 ISR 体系能力建设发展的研究思考

ISR 是美军重要的军事术语、情报领域，对 ISR 的发展规划建设，国外的研究机构和学者有许多非常深刻的思考。

机构研究：

国会研究署（Congressional Research Service）发布过多部围绕 ISR 发展建设的研究报告，对美军 ISR 发展的计划、转型、资产采购、能力建设等多个议题都进行了非常深入的研究。如：2003 年发布的报告《军事变革：情报、监视与侦察》(Military Transformation: Intelligence, Surveillance and Reconnaissance)，对美军在世纪之交进行的 ISR 改革做了综合性的评述。对美军改革的背景、目标，国防部各机构与各军种的 ISR 改革措施、改革面临的问题、改革的具体目标等都进行了深入的评估。2005 年、2010 年、2013 年都发布了同样题目的报告《情报、监视与侦察（ISR）采购：国会议题》(Intelligence, Surveillance, and Reconnaissance (ISR) Acquisition: Issues for Congress)，对国会关心的 ISR 管理、预算、发展路线图、法律法规建设等问题进行了探讨，寻求解决长期存在的 ISR 项目的有效性问题，是对 ISR 发展的成效评估，并随 ISR 的发展，不断更新了报告的具体内容。

政府问责办公室（Government Accountability Office）也在 2008 年发布报告《国防部可以更好地评估和整合 ISR 能力并监督未来 ISR 需求的发展》(DOD Can Better Assess and Integrate ISR Capabilities and Oversee Development of Future ISR Requirements)。报告对国防部的 ISR 发展战略进行了审查分析，认为国防部没有明确定义未来 ISR 发展的愿景，也没有指导 ISR 的采购发展。国防部的 ISR 路线图包括了现有的和计划的 ISR 系统，但是没有对实现战略目标或提供详细信息提供长期的看法，国防部无法确定哪些地方需要额外的能力、优先级投资或者评估 ISR 在实现战略目标方面的进展。

列克星敦研究所（Lexington Institute）2013 年发布报告《财政紧缩下的美国空中优势：定义未来的路径——情报、监视与侦察》(U.S. Air Dominance in a Fiscally-Constrained Environment: Defining Paths to the Future——Intelligence, Surveillance and Reconnaissance)。报告评估了当前空军力量结构、ISR 资产 / 装备系统的情况、空军对于 ISR 的需求和正在发展的 ISR 项目，提出了与未来能力需求之间的差距，探究在不同的财政状况下如何实施的 ISR 发展方案。

个人研究：

许多军队指挥官和研究人员都参与了关于 ISR 发展的探讨，研究成果很丰硕也很深刻。

最为代表性的当属曾任美国空军负责 ISR 的副参谋长大卫·德普图拉（David A. Deptula）2010 年发表在《空天力量杂志》(*Air & Space Power Journal*）的文章《空军 ISR 作战，狩猎还是收集》(Air Force ISR Operations Hunting versus Gathering)。文章认为，空军的 ISR 必须转变思维，面向未来，超前思维，提前行动，把对 ISR 看法从“农夫”(有序按需生产情报）变成“猎人”(预见、发现、盯住无规律同时非常危险的目标)，只有这样才能做到应对未来的战争挑战，确保军事战略的成功。空军必须把 ISR 各部门机构人员整合为一个团队，协同执行战术战役任务。这是为空军未来 ISR 的发展理念进行积极有益的探索。

《空天力量杂志》2014 年发表了一篇《在有争议的空域进行联合情报、监视与侦察》(Joint Intelligence, Surveillance, and Reconnaissance in Contested Airspace)。文章总结伊拉克和阿富汗的战争经验，提出如何实现 ISR 在 A2/AD（反介入 / 区域拒止）的作战环境，依然可以在正确的时间提供正确的信息以作出正确的决定。必须建设有效的 ISR 网络，确保 ISR 系统出色的实力不会在其他作战环境下萎缩。这也是在探讨美军未来 ISR 的发展路径。

《空海一体战情报、监视与侦察概念：回到基本原理》(Air Sea Battle Intelligence, Surveillance, and Reconnaissance Concept of Operations: Getting back to fundamentals）探讨了空海一体战中的 ISR 技术发展与使用问题。

《不断发展的情报、监视与侦察》(Evolving Intelligence, Surveillance &

Reconnaissance）重点探讨了随着网络技术的发展，美军应该在 ISR 基础上发展网络防御力量。

更多的对 ISR 发展战略规划的思考，广泛存在于学术论文和研究报告中。

空军指挥和参谋学院（Air Command and Staff College）2009 年的硕士论文《变革空军 ISR，以应对未来战争》（Transforming Air Force ISR for the Long War and Beyond），探讨了战术级行动的计划与执行中，ISR 应该具有的组织与执行结构问题，将 ISR 资产、人员、用户、指挥机构、支持部队等诸多因素综合考虑。

海军陆战队指挥与参谋学院（Command and Staff College）2011 年的硕士论文《持久情报、监视与侦察（P-ISR）：揭秘神话、建立概念、实现可能》（Persistent Intelligence, Surveillance, and Reconnaisance (P-ISR): Debunking the Myth, Establishing the Concept, and Achieving the Possible），探讨了海军陆战队的持久 ISR 概念，认为海军陆战队将持久 ISR 看作一种强大的能力，但海军陆战队缺乏相关的文件规范与能力建设设计，海军陆战队需要开发一个持久 ISR 的架构，以真正实现持久 ISR 能力。

中北大学博士论文《搜集管理人员使用的情报、监视与侦察技术的影响因素》（Factors Influencing the Adoption of Intelligence, Surveillance, and Reconnaissance Technology by Collection Managers），探讨了 ISR 的决策问题，认为决策最终将拯救或牺牲美国士兵的生命，任何低效率的决策都是不可接受的。ISR 的搜集管理人员，经常受到时间、资源和任务的限制，必须依靠专业的判断和技术支持来进行决策。

综上，这些典型研究表明，国外学界对于 ISR 的发展战略思考，研究的覆盖范围是非常广泛的，同时研究深度也是富有见地的。

（3）战争中 ISR 的实践运用评价与思考

美军研究 ISR 的优势不仅在于这是其自身提出的概念，更独特的是美军在几场局部战争中有着充分的实战经验积累。战争后的总结与思考更加具有针对性和实效性。

国会研究署2003年的报告《美国情报、监视与侦察系统的军事转型》(Military Transformation: Intelligence, Surveillance and Reconnaissance)，对阿富汗战争中美军的ISR表现进行了全面总结，并对ISR未来发展提出建议。

2008年美国国防大学的Raymond T. Odierno，Nichoel E. Brooks，Francesco P. Mastracchio三人合著的文章《ISR在伊拉克战场的演变》(ISR Evolution in the Iraqi Theater）提出了非常鲜明有特色的观点："我们需要的是更多的ISR让地面指挥官使用，而不是更多的空中支援。"这种明显带有陆军特色的鲜明立场，其实是2004年伊拉克战争后热议ISR问题的反映。

美国陆军军事学院（Army War College）2010年的论文《相互嵌入ISR联系以建立统一工作》(Reciprocally Embedding ISR Liaisons to Build Unity of Effort)，结合阿富汗战争的实践，对ISR进行创新思考，认为只有有效地利用ISR提高态势感知能力，掌握主动权，联军才能取得胜利。有效地使用ISR意味着确保ISR作战和机动作战之间的无缝整合，特别是在战术层面。改善空中和地面部队之间ISR行动的整合将加强团结，使美国能够更好地实现在阿富汗的目标。

国防科学委员会（Defense Science Board）2011年的报告《反叛乱情报、监视与侦察行动》(Counterinsurgency Intelligence, Surveillance, and Reconnaissance Operations)，总结阿富汗作战的经验，分析如何应对多层次反叛乱作战任务的挑战。报告认为应该开发新的作战概念，以便在现有的资源上可以处理长期的反叛乱任务。

联合部队参谋学院（Joint Forces Staff College）2015年的硕士论文《为什么人比机载情报、监视与侦察的硬件更重要》(Why Humans are More Important Than Hardware in Airborne Intelligence, Surveillance, and Reconnaissance)，总结了2008年以来，伊拉克战场和阿富汗战场的ISR系统的作战情况，提出战争巩固了载人飞机和机组人员的重要性。无人驾驶技术将继续补充机组人员，而不是取代他们。技术本身不能代替ISR机组人员的态势感知和分析决策。未来的战争中，ISR需要混合有人和无人飞机，以利用各自优势和能力互补。

历史表明，战争总是需要人们在战场上。

美军十分重视对战争的经验总结和反思，这也是其作战能力、情报能力不断提升的原因之一。美军几乎在每次战争之后，都会对其 ISR 的建设与发展展开讨论，所以分析 ISR 的内涵演变离不开对美军战争实践的分析研究。

(4) ISR 装备系统能力提升措施与相关技术研发

关于 ISR 具体装备系统的技术研发、模型构建、性能提升等细节问题的文章数量更是繁多，因为是具体的技术开发，所以针对的问题大多细小琐碎，本书仅列举几例，以说明美军研究范围的广泛。

研究报告方面：

国会研究署 2000 年研究报告《空中情报、监视与侦察：U-2 飞机和全球鹰无人机项目》(Airborne Intelligence, Surveillance &Reconnaissance: The U-2 Aircraft and Global Hawk UAV Programs)，对目前和未来的美国空中 ISR 能力构成进行评估，探讨现有载人和无人驾驶飞机是否能有效地满足国防部对敌军及时准确信息的要求，是否应该加大采购“全球鹰”无人机的力度，有人侦察机是否可以完全被无人机取代。

兰德公司 2004 年报告《通信网络支持整合情报、监视、侦察和打击行动》(Communications Networks to Support Integrated Intelligence, Surveillance, Reconnaissance, and Strike Operations)，讨论当前和未来的 ISR 资产和武器有效地集成在一起的通信挑战，评估通信系统的各种技术路径选择。

兰德公司 2008 年报告《一个关于情报、监视与侦察的 RAND 分析工具：搜集行动模型》(A RAND Analysis Tool for Intelligence, Surveillance, and Reconnaissance：The Collections Operations Model)，探讨了搜集行动模型（COM)，描述了此模型作为分析工具的设计、功能和效用。此模型得到空军的支持，发展成一项情报、监视、侦察（ISR）任务部署和利用分析工具。

兰德公司 2008 年报告《提高情报、监视与侦察行动的计划、执行和评估的方法》(Methodology for Improving the Planning, Execution, and

Assessment of Intelligence, Surveillance, and Reconnaissance Operations)，介绍了应对阿富汗战争、伊拉克战争中出现的时敏性目标，使用ISR资产来支持以效率为基础的行动，以共同提高ISR资产的计划、任务部署和利用。报告建议在ISR评估过程中改进现有的战略任务框架，更好地利用有限的ISR部门资源。报告还讨论了自动化系统的效用，以减少ISR评估的工作量，实现有效的ISR评估，提出了通过执行战略任务框架来改进ISR搜集计划和作战的想法。

研究文章方面：

《情报、监视与侦察系统的优化框架》(An Optimization Framework for Intelligence, Surveillance, and Reconnaissance Systems)，旨在开发并验证用于情报、监视、侦察（ISR）系统管理的方法和相应工具的可行性。

《联合行动的情报、监视与侦察融合》(Intelligence, Surveillance, and Reconnaissance Fusion for Coalition Operations)，描述了用于开发融合算法和策略协议的过程，这些算法和策略协议将使ISR资产的快速装配/动态控制和相关的策略协议成为可能。

《在情报、监视与侦察检测和跟踪算法方面的环境开发》(Context Exploitation in Intelligence, Surveillance, and Reconnaissance for Detection and Tracking)，讨论利用地理图像和背景来帮助ISR检测和跟踪应用程序的方法。

《探索沉浸式环境，以帮助城市情报、监视与侦察行动》(Exploring Immersive Environments to Aid Urban Intelligence, Surveillance, and Reconnaissance Operations)，提出克服城市环境对ISR行动所带来的问题的潜在途径可能是对沉浸性环境的开发。

《战场声传感、多模式传感、网络传感的情报、监视、侦察应用》(Battlefield Acoustic Sensing, Multimodal Sensing, and Networked Sensing for Intelligence, Surveillance, and Reconnaissance (ISR) Applications)，讨论在各种传感器中用粒子速度传感器替换压力传感器麦克风的可行性。

此类研究文章，是了解具体ISR技术、资产/装备、系统的知识基础，这些技术的研发非常直观地体现了国外在 ISR 研究上的先进性和前沿性。

（二）国内研究现状

1. 国内研究的基本情况

国内的研究成果，按照文献形式大致可以分为期刊文章、研究报告、学术论文、著作教材等四类，文献数量是比较多的。结合超星知识图谱可以看到，以“情报”为主题词的文章 1989 年到 2017 年（2018、2019 暂无数据）每年的文献数量都接近甚至超过了 100 篇，2009 年至 2012 年更是每年都超过了 400 篇。[1] 不过，当关键词为 ISR 时，则每年的文献量几乎都只在个位数徘徊，1989 年、1990 年、1992 年、1993 年、1995 年数据更是为 0，峰值的 2004 年为 19 篇、2010 年为 17 篇，数量反差十分巨大。[2]

鉴于公开数据库的此种现象，本书通过军网数据（国防大学、信息工程大学、原外国语学院三所院校的电子数据资源库）搜集补充了军内 ISR 的研究文献，同时以“ISR”“情报”“监视”“侦察”等作为搜索关键词。经过认真地阅读筛选，最后搜集整理了 1993 年至 2017 年期刊文章 437 篇（按年分布见图 1.5），各类型报告 74 篇，编译新闻报道 59 篇，著作 40 余部，学术论文 15 篇。[3]

总结目前已搜索的中文文献可以发现，国内对于 ISR 的研究主要分成两个大的方向：一是从社会科学研究的角度，对 ISR 相关文件分析解读，多为探讨美军 ISR 的概念与战略发展、规划、系统组成等。二是从理工应用角度，重点探讨 ISR 的技术实现、模型构建、创新路径等。本书的研究目标，是美

[1] 同样，以“监视”为主题词，1989 年—2017 年的年数据量在 30—100 篇左右，峰值的 2004 年—2013 年基本都在 100 篇以上。以“侦察”为主题词，1989 年—2017 年的年数据量在 20—100 篇之间，峰值的 2002 年—2013 年在 90 篇以上。

[2] 笔者认为造成这种数据反差的原因可能如下：①许多中文文献未将 ISR 作为关键词；②数据库对于早期文献的搜集并不全面；③许多关于 ISR 的研究文章并未公开发表，未被公开的数据库收录。

[3] 部分文献见附录。

军 ISR 这一术语概念，研究范围是基于这一术语概念所映射出的美军 ISR 认知水平、发展战略、发展路径、情报能力等。因此，社会科学的研究文献对于本书撰写，其借鉴意义更为重要，而理工应用的研究文献并非本书的主要参考依据。

研究 ISR 问题，在搜集文献时会遇到一个现象，有许多以 ISR 为关键词的文献，其实是以 C4ISR 为主题的文献。ISR 与 C4ISR 是联系很紧密、但区别同样也很明显的两个概念。本书并未涉及 C4ISR 的探讨，原因是：一是美军军事术语中，ISR 自 1996 年首次写入条令就是独立概念，并未与 C2、C3I、C4I 等捆绑定义，尽管确实有 C3ISR、C4ISR 等缩略语的存在和使用。二是 C2、C3I、C4I 概念对应的是我军“指挥控制”“指挥自动化”等军事概念，是研究“指挥”的术语范畴，而 ISR 则属于“情报”的术语范畴。

20 世纪 90 年代中期美军提出 ISR 的概念，国内学界对于这一术语最初并未给予太多的关注。进入 21 世纪后，随着美国空军对于 ISR 概念的强调使用和以阿富汗战争、伊拉克战争为代表的信息化战争的出现，国内学者开始逐渐重视 ISR 相关问题的研究。

本书对搜集到的国内涉及 ISR 的期刊文章，按年分布统计如下：

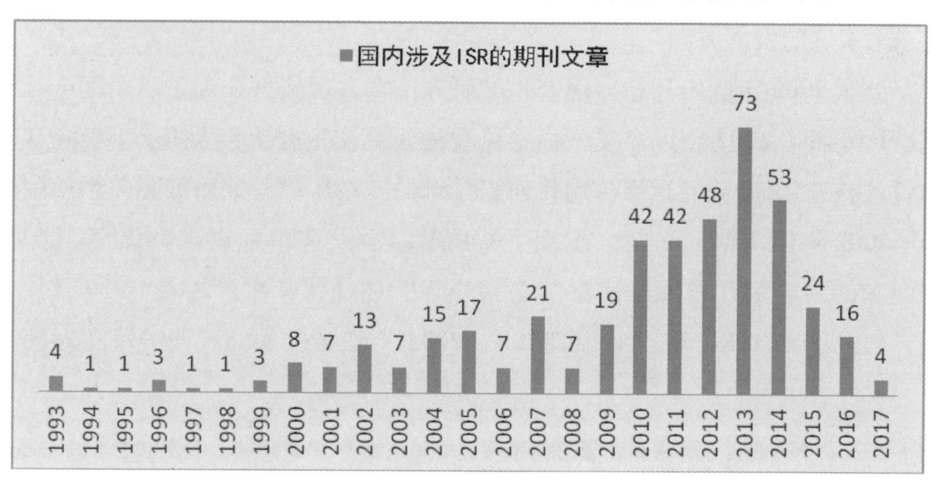

图 1.4 国内涉及 ISR 的期刊文章统计

可见，在 2000 年以前，探讨 ISR 相关问题的文章非常之少。其实早在 1999 年科索沃战争后，美军在《美国国防部关于联盟力量行动的战后审查报告》（2000 年 1 月）中就已经开始使用 ISR 名词，但并没有引起国内学界的关注。在 1999 年当年的一些研究论文集中，只有关于 C4ISR 的一些研究文章。[1]

目前，本书搜集到的国内第一篇明确提到 ISR 的文章是《美海军将大力发展潜艇的情报、监视与侦察系统》，载于《机电设备》2000 年第 5 期，无作者署名，全文共计仅有 367 字。而专门针对 ISR 问题的研究性文章[2]，直到 2002 年才出现。

其中，《拨开战场的迷雾——侦察、监视与情报》（《国防科技》2002 年 10 月），是对外文的翻译；《美空军情报、监视与侦察剖析》（《电子对抗技术》2002 年第 17 卷第 3 期），是第一篇介绍评析 ISR 的研究文章，是对美空军 1999 年 4 月 21 日发布的条令文件 AFDD2-52《情报、监视与侦察行动》（Intelligence Surveillance and Reconnaissance Operations）的总结概括评析。

2002 年出现的这两篇文章，有很明显的研究动因，即 2001 年的阿富汗战争。《ISR 拨开战场的迷雾——侦察、监视与情报》一文中明确提到“阿富汗战争展示了自海湾战争结束 10 年来，美军在 ISR 领域所取得的进步，昭示了未来军队的发展方向”。

虽然 2002 年国内开始出现 ISR 的研究文章，但显然还未足以引起广泛研究，2002 年、2003 年许多关于侦察监视的研究文章并未涉及 ISR。李隆森的《高科技在侦察领域的运用与现代侦察技术的变革》（《解放军国际关系学院学报》2002 年第 2 期）一文，出现了 C4ISR，但没有单独出现 ISR。梁德文、李耐和的《美军开发反恐侦察装备与技术》（《现代军事》2002 年 10 月）一文，出现了 C2ISR，也没有出现 ISR。2003 年陈猛夫的《浅谈美军在对阿富

[1] 如《“沙漠之狐”和科索沃战争学术研讨会论文集》，中国电子学会电子系统工程分会、总参谋部第六十一研究所，1999 年 6 月。又如《科索沃战争研讨论文集》，中国人民解放军空军装备部科研部，1999 年 9 月。

[2] 研究性文章，即围绕 ISR 做出了较为详细的理论研究，而非简单提及。

汗军事打击中情报侦察系统的特点》(《解放军国际关系学院学报》2003 年第 2 期)一文，也出现了 C4ISR，但仍然没有单独使用 ISR。

国内大范围的开始研究 ISR，要从 2004 年开始，这一年，相继出现多篇研究 ISR 的研究文献。

其中，《美军情报监视与侦察系统的一些新发展》(《外军信息战》2004 年第 3 期)，是对 2003 年美国国会研究署（CRS）报告《美国情报、监视与侦察系统的军事转型》(Military Transformation: Intelligence, Surveillance and Reconnaissance）的总结概括。

《外军一体化联合战场情报、监视与侦察系统的发展》(《电讯技术》2004 年第 2 期)，是国内介绍美 ISR 基本概念、体系结构及其关键技术的第一篇文章。2004 年《国际电子战》期刊刊载了大量有关 ISR 的文章，如《新一代战斗机 ISR 吊舱》《伊拉克战争中的 ISR》《伊拉克战争中的天基 ISR 系统》等。

此时，一个明显的时代背景是 2004 年的前一年，美国发动了第二次海湾战争——伊拉克战争。

2. 国内研究的角度与方向

2002 年的两篇文章是国内学界对 ISR 独立、系统研究的开始，同时也反映了国内学界研究美军 ISR 时的一个主要研究方向，即翻译介绍 ISR 的原文文献，具体包括条令、报告、研究文献等。

梁德文的《外军一体化联合战场情报、监视与侦察系统的发展》则代表了国内学界研究美军 ISR 的第二种重要的研究方向 / 角度，即对美军 ISR 体系的组成、装备与技术发展进行详细的梳理与总结。

此后，在国内对 ISR 研究的十几年间，对原文文献的翻译和对系统装备发展思路的总结梳理就成了两大主要研究方向，不断有文章、报告、学位论文等展开论述。

（1）重要文献翻译与整理

2011 年《美国空军对情报监视与侦察部队的指挥、组织与运用》，是对美国空军 2007 年颁布的空军条令文件 AFDD2-9《情报、监视与侦察行动》

（Intelligence, Surveillance, and Reconnaissance Operations）的介绍与总结。

2013 年《〈美空军全球一体化情报监视侦察行动〉解读》《美国空军〈全球一体化情报、监视与侦察行动〉的主要内容和特点分析》《解读美军“全球一体化作战”概念》，2014 年《解读美空军〈全球一体化 ISR 作战〉条令》，2015 年《从全球一体化 ISR 作战条令看美空军情报支援新变化》，2016 年《美空军 ISR 一体化作战研究与启示》，这四年之内的六篇文章，都是对美国空军 2012 年发布的空军条令文件 AFDD 2-0《全球一体化 ISR 行动》（Global Integrated Intelligence, Surveillance, & Reconnaissance Operations）的解读与总结。

2014 年《解读美国空军〈情报、监视与侦察 2023：提交决策优势〉》是对 2013 年美国空军发布的战略文件《空军 ISR 2023：提交决策优势》（Air Force ISR 2023: Delivering Decision Advantage）的解读总结。

此外，《通信电子战》《国际电子战》《外国空军军事学术》《海军译文》等期刊上还有比较多的译文。

这些解读文献的文章，大部分都是对美军公开的 ISR 重要条令文件进行翻译、整理、总结、归纳，研究的时效性很强，但研究的深度因为缺乏历史的比对和实践的比对，往往停留在文本的表面，很难深入透彻的分析 ISR 的表述与理论。

（2）装备系统发展思路总结梳理

一是对 ISR 系统的发展历史进行梳理，总结规律，预测趋势。2006 年《美军情报侦察系统发展浅析》，简单总结美军情报监视侦察系统的发展历程。2007 年《美军一体化情报侦察系统发展》，也是总结 ISR 系统发展情况。2009 年《国外情报、监视与侦察发展态势》，开始出现年度的总结梳理。2011 年《美军联合作战中的情报、监视与侦察》，结合美军《国防部军事和相关术语词典》《四年防务评估报告》等素材对 ISR 的相关概念和内容作了较为翔实的介绍。2015 年《美军一体化 ISR 系统发展与启示》、2017 年《美国空军情报监视侦察体系》同样沿袭这样的研究思路。

二是对某类具体的 ISR 系统进行发展问题的总结分析。2008 年《天基情报、监视、侦察技术与系统发展研究》，介绍了天基 ISR 系统的发展情况，主要是卫星侦察的情况。2009 年《面向一体化联合作战的美军天基 ISR 系统》，梳理美军天基 ISR 系统在联合作战中的地位作用等。2015 年《美国空基 ISR 系统发展趋势》，对美军空中 ISR 系统的发展过程进行了分析介绍。

三是对处理与传输系统进行了重点介绍。2006 年《美军情报侦察数据链的发展》，开始关注 ISR 数据链，即传输分发系统。这是国内研究 ISR 相对关注较少的领域。2007 年《分布式通用地面站系统》，开始关注 ISR 系统的重要组成部分——分布式通用地面站（Distributed Common Ground Station，DCGS）。2011 年《美军典型 ISR 任务分配、处理系统发展现状》，详细梳理了包括 DCGS 在内的 ISR 中的处理分发系统。2015 年《美军情报侦察监视通信传输网建设与启示》，整理了美军数据传输网络的发展历史。2017 年《美军分布式通用地面系统的建设发展及启示》，介绍了美军各军种 DCGS 和集成中枢的发展现状，总结了 DCGS 的发展趋势。

四是对非传统 ISR 的能力与建设给予关注，展开研究。2012 年《机载非传统 ISR 能力威胁与反电子侦察措施》关注了非传统 ISR 问题。同年，《非传统情报监视侦察能力发展建设研究》也对此进行了讨论，阐述了非传统情报监视侦察作战概念，研究了外军非传统 ISR 装备的发展建设情况。

这些梳理装备发展思路的文章，为了解 ISR 系统能力的发展变化，进而与 ISR 内涵的演变相呼应展开对比分析是大有裨益的。

此外，原解放军外国语学院的若干篇硕士学位论文对美军 ISR 进行了深度研究。

2007 年《从海湾战争和伊拉克战争看美国陆军师属情报侦察系统的发展》，深入研究了美国陆军师属情报侦察系统在海湾战争和伊拉克战争中的表现。2012 年《美军“斯特赖克”旅情报、监视与侦察系统研究》，对美军“斯特赖克”旅 ISR 系统的发展进行了较为充分的研究。2013 年《美军联合作战情报搜集管理研究》，深入研究了美军联合作战情报搜集管理的内涵、作用以及组织结构。2014 年《2006 年以来美国空军情报、监视与侦察转型研究》，对 2006 年以来美国空军 ISR 转型进行了系统深入的研究。2015 年《美国空军情报体制发展研究》，对美国空军情报体制的发展历史进行了细致认真地梳理。2015 年《美国陆军战场监视旅研究》，对美国陆军战场监视旅进行了较为全面的研究。2015 年《美军一体化联合作战情报支援研究》，对美军有关联合作战情报支援的概念、指导理念、组织机制、实施过程以及技术系统等展开了逐项研究。2015 年《美国海军情报转型研究》，对美国海军情报转型的背景、计划、实施的过程和举措等基本情况进行了研究，并在此基础上挖掘美国海军情报转型的特点和成效等。

这几篇学术论文，对于美军 ISR 相关问题的研究皆系统而深入，是近十几年来国内学界对于美军 ISR 的研究水平与深度的典型代表。

3. 国内研究 ISR 的路径选择

对于国内研究文献进行分析可以发现，国内研究对于 ISR 的理解有三种研究路径：从美军 ISR 概念出发；从 C3I 概念延伸；从国内军语出发。

（1）以美军概念和理论为研究起点

如：

ISR 行动是指通过情报、监视与侦察的所有资源的协作来收集、处理、利用和分发用于制定计划和指导作战所必需的准确、实时的战场信息而采取的一系列活动的统称。

——《美空军情报、监视与侦察剖析》

（《电子对抗技术》2002 年第 17 卷第 3 期）

这一解释即是对 1999 年美国空军第 2-52 号空军条令文件《情报、监视与侦察行动》的原文翻译。

又如：

美国国防部将情报定义为“通过观察、调查、分析或理解而获取的信息和知识”。监视与侦察则是指观察信息的方式。

——《美军情报监视与侦察系统的一些新发展》

（《外军信息战》2004 年 3 月）

这是译自 2003 年 1 月美国国会研究局的研究报告《美国情报、监视与侦察系统的军事转型》。

这类研究从美军自身的概念与理论出发，最忠实于美军的原文原意，文字角度看最为“准确”，但由于缺少我军军语词汇的解释，实则不容易理解。

（2）由 C3I 概念延伸

C3I 概念早于 ISR 引进国内，其相关的研究也早于 ISR，由于无论在形式还是内容都与 ISR 确有联系，所以其对国内学者研究理解 ISR 都有相当程度的影响。将 ISR 中的联通、传递、分发功能看成是 C3I 的组成部分，而将 ISR 看作是侦察监视，这是一种较为普遍的现象。

如：

美军情报侦察系统（ISR）是美军 C4ISR 系统的一个重要组成部分，因此，一体化情报侦察系统的发展，是以一体化 C4ISR 系统的建设为前提的。

——《美军一体化情报侦察系统发展》（《系统工程》2007 年）

又如：

战场情报、监视与侦察体系是作战指挥控制系统的重要组成部分，是战场指挥员获取敌军目标情报、态势及预警情报最主要的手段。

——《建设我军战场情报监视与侦察体系的建议》（《航空航天侦察学术》2008 年第 1 期）

这便是基于 C3I 概念的扩展延伸，将 ISR 作为指挥系统的一部分。由 C3I 到 C3ISR，概念上是从指挥延伸到情报，是指挥自动化概念的附属物，此种延伸一方面有助于理解指挥与情报（C3 与 ISR）的关系，另一方面却影响了国内学者对于 ISR 相关问题研究的独立性。实际上，许多国内研究文章，基本不对 ISR 和 C4ISR 做任何区分。

如前所述，美军并未对二者进行捆绑定义，在规定、解释 ISR 的许多条令文件中，几乎很少涉及 C3I/C4I 的话题。ISR 的研究应该是独立进行的，ISR 应该成为完全独立的研究对象。

(3) 由侦察概念延伸

我军军语并无 ISR 直接对应的词语，“侦察”在我军是指情报搜集，“情报”指的是具体的情报产品，而监视则并不在军语当中独立存在。

国内大部分研究 ISR 的文章在理解 ISR 这个概念时都是从侦察的概念展开。从侦察概念出发，很自然地会强调侦察手段的全域全频覆盖。当然，这些文章在探讨侦察体系的建立时，会强调侦察与通信之间的关系，强调搜集——传递——处理的网络化一体化等概念，这与美军的 ISR 内涵有着较为接近的理念，不过研究起点是不同的。

如：

现代侦察要求把战场的海、陆、空、天一体化，从航天侦察技术到地面传感技术等一切侦察系统和情报处理系统连接起来，形成纵横交错的情报网络。

——《21 世纪初期军事侦察技术展望》

(《解放军国际关系学院学报》2002 年第 3 期)

又如：

现代侦察技术只有通过侦察技术装备、侦察技术手段和战场情报处理系统的相互组合，向着综合化方向发展，才能减少获取情报信息的盲区。

——《高科技在侦察领域的运用与现代侦察技术的变革》

(《解放军国际关系学院学报》2002 年第 2 期)

基于侦察的研究与理解，其研究路径依然是从侦察开始，更快地将情报传输给用户 / 使用者 / 指挥官。而 ISR 不只是侦察，不只是搜集，更是对侦察、监视、处理、利用、分发的整合与同步，是统筹所有资源以获取情报优势。

4. 国内学界对于 ISR 的理解、使用与研究水平

本书对搜集到的研究类文章进行筛选，选取其中明确涉及 ISR 内涵的 199 篇文章，对文中的 ISR 内涵做了拆解与分析，内容分布见图 1.5。

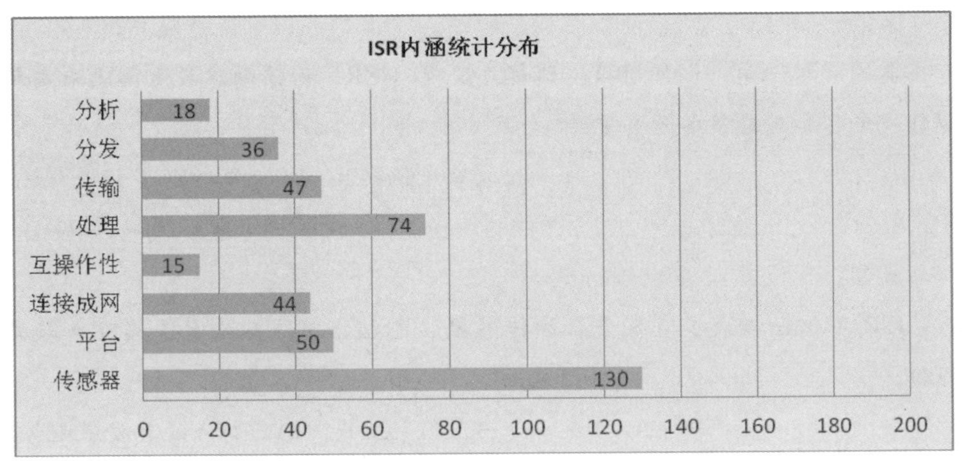

图 1.5 国内期刊 ISR 内涵统计分布

从表格可以清晰地看到，超过 2/3 的文章（可以认为是大部分）都认为 ISR 最主要的内容就是“传感器”，也就是“搜集”。如果再加上同样代表搜集含义的“平台”，则 ISR=“搜集”，就是国内研究的绝对主流观点。而其他如“分发”“传输”“连接成网”等都占了一定比例，但未成主流。如果将“分发”与“传输”等同起来，那么“传输”与“处理”都占了 1/3 左右的比例，可以看作是 ISR 国内研究的一个较为常见的理解。

综上，国内研究文章大部分都认为 ISR 是指“搜集”，而只有小部分认为也包含“分发与处理”的含义。而更加实际的情况是，国内学界对于 ISR 概念的理解与使用是非常不一致、不统一的。

（1）早期研究基本确定了 ISR 的内涵，并不存在理解上的争论

如：

网络化的 ISR 才是军事革命的核心。

——《ISR 拨开战场的迷雾——侦察、监视与情报》

（《国防科技》2002 年 10 月）

又如：

美国海军一向……把情报、侦察、监视（ISR）网络的建设看得比采购新型作战平台和武器装备还要重要。

——《海底侦察兵：美海军的水下 ISR 系统》

（《现代军事》2004 年 11 月）

又如：

ISR 不但包括众多空基平台和传感器，还包括将这些平台连接在一起的网络。

——《侦察监视传感器特点及其发展趋势》

（《空军装备研究》2012 年 6 月第 6 卷第 3 期）

(2) 在使用中经常出现内涵的偏移

国内对于 ISR 的研究，其研究深度与研究时间并未形成理想中的正相关关系，即国内对于美军 ISR 的研究理解并未随着时间的推移而出现显著地水平提升。国内许多研究文章经常在探讨和使用 ISR 相关内容时，简单地把 ISR 等同于情报搜集 / 侦察，这也是为什么上文图表中超过一半的文章都会涉及传感器。

如：

在伊战中，美军动用了各种各样的情报、监视与侦察（ISR）设备，包括军用和商用侦察卫星、联合监视目标攻击雷达系统（JSTARS）之类的侦察飞机、“捕食者”和“全球鹰”等无人驾驶侦察机以及多种地面传感器等，构建了一个陆、海、空、天一体的 ISR 网络，24 小时持续不断地监视着敌方的动态。

——《伊拉克硝烟中的美军 C4ISR 装备》

（《现代军事》2005 年 11 月—2006 年 1 月）

对于战争中出现的 ISR 装备，列举时仅以侦察飞机、侦察卫星等典型侦察平台 / 作战资源为例，对于情报处理、传输、分发系统丝毫没有涉及，是典型的 ISR 国内研究使用现状。

又如：

目前的 ISR 系统主要包括雷达、光学和电子传感器设备。ISR 系统主要搭载在作战飞机、直升机、电子战飞机、无人机和卫星等空基或天基平台上，也大量搭载在陆基和海基平台上。美国就基本上形成了从或对地面和地下、水面和水下以及宇宙空间等多维、立体、纵横交织的综合 ISR 系统。

——《美军联合作战中的情报、监视与侦察》

（《解放军国际关系学院学报》2011 年第 1 期）

这篇文章，作者其实在第一部分详细阐述了美军 ISR 的内涵，但在文章最后一段的总结评语中，仍然将 ISR 潜意识的等同于“传感器设备”，这种前后观点的不一致也是国内研究文章中经常出现的现象。

(3) 许多文章仍然认为 ISR 仅仅等同于侦察

尽管许多文章都探讨了 ISR 概念的内涵，但仍然还有大量文章在使用 ISR 概念时，将其简单等同于“侦察 / 情报搜集”，这类文章的数量仍是比较多的。

如：

临近空间 ISR 系统是指利用临近空间平台所搭建的各种遥感器、天线接收机等侦察设备，收集地面、海洋、空中目标所发射、辐射或反射的电磁波信号，获取军事情报的系统。

——《基于 ADC 模型的临近空间 ISR 系统效能评估》

（《空军工程大学学报》2009 年 9 月第 9 卷第 3 期）

探讨 ISR 系统，只提到了“侦察设备”，概念内涵出现了明显的疏漏。

又如：

航空情报、监视、侦察是指使用航空器在环绕地球的大气层内，对敌方活动、阵地等情况进行的侦察与监视活动……

现代航空情报、监视、侦察系统，主要包括有人驾驶侦察机、无人驾驶侦察机、预警机和联合监视目标攻击雷达系统及其载机等……

为了将侦察到的情报及时传送到指挥官手中，侦察系统必须包含先进的通信系统。

——《航空情报侦察监视力量现状及技术展望》

（《航空航天侦察学术》2013 年第 2 期）

将 ISR 定义为“侦察与监视”“获取情报”，并进一步解释主要包括“侦察平台”“侦察设备”，但同时又提及“通信系统”，可见对于 ISR 的理解虽然不准确，但也感知到了应有所调整。

（4）国内学者对美军 ISR 研究的水平受限于我军情报工作的实际水平

ISR 的概念是一个情报概念，传感器、平台、通信，甚至指挥，都应该是围绕情报展开，通信的目的和功能都是实现情报分发。国内的许多研究文章虽然内涵有一致之处，但却是将情报、通信、处理、指挥控制这几个环节分别看待，是情报与通信的捆绑结合，这与美军的 ISR 概念表达的情报概念是有理解层次上的差别的。ISR 是一切围绕情报、一切为了情报，而不是简单的情报加通信、情报加处理、情报加指挥，这体现了两国（军）对于情报问题的认识差距。

这种差距突出表现之一就是对于美军分布式通用地面站系统（Distributed Common Ground Station，DCGS）的研究。国内关于 DCGS 的文章，通常独立成文，较少提及 ISR 相关内容。

如：

分布式通用地面站系统是美国陆军、空军、海军和海军陆战队通用的多源 ISR 信息综合应用系统，可近实时接收处理及分发 ISR 信息……美三军利用这样一种各军种通用的地面站可同时接收、处理和分发从侦察卫星侦察飞机、无人侦察机以及地面 / 海面等侦察监视平台传送来的各种情报信息。

——《美军分布式通用地面站系统》

（《现代军事》2007 年第 7 期）

文章并没有将 DCGS 与 ISR 系统进行内在的联系，认为其是处理与利用 ISR 信息，这反映了大部分国内研究并不认为 DCGS 是 ISR 系统中重要的组成部分，至少不会从 ISR 的角度去研究 DCGS。这与美军使用 ISR 的内涵是有出入的，实际上 DCGS 是美军 ISR 系统中重要的组成部分，是实现传输与分发的关键系统。

差距的表现还在于国内研究普遍强调侦察，即发现与搜集能力，重视情报的获取，重视手段的建设。而美军的 ISR，则强调情报推送至用户，重视搜集、处理、分发，强调情报的有效使用。这也是双方情报能力差距的客观反映。

（三）其他研究资料

1. 战争总结报告

战争是反映和检验 ISR 实践的最直观体现，真正了解、理解美军 ISR 的发展演变，必然要查阅战争报告了解 ISR 的实践运用效果。本书搜集的主要官方战争报告有：《海湾战争——美国国防部致国会的最后报告及附录》《海湾战争——L. 阿斯平与 W. 迪金森的研究报告 / 国际预测公司决策系统专题报告 / 美战略和国际问题研究中心的研究报告》《科索沃战争——美国国防部关于联盟力量行动的战后审查报告》《科索沃战争——科索沃航空兵与导弹战役的经验教训》《科索沃战争——法德等国官方和学者论科索沃空袭战的经验教训》《伊拉克战争经验教训报告》《伊拉克战争——来自参战国军方的报告》。

可以看到，官方正式发布的战争报告数量是有限的，所以本书在官方报告之外搜集了一些学者的研究文献和一些参战人员的回忆录文献，这些文献研究对象聚焦于战争行动，并非是 ISR 的研究文献，但其中涉及的 ISR 相关情况却可以作为研究 ISR 实践效果的重要佐证。这部分文献主要有：《美军无人系统作战运用研究文集（美军视角）》《美军情报作战运用研究文集》《侦察作战研究文集》《外军特种侦察作战典型战例研究》《阿富汗战争中的特种作战》《阿富汗战争的经验教训：战斗、情报、部队转型和国家建设》《侦察、监视与目标捕获——美军第一骑兵团第二中队战术标准作业程序》《后方之眼——美国陆军远程侦察与监视部队》《血战库伦加尔山谷——美军 173 空降旅阿富汗反恐实录》《坎大哈之师——阿富汗战争“美杜莎”行动中的美国陆军特种部队》《痞子英雄——美军特种部队绿色贝雷帽阿富汗战地纪实》《艰难一日——海豹六队击毙本·拉登行动亲历》。

2. ISR 相关技术专业文献

ISR 涉及情报搜集、传输、处理、分发等诸多环节，涉及大量的具体技术内容，研究美军 ISR 相关问题，技术类文献同样也是相当重要的研究基础素材，这对于理解 ISR 的具体技术内涵有着十分重要的价值。

关于具体技术的文献数量十分巨大，此处仅罗列一些技术领域的权威资料，如：国际光学工程协会（SPIE）每年出版的 ISR 分册、Oliver, C. 等著《国防电子信息技术丛书》、童志鹏等著《现代电子信息技术丛书》、汪德昭等著《现代声学科学与技术丛书》、王小谟、张光义主编《雷达与探测》、梅随生主编《光电子技术》、杨日杰等编《现代水声对抗技术与应用》、Merrill I. Skolnik 等著《雷达手册》。

目前国内外 ISR 研究之间还是存在差距的，ISR 是美军情报工作中的重要术语和重要领域，而我军并没有相对应的情报概念，相应的情报技术水平也还无法达到美军的发展水平，所以无论概念探讨、理论思考、宏观规划，还是技术创新、模型构建，国内研究仍然是相对粗略的。

四、研究方法

本书选择从术语内涵的角度研究美军 ISR 的发展历程，是基于文献、聚焦文本的研究，因此研究方法的选择上以文本文献研究为主，同时分析 ISR 的发展变化需要基于历史的研究方法，文本之间的对比还需使用比较研究方法，而对重点文献的个案研究则使用了案例分析方法。

（一）文献研究方法

本书研究的基础文献是美军条令与文件，采用文献研究方法，就是对这些条令文件进行详细的梳理，对其中涉及 ISR 的内容进行审阅、筛选、分类，将条令中 ISR 的变化发展详细标识，以利于采用历史的、比较的、案例的分析去分解剖析这些内容的深层意义。

（二）历史研究方法

ISR 术语进入美军条令已经 20 余年，历经各军种不断地阐释与修正，反映了不同年代美军对于作战、情报、侦察等诸多问题的认识，也反映了美军自身的建设发展与能力提升。用历史的研究方法，就是透过如山的文件与报告，挖掘文献中的历史印迹，还原 ISR 发展的脉络与过程，探究其发展演变道路上的诸多影响因素。

（三）比较研究方法

研究 ISR 的发展，很重要的一个关注点是那些在历史过程中的“变”与“不变”，而这就需要使用比较的研究方法。条令文本与作战实践之间、不同时期的重要文本之间、不同军种的重要文件之间，通过比较，分析异同，是最为恰当且应当的选择。

（四）案例研究方法

对于 ISR 发展过程中的重要文献，运用案例研究方法进行个案分析，可以细致地描述和解释该重要文献的背景、内容、中心思想等。用于分析其他独立事件、系统、ISR 资产时，也可以提供一个深度剖析的例证样本，用以检验本书的一些结论和判断。

术语的内涵变化并不是孤立的，单纯的词语与内容的替换更新，必然反映着美军对于当时的作战需求和能力构成的理解认知，必然反映了军事技术的最新发展，所以对于 ISR 内涵的研究，一定需要结合当时的历史环境、战争实践、军事技术等诸多因素，综合归纳分析，才会得出深刻的真实的准确的结论。

五、研究意义

本书通过详细梳理美军 ISR 的术语发展演变过程，试图解决以下几个问题：美军的 ISR 确切含义是什么？ ISR 的内涵经历了什么样的发展变化？美军 ISR 发展所追求的能力提升包括什么？

（一）理论意义

厘清 ISR 的准确含义，摸清美军 ISR 内涵变化的历史脉络，对于深入认识美军的一体化联合作战、情报作战一体化等理论，深刻理解美军的“概念牵引能力建设”等具有重要意义。

ISR 是美军情报领域的重要术语，也是美军情报工作的重要领域。通过梳理 ISR 术语的变化，真正厘清术语的内涵，把握美军 ISR 发展的历史进程与脉络主线，对于研究美军情报工作、分析美军情报力量体系建设、探究美国情报理论进而建立完善我军的情报理论都具有重要的理论价值和意义。

正确理解美军 ISR 的概念与理论，还可以纠正国内研究的偏差，为技术研发和模型构建廓清理论的边界，为翻译评介、理论研究和技术发展综述提供新的方向和领域的指引。

（二）实践意义

基于概念的理论研究可以为研究美军 ISR 能力的发展、系统的建设、资产的升级及对我军情报建设发展的借鉴意义等问题提供有效的分析工具。

ISR 到底是什么，美军的定义是什么样的，实践过程中一般又包括哪些系统？美军的 ISR 能力到底指的是什么能力？与我军的情报能力、侦察能力、监视能力有何联系与区别？这些实践研究课题，研究的基础就是 ISR 的概念问题，厘清了概念也就确定了重点和方向。

六、创新点

（一）从术语的角度出发，探究美军情报能力建设、体系发展的规律和特点

本书的研究角度选择从 ISR 术语内涵的演变出发，通过 ISR 文本的研究，

探究美军情报能力的建设与发展。选择术语内涵的角度，是从条令文件的变化与更新中，反推或验证情报能力、情报系统的改变，可以更加准确地找到能力提升与概念规范之间的内在联系，可以更加深刻地理解术语文本所表达的能力指标，也可以更加精准地标定系统与能力建设的目标要求。

（二）详细梳理了 ISR 术语概念的演变历史

本书搜集了美军近几十年的条令、文件、官方报告等文献资料，详细梳理了 ISR 术语的产生、发展、演变的历史，基本理清了 ISR 术语的发展演变脉络。从产生之初的无特殊含义的缩略语，到联合文件统一规范化的概念表述，再到空军、陆军各自按需定义、各自发展，直到 2012 年，陆军放弃 ISR 术语，ISR 变成只是空军术语和联合术语。本书对这些变化的过程与原因进行了针对性地探讨。

（三）重点关注了 ISR 内涵在发展过程中的演变

本书通过梳理文献，认为从历史的角度看，ISR 的内涵经历了几次比较大的变化。ISR 最初没有明确的含义，用来表达情报搜集、信息提供的含义。1999 年空军将 ISR 定义为一种能力，2004 年陆军和联合条令都将其定义为一种活动，而到了 2017 年，ISR 的内涵又变成了活动、组织与资产 / 装备。内涵的演变，反映了 ISR 系统的建设发展与能力的提升。将行文的关注点聚焦于术语内涵，可以准确地把握美军 ISR 的理论认知水平和实践能力的提升。

七、难点

（一）资料的梳理与总结提升

美军公开发布的条令数量众多，梳理文献需要耗费大量时间，但本书最大的难点并不是资料的筛选分类，而是依据这些文献，剖析理论与实践现象，分析背景与原因，从众多的、分散的、细碎的素材中提炼出精准、简练的理论总结。如何从繁多的文献资料中脱离，对研究对象进行宏观抽象的凝练总结，是本书撰写工作中的一大挑战。在撰写过程中，深深感受到自身理论素养欠缺所带来的行文压力。

（二）对文本的深入准确的理解与分析

分析研究美军条令报告，虽然这些文献的内容是公开的，但其产生的历史原因、动机、目的等背景信息，却不会明白标记。对于条令文件的内容，我们只是知其然，很难知其所以然，仅通过研究文本去理解美军的情报思维并不是一件容易的事情。本书在撰写过程中，不时发现一些看似相近实则不同的概念，也有一些看似差异很大实则概念相近的术语。美军自身的表述，不同年代、不同军种会有不同的表达，这些不同真的是内涵发生了变化吗？还是出于其他方面的考虑？反映的是情报理念，还是情报技术，抑或是军种利益？这些问题的分析解决也是本书的压力之所在。

（三）文本与实践相结合的综合分析

本书的研究设想是通过对 ISR 术语文本变化的分析，探究背后所映射的美军情报能力的提升与变化。完成这个设想，需要结合条令、官方报告，同时需要结合战争和行动的实践报告，结合 ISR 具体资产 / 装备的性能发展分析，只有对这些材料进行综合分析，才能实现研究设想。这不仅需要资料的整理抽取，还需要包括理工文史等各类基础知识，同时需要联系、比较、归纳等思维方法与工具，研究充满难度。

◂ 第二章 ▸

ISR 术语的提出与美军的初步探索（20 世纪中期—1999）

第一节 ISR 术语产生的时代背景

ISR 术语的产生并不是孤立的历史事件。虽然美军选择 ISR 作为情报领域重要的术语有一定的偶然性，但偶然性的背后实则是美军情报能力发展与战争实践要求的自然体现，伴随着新军事变革和美军军事改革，创造并使用新的术语自然成为美军迫切的需求。

一、战争实践凸显情报搜集传输能力、情报资产／装备整合的重要性

美军对于现代战争的理解，始于“沙漠盾牌”和“沙漠风暴”行动，即海湾战争。海湾战争是冷战后第一场充分反映军事技术发展和美军军事实力的战争，无论从作战、情报、指挥、后勤等各方面讲，都是美军冷战后一次非常重要的军事作战。美军的诸多军事思想、军事理论、军事技术的创新与实践都开端于此，如联合作战、军事技术（精确制导）、军事体制等。情报同样如此，尽管此时美军的 ISR 概念还远未出现，但战争还是对 ISR 所对应的情报搜集与传输提出了很高的要求。

美军的情报工作经受了实战的考验。海湾战争中凸显的美军情报优势和情报缺陷等一系列情报问题，也为美军情报领域的未来发展预示了方向和目标。美军对于海湾战争中暴露的情报问题有着详细的总结，战后的总结报告中虽然还没有专门的 ISR 章节，但已经就“侦察与监视”问题进行了总结。[1] 从报告内容看，海湾战争中美军的情报搜集、情报传输等环节暴露了许多问题。

（一）情报需求巨大，情报搜集力量不足

尽管当时的许多美国将领都对海湾战争中的情报工作表达了满意与赞许，但在美军战后的总结报告中，各军种、各级部队都对情报搜集力量的严重不足表示了不满与忧虑。报告显示，美军侦察飞机、侦察卫星等资源的数量、种类、性能等都远不能满足现代战场的需要。“沙漠盾牌”和“沙漠风暴”行动中，美军对国家、战区和战术各层级的图像侦察系统都提出很高的要求。战争中对图像情报产品的巨大需求根本得不到满足。[2] 相比国家情报，缺乏及时充分的战场情报，是海湾战争暴露出的最严重的缺陷之一。[3]

由于情报搜集资产的严重不足，美陆军紧急部署了仍处于试验阶段的联合监视目标攻击雷达系统（E-8，JSTARS）和“先锋”无人机，并重新启用了一些已经退役的情报搜集系统，这样才可以建立起战场情报系统，满足指挥官的大部分紧急情报需求。[4]

海军的情况更糟糕，第 7 军、第 1 陆战远征部队和中央总部海军部队的

[1] 《海湾战争（上）——美国国防部致国会的最后报告》（军事科学院外国军事研究部译），军事科学出版社 1992 年版，第 248—250 页。

[2] 《海湾战争（中）——美国国防部致国会的最后报告附录》（军事科学院外国军事研究部译），军事科学出版社 1992 年版，第 30 页。

[3] 《海湾战争（下）——L. 阿斯平与 W. 迪金森的研究报告》（军事科学院外国军事研究部译），军事科学出版社 1992 年版，第 89 页。

[4] 《海湾战争（中）——美国国防部致国会的最后报告附录》（军事科学院外国军事研究部译），军事科学出版社 1992 年版，第 33 页。

舰只只能通过“先锋”无人机来提供实时图像情报和目标判定数据。但由于“先锋”无人机系统仍处于研制试验与鉴定阶段，其通信和下行传送能力不足，因此情报效率有限，无法广泛使用。[1]

海军陆战队同样面临情报资产不足的严重困难，尤其是缺少可以满足地面指挥官图像情报需求的空中侦察战术平台。RF-4B 退役后，计划取代它的装有侦察吊舱的 F/A-18D 尚未部署。[2] 与此同时，无人机的数量又太少，根本无法满足迅速增加的战场情报需求。“最使人恼火的问题是‘短毛猎犬’飞行器数量太少。”[3]

其他传感器平台的情况同样如此，海湾战争中唯一的多光谱图像卫星是美国商业部控制的老式测地卫星系统，收集能力有限，无法为美军发挥更大的作用。[4]

可见，由于情报搜集力量严重不足，一些仍旧处于试验阶段的侦察装备需要提前进入战场，执行作战任务。美军各军种的情报搜集资源应对海湾战争，都显得力不从心。

（二）情报传输手段匮乏，情报分发不力

情报搜集后及时传递到用户才能发挥最大效用，而在海湾战争中，美军情报分发系统的缺陷毫无保留的暴露出来。

“沙漠风暴”行动证明了情报搜集到以后，及时向战术单位分发的必要性。战争中虽然国家和战区级的图像侦察平台可以搜集到相当数量的图像情

[1]　《海湾战争（中）——美国国防部致国会的最后报告附录》（军事科学院外国军事研究部译），军事科学出版社 1992 年版，第 34 页。

[2]　《海湾战争（中）——美国国防部致国会的最后报告附录》（军事科学院外国军事研究部译），军事科学出版社 1992 年版，第 33 页。

[3]　《海湾战争（下）——L. 阿斯平与 W. 迪金森的研究报告》（军事科学院外国军事研究部译），军事科学出版社 1992 年版，第 109 页。

[4]　《海湾战争（中）——美国国防部致国会的最后报告附录》（军事科学院外国军事研究部译），军事科学出版社 1992 年版，第 394 页。

报，但将这些情报送到战术指挥官手中却十分困难。由于通信容量或系统数量的不足，情报系统的能力未能达到战术指挥官的期望值，无论质量还是数量。[1]战术通信的能力由于受到装备互不兼容和技术性能有限的强烈困扰，仍然无法令人满意。部队携带着各军种采购的辅助图像发送系统，它们数量虽多，却无法互相兼容。在海湾战争中，由于军用通信系统在通信容量和兼容性方面的局限性，美军中央总部军和联队级相当一部分的作战通信业务是通过商用电话线路完成的。[2]尽管中央总部和军种司令部可以收到国家级情报单位发送的图像情报，但将情报继续往下级单位传送就要费一番周折，往往需要占用宝贵的通信线路，有时甚至不得不使用信使（人力手段）才能保证把情报送到。[3]

陆军在战后总结中指出，海湾战争中对战术指挥官的情报支援是充分的，但在传递国家和战区这两级的情报方面缺乏可靠的手段，而且遇到了困难。战术情报传递受限是因为师以下部队缺乏先进可靠的通信手段。[4]由情报单位向军和师指挥官近实时地传送情报、目标判定数据和图像的通信途径或者没有，或者容量不足。[5]“海军陆战队的一位将军承认，通信是一个严重问题。”[6]

在海湾战争中，美军的传感器技术、传输技术本身都还不够先进。情报生产单位、用户、情报搜集传感器平台之间，如果距离比较遥远，也会由于

[1] 《海湾战争（中）——美国国防部致国会的最后报告附录》（军事科学院外国军事研究部译），军事科学出版社 1992 年版，第 35—36 页。

[2] 《海湾战争（下）——L. 阿斯平与 W. 迪金森的研究报告》（军事科学院外国军事研究部译），军事科学出版社 1992 年版，第 32—33 页。

[3] 《海湾战争（中）——美国国防部致国会的最后报告附录》（军事科学院外国军事研究部译），军事科学出版社 1992 年版，第 30 页。

[4] 《海湾战争（上）——美国国防部致国会的最后报告》（军事科学院外国军事研究部译），军事科学出版社 1992 年版，第 430 页。

[5] 《海湾战争（中）——美国国防部致国会的最后报告附录》（军事科学院外国军事研究部译），军事科学出版社 1992 年版，第 33 页。

[6] 《海湾战争（下）——L. 阿斯平与 W. 迪金森的研究报告》（军事科学院外国军事研究部译），军事科学出版社 1992 年版，第 32—33 页。

传输技术的影响造成情报产品分发传递缓慢。例如，战争中 U-2R 侦察机的胶片必须从塔伊夫的飞机起降基地空运到利雅得进行情报分析，RF-4C 的图像情报也必须从巴林的谢赫伊萨基地空运到利雅得。[1]

鉴于美军传感器和传输的不足情况，美军战后报告中提到："沙漠风暴"行动再次证明，需要一个能够对广大区域的地面运动目标进行定位和跟踪，并快速将信息传递给指挥官的系统。[2]这是对情报搜集与传输整个链条的作战能力和系统发展提出的需求。施瓦茨科普夫上将[3]在众议院武装部队委员会的听证会上也激烈地批评了海湾战争中美军暴露的情报弱点[4]，敦促国会作出更大努力使侦察实现局部化，建立改进的和更及时的情报分发系统。[5]

海湾战争为美军情报建设带来的经验，就是必须重视情报分发系统的建设，要解决通信能力不足、分发系统缺失、各军种各层次分发系统间互不兼容所造成的情报传输问题。

（三）战术情报明显不足，建制内情报力量为空白

海湾战争中，美军情报搜集与传输除了系统数量与性能的问题，还有一个报告中多次提到的现象——战术情报不足。

"沙漠风暴"行动暴露了美军情报保障工作的诸多问题，战术情报的缺陷与问题尤为严重。[6]随着战争中空中作战的日益进展，战术情报却陷入越来越

---

[1] 《海湾战争（中）——美国国防部致国会的最后报告附录》（军事科学院外国军事研究部译），军事科学出版社 1992 年版，第 35—36 页。

[2] 同上，第 585 页。

[3] Norman Schwarzkopf，1934—2012，时任海湾战争多国部队总司令。

[4] 前文为：高技术卫星侦察无法为战场指挥官及时提供所需要的情报。"锁眼"卫星能看清伊拉克的汽车牌照，但却不能提供战场的全貌；情报数据在发到战区部队之前必须首先绕地球转上一圈。从监视伊拉克"飞毛腿"导弹的传感器上搜集到的情报必须首先发回美国本土，然后才能送到战区；考虑到只有几分钟的时间作出反应，这一往返耽搁了宝贵的时间。

[5] 《海湾战争（下）——L. 阿斯平与 W. 迪金森的研究报告》（军事科学院外国军事研究部译），军事科学出版社 1992 年版，第 125—126 页。

[6] 同上，第 43 页。

少的状况。[1] 战术级部队和单位在使用自己的侦察与监视力量时受到了限制，同时又必须依赖能力不足的情报分发系统，因此常常从上一级甚至更高级别的司令部所准备的情报中抽取有限的信息，再试图利用这些信息拼凑出自己当面敌人的情报。[2] 海湾战争爆发初期，情报还可以提供有关目标或任务的情况。然而随着战争进程的发展，关于敌人与目标的图像情报和有关任务执行情况的最新情报却急剧减少。战术级部队收到的情报不是已经过时，就是无法满足需要，变得毫无用处。[3]

战术情报在战争中出现了严重的不足与滞后，更值得注意的是，在这一现象背后，反映出美军军种建制内情报力量严重缺失的事实。当空军联队遭遇情报不足时，只能通过“向上级提出情报需求申请”，然而军种指挥官一般情况下都没有能满足自己需求的建制内的图像情报资产 / 装备系统，更不用说满足下属部队的需求了。[4]

所以，战术情报的缺失，除去情报搜集与传输系统的数量与性能问题，一个非常重要的原因就是战术部队甚至军种部队，都十分缺乏建制内的情报力量，在战争的关键时刻，没有可供部队自由支配的搜集资产 / 装备。

海军战后报告中提到：“无人驾驶飞行器是为战列舰提供的很好的侦察装备……因为无人驾驶飞行器处于作战舰队的直接战术控制下，所以它们能对不断变化的情况作出快速反应，并且能够提供实时情报。”[5]

可见，建制内情报搜集力量的重要，而同时也可见海军直接控制下的资

[1] 《海湾战争（下）——L. 阿斯平与 W. 迪金森的研究报告》（军事科学院外国军事研究部译），军事科学出版社 1992 年版，第 89 页。

[2] 《海湾战争（中）——美国国防部致国会的最后报告附录》（军事科学院外国军事研究部译），军事科学出版社 1992 年版，第 35—36 页。

[3] 《海湾战争（下）——L. 阿斯平与 W. 迪金森的研究报告》（军事科学院外国军事研究部译），军事科学出版社 1992 年版，第 43 页。

[4] 《海湾战争（中）——美国国防部致国会的最后报告附录》（军事科学院外国军事研究部译），军事科学出版社 1992 年版，第 35—36 页。

[5] 《海湾战争（上）——美国国防部致国会的最后报告》（军事科学院外国军事研究部译），军事科学出版社 1992 年版，第 322 页。

产相当缺乏，以至于对战争中能够控制的无人机赞誉有加。

海湾战争为美军情报能力的提升和情报系统的建设提供了非常优质的经验总结。提升战场情报的作战能力，需要增加传感器和平台的数量，提升传感器的性能，加强各种传感器之间的数据连接，提升情报搜集与传输系统的连通效率，提升传感器与用户之间的数据传输与分发能力，提升情报传输分发系统的数量与质量，增加战术级部队建制内情报资产 / 装备的配发数量与种类。海湾战争的经验还表明，对情报搜集传输力量进行集中统一的使用也会极大地提高情报使用效率。

经验总结和迫切需求将搜集、传输以及搜集与传输间的协同紧紧联系在一起，这就成为产生 ISR 这样描述“对搜集、处理、利用和分发系统的同步与整合”术语的客观需要。战争所证明的，刚好是术语所表达的。两者内容是呼应的。

战争经验很快就在条令文件中体现。海湾战争结束后，1991 年 6 月 30 日，十分重视条令法规建设的美军颁发了第一代联合条令，其中情报序列的联合文件测试版 JP2-0 test《联合行动的情报支援》（Intelligence Support to Joint Operations），对于搜集的阐释中有如下明确观点。

① 搜集既包括“获取信息”，也包括“向加工和（或）生产要素提供这些信息”。美军情报搜集环节不仅要解决搜集信息的问题，也要解决搜集后将信息传输到指挥端或者用户的问题，搜集和传输是合并在一起的。

②要重视搜集资产 / 资源的协调。战场之上的所有搜集源应该能够进行数据的交换与交叉提示，需要建设各军种部队、作战指挥和国家情报系统与程序之间的互操作性。情报搜集的数据可以实现整合与关联，以用于情报的全源分析。搜集能力还应该用于减少敌人的反制和欺骗措施的影响，这样可以保障作战行动的突然性和安全性，同时也提高了情报信息的准确性和完整性。

③指挥官无法利用缺失或有限的建制内搜集资产，以满足所有的信息需要。因此，联合部队的情报搜集管理必须能够对联合部队的所有搜集能

力进行高效的任务分配，并积极获取外部资源的支援，以获取所有战场必需的情报。[1]

可以发现，搜集、传输、连通、协调、系统兼容、建制内情报力量这些海湾战争经验几乎无一例外都写入了条令文件中。所以，条令的变化、术语的发展演进，必然与实践发展有着紧密的逻辑关系。

在海湾战争结束多年以后，2006 年，空军提出大规模的 ISR 领域转型与改革，建立统一的 ISR 领导机构与力量体系，2012 年，陆军提出独有的“信息搜集”术语概念，这都是对情报资产集中控制、建制内情报力量建设等问题的思考与规划，都可以从海湾战争的经验教训中找到逻辑的起因。

二、技术的发展使得 I、S、R 出现了并列的可能

海湾战争预示着一场军事革命正在悄然兴起。军事技术的突飞猛进发展，客观上使得情报领域的侦察、监视与情报可以实现连接，数据与能力可以连通在一起，I、S、R 之间的技术弥合也为 ISR 术语的产生消除了技术实现和认知理解的障碍。以计算机、通信、光电子、微电子等基础技术为代表的信息技术在研究领域取得的惊人进展，已经预示着“战争浓雾”的消散。20 世纪 90 年代中期，美军的高级官员们普遍意识到，军事技术的发展使得军队已经要面临一场“军事革命”了。

（一）传感器技术的发展

20 世纪 70 年代以来，传感器技术开始出现迅猛的发展，红外传感器开始使用新一代的 CCD 技术，成像的灵敏度和分辨率成倍增加。80 年代，微光夜视传感器开发了第三代，微光电视的数据回传已经达到几十千米。微波遥感技术取得突破，90 年代，发达国家成功发射了星载雷达传感器，美国人

[1] U. S. Joint Chiefs of Staff, JP2-0 test Intelligence Support to Joint Operations, 30 June 1991, 第四部分第 4 页。

更是在 1988 年将第一颗雷达成像卫星“长曲棍球”（lacrosse）发射到太空。空中侦察系统也有了很大发展。美国率先将带有先进数据处理系统的合成孔径雷达改装到波音 707-300 飞机上，研制了海湾战争中性能卓越的联合监视目标攻击雷达系统。具有多种工作模式的雷达可以探测前线 150—175 千米的静止目标，当该机处于巡航高度时，可以在 8 小时内覆盖 100 万平方千米的战场范围。传感器性能的提升，直接带动了 I、S、R 的作战地位，使之能够与指挥相并列。

（二）计算机技术的发展

20 世纪 70 年代，半导体集成电路、存储器得到飞速发展，芯片的集成度大幅提高，采用大规模集成电路的计算机迎来了第四代，可以实现多机联网。1971 年，第一个商用计算机微处理器芯片 4004 在 Intel 公司诞生，它是一件划时代的作品。1989 年，Intel 公司推出的新制芯片采用了突发总线（Burst）方式，大大提高了与内存的数据交换速度，而且使用户从依靠输入命令运行计算机的年代进入只需点击即可操作的全新年代。80 年代，许多计算机的关键理念也获得突破，如数据库理论与模型、C 语言程序设计、UNIX 操作系统等。计算机的操作与开发环境都得到了极大提升。

（三）通信技术的发展

通信技术的发展充分利用了计算机、微电子等一系列技术的成果。20 世纪 70 年代，光纤通信技术取得重大突破，光纤通信的通信容量高出传统的同轴电缆数万倍。同时数字通信得到快速发展，成为通信技术的发展方向。这是建立容量大、传递快、通信质量高、价格便宜的大规模信息网络坚实可靠的技术基础。70 年代后期，美国开通了第一条光纤通信线路。20 世纪 80 年代，超大规模集成电路的发展为数字通信创造了条件，通信技术与计算机技术的结合促成了信息网络的产生与发展。这项源于民用领域的信息技术终于使得士兵可以在战场上用更先进的手段收发传递信息，战场的通信模式正在发生彻底的改变。随着网络的推广、建设与发展，无数原本分散的战场传感器、数据处理计算机等出现了连接在一起的可能，I、S、R 合成整体的技术基础得以初步实现。

信息技术的发展使得美军可以发展建立在数字化、计算机处理能力、全球定位基础上的全新作战系统，把技术优势、作战指挥效能和作战部队机动灵活这些优势都连接到一起，从而获得战场上的主导和支配优势。海湾战争后，受信息技术发展的影响，美军提出了联合作战理论、信息战理论等，开始探讨 21 世纪的新型部队——数字化部队的建设。

同时，海湾战争的经验表明，综合集成在技术最终转化为战斗力的过程中发挥着关键的作用。综合集成可以弥补各独立系统的不足，使原有的性能界限或极限不断得到突破。武器平台和收集、处理战场信息情报的电子信息装备的大规模结合，是一项极大的系统综合集成任务。

美军在关于新军事革命的讨论中，特别重视综合集成所起的作用。美参谋长联席会议副主席威廉·欧文斯（William A. Owens）承认，“我们在收集和处理战场电子信息情报方面做得不好，这主要归咎于各类分系统各自为战”，美军需要“系统的系统”。他认为，“美国与其对手相比，在系统综合集成方面有大量的经验和能力的优势，只要我们想要革新，美国国防工业部门就有能力继续保住我们的优势”。[1]

以计算机和通信为核心的信息技术发展，加之对综合集成理念的重视和认同，促成了 C4ISR 术语的产生，也催生了 ISR 这一军事概念。

三、美军对术语建设的重视是 ISR 产生的土壤

海湾战争后，各军种都开始重视术语建设，利用命令、文件、指令等条令出版物规范作战、情报、后勤等各种军事行动的描述与表达。

“沙漠风暴”行动不仅让美军认识到军种与军种联合作战的威力，同时也

[1] 朱光亚：《当代工程技术发展与新军事革命》，载《中国军事科学》1996 年第 1 期。

使美军发现，进行诸军种联合作战时美军依然有许多能力和程序的不足，必须依据新的条令规范军事行动与军事理论。海湾战争结束后，美军就开始通过颁布制定联合条令，全面、系统地统一军种术语与理论。1991 年，联合情报条令测试版公布，1993 年 10 月，第一部联合情报条令《联合作战情报支援》正式颁布。相关术语逐渐在美军内部建立或统一起来。

美军的条令体系包含军事行动与军事理论所涉及的全部成分，从整体框架的宏观战略认知、定位、指导到战役战术级行动的计划、组织、实施、步骤等详细规定，是美军战略思想、作战理论、战役战术、行动准则、操作规范的全面集成。而且美军会随着历次战争或军事行动的实践，不断总结经验形成新的条目融入条令内容，对其条令体系不断丰富、补充、更新、完善。

美军重视条令体系建设，联合条令、军种条令数量较多，且分类排序，完整全面。条令一旦确定，便会成为美军军事理论的基本载体，保持一定时间的稳定。美军条令经过多年发展，层次清楚，内容覆盖广泛。美军的条令建设注重科学性、规范性和创新性。海湾战争后，美军的作战理论概念创新和条令文件更新已经超过冷战时期。作战条令保持核心概念和基本结构框架稳定的同时，不断注重吸收、引入、创造和使用新概念、新术语。国内外不少学者都认为，美军的条令和作战理论体系，已经形成了开放有序的稳定更新模式。

美军重视条令建设、重视术语、重视规范的氛围，使得新的技术、新的理论、新的认知经过一定的提炼凝结，会选择也习惯通过创造新的术语或规范术语表达出来，这种重视术语使用的氛围，是产生并使用 ISR 术语的不可或缺的文化土壤。没有这种土壤，即便美军有了新的作战理论或新的战争总结，也不一定会去创造新的术语来表达，更不会将其写进条令在全军范围内统一使用。

四、空军地位的提升客观上需要新术语的体现

海湾战争中，美国空军利用最新、最先进的战斗机和轰炸机，成功地在

各层级（战略、战役、战术）实施作战，取得了现代战争中从未实现过的压倒性胜利。海湾战争的进程表明，只有空中力量才能提供这样快速、强大的全球到达能力，美国空军无可争议地成为美军作战的核心力量，空军在战争中全程掌控战争行动的指挥权、控制权和主动权。海湾战争结束后，美国空军进行了重大组织结构调整，1992 年 6 月 1 日，战略空军司令部被撤编，空中作战司令部（ACC）开始投入运作，空军自身非常坚信，一个新的时代到来了。空军内部从 20 世纪 90 年代中期，开始形成一种独立于地面作战的文化环境，空军上上下下普遍认为，空军在未来战事中不需要与地面协同就能够遂行作战行动，对于空中力量能为作战计划提供其所需的一切有绝对自信。

1996 年初，美国空军司令部很多指挥官一致认为，空军军事思想应该发出自己的声音了，以凸显空军的独特作用，既区别于传统的陆军思维，也区别于冷战时期的传统空军思维。空军关于自身定位的新思考，起源于空军计划与作战部门的成员，直接原因是当时美军中央司令部陆军上将宾福德·皮伊拟定的一份作战计划。皮伊上将认为空中力量在战争中的作战有效性将不如 1991 年的“沙漠风暴”行动，他的观点彻底震撼到了空军的军官们。原因很明显，美国空军通过“沙漠风暴”行动获得成功后，最突出经验就是，对空中力量在未来的战争和军事行动中得到更广泛运用、发挥更伟大作用充满自信。空军官员们坚信空军行动可以阻碍、延缓敌人的行动，甚至在地面部队到达战场前就击败对手。这些军官认为，在大多数行动中，空中作战可以一劳永逸地阻止敌人前进的步伐，敌人将不再具有机动冲锋的可能，敌人的战略战役决定权被美国空军剥夺了。

皮伊上将坚持认为，战场之上军事行动的主要任务——击败对手，只能由地面部队而不是空中力量完成。空军的军官们也表明了他们的立场，对皮伊将军的这份文件，正式提出“不赞成”。空军的官员们希望其他军种和上级领导明白，空军绝不认同过去的、淘汰的、落伍的将空军作为美军地面部队的保障支持军种的传统观点。空军的地位经过海湾战争，已经得到了极大的提高，在未来战争的诸多战场中，空中力量才是完成重大战略任务、实现作战目标的最佳手段。

空军高级官员查尔斯·林克认为，取得现代战争胜利最有效的方法就是在军事行动中尽早大规模使用空中力量。空军参谋长罗纳德·福格尔曼将军认为，如果美军不在战争中尽早地大规模使用空中力量，目前的国防预算无法支持同时打赢两场局部战争的任务所需要的军队规模，也就无法保障军事战略的实现。

对于空军对自身在未来作战中作用、地位的认定，其他军种并不认同。没有哪一个军种会认为自身在未来的战争中只处于边缘和单纯发挥配合作用。陆军对空军的观点明确表示反对，海军陆战队也选择支持陆军，两个地面军种不认同空中力量对军事行动的主导作用。他们一致认为决定未来战争胜负的是穿着战靴行走在地面的战士，而不是飞在空中的飞行器和导弹。陆军坚持认为自己是战争的决定因素，认为地面部队取得的胜利是永久性的、稳固的优势，而空中与海上取得的优势都是短暂的，胜利地结束战争是陆军独有的、固有的作战任务。几位陆军将领提出了一些与空军观点对立但却值得思考的观点。美军可能面临许多小范围、低烈度的小规模作战任务，这些任务更适合陆军去完成。[1]

这种军种间的讨论和空军对自身地位的高度肯定，客观上是空军提出自身独特术语、创建空军理论的思想基础。新的理论、新的认知、新的定位，都需要创造和使用新术语来表达，这是自然合理的选择，尽管并不是必然的选择。

五、相近形式的概念美军已经产生并使用

在 ISR 术语产生之前，与 ISR 形式上相近、内容上相关的术语美军已经开始使用，如 RSTA、RISTA、R&S、RSI 等。这些术语都属于情报术语，其

[1] 〔美〕伊莱恩·M. 格罗斯曼：《美国空军和陆军在军事学术思想上的争论》（何建良、俞福祥译），载《外国空军军事学术》1999 年 5 月。

中 R 代表侦察，S 代表监视，I 代表情报，TA 代表目标获取。

（一）RSTA 术语

RSTA 术语最早出现于 1986 年 4 月 15 日，美国陆军发布的野战条令 FM34-80《旅营情报与电子战行动》（Brigade and Battalion Intelligence and Electronic Warfare Operations）。这时的 RSTA 术语只是一种简单的首字母缩略语，其含义就是各字母所表达含义的并列，所代表的内容是稳定的、确切的。

值得注意的是 1993 年国防部发布联合文件 JP3-55《联合作战侦察、监视与目标获取支援》（Reconnaissance，Surveillance，and Target Acquisition Support for Joint Operations）。这份文件首次将 RSTA 术语所表达的含义扩充为一份完整的条令文件，足见当时国防部对侦察监视相关问题的重视，也反映了海湾战争后美军分类别颁布详细联合条令的过程。

TABLE OF CONTENTS

图 2.1 JP3-55《联合作战侦察、监视与目标获取支援》文件目录

JP3-55 文件详细阐述了 RSTA 所表达的内容，指出其核心内涵并不是聚

焦在具体的搜集系统、目标获取计划或者战术程序。术语的重点是对这些资源的计划、确定优先次序、分配任务、协调和实施行动，同时 RSTA 还表示执行这些行动的体系结构。条令想明确和强调的是，RSTA 的重点不是具体装备和任务列表，而是对这些装备进行统筹、排序，也就是后来 ISR 术语定义中的重点内容——同步与整合。

RSTA 的作用是为联合部队指挥官提供获取信息的能力，协助联合部队指挥官计划和实施行动，有效地使用 RSTA 资产 / 装备可以帮助指挥官扩大自身优势、利用敌人弱点、反制敌人优势，从而最大限度地提高作战部队的效能，是作战力量的倍增器。RSTA 的作用也是情报本身的作用，这都说明了术语的情报属性。RSTA 任务领域包括：显示与警告（I & W），计划与利用，评估……RSTA 对计划与搜集阶段尤为重要。[1]

从“沙漠盾牌”和“沙漠风暴”行动中吸取的教训表明，现代战争的速度要求指挥官必须得到及时和准确的信息，才能在决策过程中发挥情报的应有作用。JP3-55 对 RSTA 提出的要求是必须具备生存能力、可靠性、适用性和互操作性，同时必须及时准确。

可见，无论从内容、属性还是要求上看，RSTA 确实与 ISR 有着一定的相通相似之处。这再次说明 ISR 术语的产生，不是美军的突发奇想，而是既有战争经验教训在先，又存在相似的早期的词语表达。

不过必须注意的是，RSTA 与 ISR 并不是完全等同、相互替换的关系，ISR 术语的产生和使用并不等于 RSTA 在条令中的消失。二者的提出并不是同一个军种，也不是同一个条令系列。RSTA 最早由陆军提出，而 ISR 最早为空军引入条令。JP3-55 文件是 3 系列条令，属于作战类条令文件，ISR 则适用于 2 系列条令文件，是情报类。

从 1996 年开始，随着 ISR 术语的使用与推广，RSTA 尽管没有完全被替代，但在条令中的出现频次明显变少。

[1]　U. S. Joint Chiefs of Staff, JP3-55 Reconnaissance, Surveillance, and Target Acquisition Support for Joint Operations, 14 APRIL 1993, 第三部分第 1 页。

表 2.1　RSTA 与 ISR 在条令中的使用情况部分汇总（1986—2008）

时间	条令文件	RSTA	ISR
1986.4	FM34-80	●	○
1993.4	JP3-55	●	○
1993.8	JP3-55.1	●	○
1994.11	JP3-56	●	○
1996.2	JP3-13.1	●	○
1996.2	JP3-01.5	●	○
1996.3	国防部年度报告	○	●
1997.7	联合文件百科全书	●	○
1997.9	AFDD-1	○	●
1998.4	JP1-02	●	○
1998.5	JP3-09	●	○
1998.5	AFDD2-1.2	○	●
1998.7	AFDD2-1.5	○	●
1998.9	JP2-02	○	●
1998.10	新世纪国家安全战略	○	●
1999.2	JP3-07.3	○	●
1999.4	AFDD 2-52	○	●
1999.4	JP1-01.1	●	○
2000.1	AFDD2-1	○	●
2000.3	JP2-0	●	○*
2000.5	JP2-01-3	●	●
2000.7	JP3-11	○	●
2000	JFSC PUB1	○	●
2001.4	JP1-02	●	●
2001.5	JP3-70	○	●
2001.7	JP0-2	○	●
2001.6	FM3-0	○	●
2001.8	FM3-05.102	●	○
2001.9	四年防务报告	○	●
2001.9	JP3-0	●	●
2001.9	JP3-02	○	●
2002.1	JP3-60	○	●

（续表）

时间	条令文件	RSTA	ISR
2002.8	JP3-14	○	●
2002.9	JP3-06	○	●
2003.1	JP2-01-1	○	●**
2003.8	MCWP 3-24.1	●	○
2003.9	JP3-09.3	○	●
2003.9	MCWP 2-1	●	○
2003.11	AFDD1	○	●
2003.12	JP3-05	○	●
2004.3	JP3-31	○	●
2004.3	JP3-26	○	●
2004.5	JP3-02-1	○	●
2004.9	JP3-0	○	●
2004.10	JP2-01	○	●
2006.4	FMI 3-04.155	●	●
2006.9	FM 3-05.40	●	○
2006.12	FM 3-21.20	●	●
2007.7	AFDD2-9	●	●
2008.2	FM3-0	○	●
2008.3	FM 2-91.4	●	○
2008.9	FM2-0	●	●
说明：●为出现该术语 ○为未出现该术语 * 2000 年 JP2-0，只有 C4ISR，无单独 ISR 术语。 ** 2003 年 JP2-01-1，文件附录中将 JP3-55 称为 ISR 作战，实际应为 RSTA。			

（二）R&S、RISTA、RSI 等

与 ISR 形式上相似的，还出现过 R&S、RISTA、RSI 这些首字母缩略语。R&S（侦察监视）的使用最为久远，可追溯到 1957 年的 FM17-35《装甲骑兵部队：装甲步兵师》（Armored Cavalry Units Armored and Infantry Divisions），条令中有专门章节阐述了“侦察监视排”（R&S platoon）。

RISTA（侦察情报监视与目标获取）出现于 1990 年陆军野战条令 FM3-50《烟雾行动》（Smoke Operations）。

RSI 的含义稍有不同，代表“侦察监视与情报支援”，出现于 1991 年 FM34-2-1《反侦察的侦察监视与情报支援的战术、技术与程序（TTP)》(Tactics, Techniques, and Procedures For Reconnaissance and Surveillance and Intelligence Support to Counterreconnaissance)。

这些术语在陆军条令中并不存在互相排斥的情况，许多情况下，它们都同时出现，而且在 1996 年 ISR 进入条令后，也没有消失，说明概念含义并非完全相同。

构成这些术语的每个单词，其含义都是有明确规定和解释的，因此缩略语所表达的含义都非常易于理解。这一明显的、自然的、约定俗成的首字母缩略语特点，后来出现的 ISR 术语却并不具备。

表 2.2　出现 ISR 相似术语的条令列表

使用 RISTA 的条令	使用 R&S 的条令
1993 年 FM100-5《作战》 1996 年 FM100-6《信息作战》 1995 年 FM100-16《陆军作战支援》 1995 年 FM100-18《陆军行动的太空支援》 1996 年 FM100-15《军作战》 1996 年 FM100-13《战场协调分遣队》 1998 年 FM34-8-2《情报人员手册》 2000 年 FM3-100.2/MCRP3-25D/NTTP3-52.1(A)/AFTTP(I)3-2.16《综合战斗空中指挥与控制的多军种程序》 2000 年 FM3-01.7《防空炮兵旅作战》 2005 年 FMI3-34-119/MCIP3-17.01《挫败简易爆炸装置》 2010 年 FM3-60《目标获取流程》	1986 年 FM34-80《旅营情报与电子战行动》 1986 年 FM90-8/MCRP3-33A《游击战》 1989 年 FM34-130《战场情报准备》 1990 年 FM34-3《情报分析》 1991 年 FM34-36《特种部队情报和电子战行动》 1991 年 FM90-13-1《联合武装破障行动》 1992 年 FM71-123《联合武装重型部队的战术与技术：装甲旅、营 / 特遣队、连 / 小队》 1993 年 FM34.7《低强度的冲突行动的情报和电子战支援》 1993 年 FM44-48《传感器排的战术、技术与程序》 1994 年 FM34-2《搜集管理与同步计划》 1994 年 FM34-130《战场情报准备》 1995 年 FM5-100-15《军工程行动》 1995 年 FM11-43《信号指挥官指南》 1998 年 FM34-8-2《情报人员手册》 1998 年 FM5-170《工程侦察》 2000 年 MCWP2-12-1《地理空间情报》 2000 年 FM3-01.7《防空炮兵旅作战》

1996 年以前的情况表明，在 ISR 术语产生之前，类似的相近缩略语已经存在，尽管含义会有一些差异，但其基本内容与核心词是一致的。

从历史的进程看，ISR 并不是一个全新的概念，它与 C4ISR 一样，是 20 世纪 90 年代中期带有前沿性的一种提法。

第二节　ISR 术语的出现与进入条令

一、术语的出现

曾任空军负责 ISR 的副参谋长大卫·德普图拉中将曾在美军《空天力量杂志》上撰文《家不可分：情报、监视与侦察的不可分割性》，指出 ISR 一词始于 20 世纪 90 年代中期，由时任美军参谋长联席会议副主席的威廉·欧文斯上将提出。[1]

1995 年国防部的《年度防务报告》中首次出现了情报、监视与侦察（Intelligence, Surveillance, and Reconnaissance）[2]，此时，还没有使用 ISR 这样的缩略语形式。

1996 年的《年度防务报告》中开始出现 ISR。在这份国防报告中，C4ISR 是专门的章节，ISR 只是其中提到的一个独立术语。二者的重要性和普及性还有很大的差异。ISR 术语无论是产生时间还是重要程度，都落后于 C4ISR，ISR 与 C4ISR 二者相互区分但又相互联系，ISR 受到 C4ISR 的影响是显而易见的，也是很自然的。

报告对于 ISR 的任务范围有初步的描述："合成孔径雷达、移动目标

[1]　David A. Deptula, A House Divided: The Indivisibility of Intelligence, Surveillance, and Reconnaissance, Air&Space power, summer, 2008, p.6.

[2]　William J. Perry, Annual Defense Report of the Secretary of Defense to the President and the Congress, March 1995, p.45.

指示雷达和红外摄像机的图像将被融合以获得战场通用图像。自动目标识别（ATR）算法增强了对该图像的即时利用，无人机的传感器可以为所有层级的司令部提供该图像。”[1]这里 ISR 的含义显然包括传感器、平台、处理和利用系统。报告认为 ISR 的重点是直接支持士兵在战场上的优势地位，为作战人员提供更好的战场态势感知。ISR 提供了抵御战争迷雾的工具，美军因此可以采取并保持战争的主动权，加速作战节奏，在既定的时间和地点集中力量。[2]

国防情报局在这一年建立了 ISR 联合作战能力评估小组，研究联合作战的未来部队结构，并评估新兴技术的应用。这些研究必然改变联合文件与情报文件的内容。

二、美军的初步探讨与使用

（一）1996 年空军首次把 ISR 术语写入条令

1. ISR 进入条令

1996 年 5 月 1 日，美国空军发布首部情报条令——第 50 号空军条令文件《情报、监视与侦察行动》(AFDD 50 Intelligence Surveillance and Reconnaissance Operations)，这份文件是第一份明确使用 ISR 术语的美军条令。此版条令由于绪论中提及的现实原因，目前搜索不到原文，文件的具体内容，也并不清楚。从条令名称看，空军引入了 ISR 术语是毫无疑问的，但空军是否给出了 ISR 的明确定义，则无法知晓。

笔者倾向于这份文件并没有给出 ISR 的明确定义，主要依据有两点：

①这份条令出现后，之后的条令在使用 ISR 术语时均没有出现或引用明

---

[1] William J. Perry, Annual Defense Report of the Secretary of Defense to the President and the Congress, March 1996, p.139.

[2] William J. Perry, Annual Defense Report of the Secretary of Defense to the President and the Congress, March 1996, p.242.

确的 ISR 术语概念。

② 3 年后的 1999 年版空军条令文件 AFDD2-52《情报、监视与侦察行动》开篇即明确提出 ISR 的定义。文件的前言中写道："目前情报、监视、侦察的整合（integration of intelligence and surveillance and reconnaissance）为我们提供了一个机会，可以更加快速地响应我们指挥官的需求，扩展他的选择范围。"[1]

空军首先将 ISR 术语引入条令，除了前文所说的地位提升需要新术语表达之外，还应该有如下的解释比较契合。ISR 的含义，尽管此时还没有明确的定义，但其强调资产与传感器的整合确实相当明显，这更符合空军资产 / 装备数量众多且分布广泛的特点。

空军将 ISR 引入条令，并以 ISR 直接作为条令的名称，足见空军对此术语的高度认同，但由于缩略语一贯的含义即为字母含义的罗列相加，所以未加明确解释。况且，此时 ISR 术语的内涵外延其实并没有完全固定，还处于发展探讨中。

1996 年之后，空军开始逐渐探索、框定、阐释 ISR 应该表示的确切含义。这些理论的逐渐廓清，基本都体现在条令文本当中。

1997 年，空军发布条令文件 AFDD1《空军基础文件》，认为 ISR 是"各种传统与信息相关的功能"[2]。将 ISR 与信息相关联，是因为空军认为 ISR 是夺取信息优势的重要组成部分，而信息优势是空军的作战任务之一。这个界定仍然是简单的、框架的、模糊的。

1998 年，空军发布了条令文件 AFDD2-1.2《战略打击》，文件认为 ISR 是空军有效行动的要素，在计划和实施战略空中作战方面发挥着至关重要的作用，体现在为指挥官提供确定打击目标所需的各种知识。具体范围包括对手的军事能力、历史、文化、政治组织结构、经济、动机、能力、行动原则，

[1] U. S. Air Force, AFDD 2-52 Intelligence Surveillance and Reconnaissance Operations, 21 April 1999.P i.

[2] U. S. Air Force, Air Force Doctrine Document 1, September 1997, p.7.

还包括敌方大规模杀伤性武器生产和储存场所的主被动防御等。简而言之，ISR 就是为作战提供准确、及时、相关的情报。[1] 同样的解释也出现在同年空军发布的另一份条令文件 AFDD2-1.5《核作战》中，文件对 ISR 的解释为："使指挥官能够及时地收集信息（gather information）和作出决定。"[2]

为决策提供情报，就是美国空军早期对于 ISR 内涵的基本定位。

2. 空军发布 ISR 的重要纲领文件

空军在将 ISR 写入条令仅仅两年之后，很快发布了关于 ISR 的纲领性文件，为 ISR 的理论摸索进行总结，也为 ISR 的建设明确方向与路径。1998 年 12 月，空军发布指令文件 AFPD10-22《情报、监视、侦察计划与作战》。这份文件对 ISR 的功能、作用和组织机构进行了明确的规定，为计划与实施空军 ISR 作战行动制定规范和程序。ISR 的理论与实践内容正在逐步细化。

从文件内容我们可以看到，空军 ISR 的作战目标就是确保空军在作战中获得信息优势。而信息优势的达成，就是为各级作战人员和决策者提供准确、及时、相关的 ISR 信息。

文件阐明，空军对 ISR 技术的研发将专注于搜集、利用、分析和近实时的整合，以满足作战人员的需要。ISR 将与作战需求紧密相连。

文件还对 ISR 的组织机构作出了明确的规定：ISR 主任，由负责空天作战的空军副参谋长（AF/XOI）担任，负责监督空军 ISR 作战相关战略政策和指令的执行。ISR 主任负责管理美国空军情报局（AIA），为国家、战区、联合部队和作战人员各层级提供情报产品。[3]

至此，空军对于 ISR 的目标、任务、组织等问题已经基本明确，这为出台下一部空军 ISR 的纲领性文件奠定了基础。

[1] U. S. Air Force, AFDD2-1.2 Strategic Attack, 20 May 1998, pp.28-30.

[2] U. S. Air Force, AFDD 2–1.5 Nuclear Operations, 15 July 1998, p.21.

[3] U. S. Air Force,AFPD10-22 Intelligence, Surveillance, and Reconnaissance (ISR) Planning and Operations, 1 December 1998, pp.1-2.

（二）1997 年海军陆战队条令出现 ISR 术语

空军将 ISR 术语引入条令后，其他军种条令和联合条令也陆续接受并使用了这个术语。海军陆战队 1997 年发布 MCWP 2-15.1《遥感行动》（Remote Sensor Operations），这是海军陆战队新条令系列第一部关于情报搜集行动的条令。虽然没有在正文中提及 ISR，但在附录的词语列表中提到 ISR，这是海军陆战队接受 ISR 术语的开始。

（三）1998 年陆军、海军条令出现 ISR 术语

1998 年，多军种共同使用 FM100-103-2/MCWP3-25.2/NWP3-56.2/AFTTP(I) 3-2.17《战区空地系统多军种程序》，条令中出现了 ISR 小组（ISR team）。ISR 小组负责协调、分配任务、执行和动态转发联合空天作战中心的 ISR 需求。联合部队空军指挥官使用 ISR 整合空中、地面和海上图像，并将通用作战图分发到战区范围内使用。[1] 此处可见各军种认为 ISR 的任务范围是对情报产品的整合与分发。

（四）1998 年联合文件出现 ISR 术语

联合文件是美军条令中最晚接受 ISR 术语的。1997 年国防部发布的《联合文件百科全书》并没有出现有关 ISR 的条目，倒是对 RSTA 有着相当详细的阐释说明。[2]1998 年更新的《国防部军语和相关术语词典》也没有收录 ISR。这些情况说明，尽管空军专门制定了 ISR 条令文件 AFDD50，但此时的 ISR 还没有产生足够的影响力。

1998 年 9 月，国防部发布 JP2-02《联合行动国家情报支援》，首次出现了 ISR 术语。这表明，联合文件在各军种之后，终于接受了空军的 ISR 术语，使之成为美军的术语概念，并将 ISR 视作一种联合作战能力。文件要求联合

[1] Air Land Sea Application Center, FM 100-103-2/MCWP 3-25.2/NWP 3-56.2/AFTTP(I) 3-2.17 Multiservice Procedures for The Theater Air-Ground System, 29 July 1998, 第三部分第 14 页。

[2] U. S. Joint Chiefs of Staff,Joint Doctrine Encyclopedia, 16 July 1997, p.611.

参谋部负责情报评估、条令、需求与能力的副部长（J-2P）评估 ISR 的程序起点，制定 ISR 的作战构想，检验 ISR 的能力与不足，分析 ISR 的需求、功能与体系。[1]

可以看出，联合文件对于 ISR 的流程、概念、理论、体系等诸多问题的研究刚刚开始启动，美军对于 ISR 的理解与建设整体都处于起步阶段。

第三节　美军 ISR 能力的初步建设

美军对于 ISR 能力的探索实践与 ISR 术语的发展几乎是同步的。1996—1999 年间，ISR 内涵首先强调及时准确提供情报，所以美军的实践探索重点在传感器和平台性能的提升。同时，美军已经开始注意到 ISR 所蕴含的整合与协调要求，一些数据处理与分发系统也已经开始研制。此时的 ISR 能力提升，突出的表现还是通过单个资产 / 装备或者系统的性能提升实现的，系统间的协调还比较少。[2]

一、传感器与平台的升级

（一）U–2 与 EP–3 的升级

美国空军 1996 年对 U–2 侦察机进行了传感器升级，主要包括增强光电 / 红外传感器、多光谱图像能力和合成孔径雷达，提升传感器的范围、分辨率和 MTI（移动目标显示）能力。1998 年，多情报产品融合计划在陆军护栏通用传感器与 U–2 机载侦察系统之间进行了演示，其结果是增强了态势感知，

[1]　U. S. Joint Chiefs of Staff, JP2-02 National Intelligence Support to Joint Operations, 28 September 1998, 第五部分第 10 页。

[2]　本节数据综合自 1996 年—1999 年的《年度国防报告》（Annual Report to the President and the Congress）。

提高了地理精度。

20 世纪 90 年代中期，海军为其 EP-3 信号情报侦察机实施了传感器系统升级计划（SSIP），主要包括升级处理软件、换装显示器，将各任务子系统和工作站之间建立网络连接。升级计划中加装了 story book 系统，增强了信号截获、处理和数据融合能力，该系统还可以提供基于通信情报挖掘的态势感知，并能够近实时回传情报。加装了 story teller 系统，可以将数据合成战术态势，并通过数据链和通信网分发信息。EP-3 的升级，明显将数据的处理、利用与分发作为了重点，而这也是 ISR 条令文件所重点阐释的任务功能范畴。

（二）联合监视目标攻击雷达系统的升级

E-8 是海湾战争中最耀眼的战场侦察指挥飞机。1994 年，E-8 升级，项目为数字信息链、卫星通信和自动目标识别。1997 年，E-8 更新了计算机、信号处理器，并用光纤替代了铜线。1998 年，E-8 数据处理能力达到 8000MIPS，存储容量达到 300G。E-8 此时的优势除了装备合成孔径雷达观察地面目标外，其数据的处理能力也十分惊人，但数据传输能力还不足，1999 年美军再次对其升级，主要项目就是加装 Link 16 数据链。

（三）无人机的研发

1994 年，美国国防部开始了一项被称作先进方案技术验证合同（ACTD）的研发项目，项目内容是研发符合美军战场需要的无人机。这项研究项目于 1996 年 6 月结束，此时 ISR 的概念刚刚进入条令。项目诞生了数款无人机，其中最为典型的是“捕食者”和“全球鹰”。

中高空长航时无人机（“捕食者”），是 ACTD 计划中第二等级（Tier 2）侦察无人机。1994 年 7 月首飞，1995 年参加了波斯尼亚上空的搜集情报工作，将详细的战场情报视频图像回传，成功完成任务。国防部一共采购了 27 架，ACTD 项目结束后，全部隶属于美国空军，编号 RQ-1A。“捕食者”的空中续航时间超过 24 小时，可以全天候执行侦察任务，并为指挥官提供实时侦察影像。“捕食者”优异的侦察监视能力在科索沃、阿富汗、伊拉克等战场发挥出巨大效益，成为美军 ISR 能力的典型代表。

高空长航时无人机（“全球鹰”），是 ACTD 计划中探索验证超第二等级（Tier 2+）的侦察无人机，1998 年首飞。在当年 5 月的第二次飞行中，“全球鹰”就验证了通过卫星链路实现控制权转移，这是互操作性的 ISR 原则在资产 / 装备上的实际体现。“全球鹰”可以搭载光电、红外、合成孔径雷达等传感器，飞行高度和续航时间同样非常优异，不过在 1999 年前，该机型仍处于验证试飞阶段。其强大的侦察监视能力发挥效果要等到 2001 年的阿富汗战场。

低可见度无人机（“暗星”），是 ACTD 计划中第三等级（Tier 3-）的侦察无人机。1996 年首飞，装备合成孔径雷达和电视摄像机，可全天候提供优质战场图像，并通过卫星实时回传。但在 1999 年 2 月，国防部宣布终止了该项目的研制。

战术无人机（“前导”），是 ACTD 计划中的战术侦察无人机（T-UAV）项目，1997 年首飞。该无人机携带一个实时视频传感器，由陆军和海军共同使用，通常配属于旅级部队。美军计划 2003 年前最终采购 60 架。

20 世纪 90 年代中期的 ACTD 无人机计划，突出的性能指标除了能提供优质战场情报之外，共同的特点是要求数据实时回传、增加续航以延长监视，甚至还进行了互操作性的技术探索，这些都说明 ISR 想要实现“提供及时准确相关信息”的基本能力，不仅需要传感器和平台，还要考虑系统间的连接成网、数据流通、互操作，这就是系统的“整合”。1999 年的《年度国防报告》指明 ISR 将发展空间、空中、陆地和海上等系统之间的互操作性。[1]

二、处理与分发系统的研制

ISR 系统不仅包括监视与侦察资产，还包括能够聚焦并改善战场情报准

[1] William S. Cohen, Annual Report to the President and the Congress, 1999, p.87.

备效率的系统。[1] 海湾战争后，美军对于通信、数据传输、战场态势感知的强烈需求，促使其开始重视数据处理与分发系统的研发与装备。1993 年美军即开始联合战术信息分配系统 2 类终端的研制，并专门出版《JTIDS 2R 类数据链终端作战使用需求文件》，要求为美军提供快速、安全、抗干扰的通信和数据，用于战区内的联合部队行动，而其所承载的就是 Link 16 数据链。对于这类数据传输与分发系统，美国空军、海军、陆军都表示了明确的装备采购需求。这时期同样获得美军青睐的数据处理项目还有分布式通用地面系统（DCGS）。这是一个通用的、可互操作的结构，1996 年开始研制。通过 DCGS 框架，国防部希望整合通用图像的地面系统、机载信号情报地面系统以及多源情报的地面系统。建立在 DCGS 基础上的 ISR 系统才终于发展成互联互通互操作的情报网络。DCGS 很快就将发展成为 ISR 系统中重要的组成部分，ISR 的条令文件也很快开始出现关于 DCGS 的内容。

尽管 ISR 的准确定义还没有出现，但美军对于 ISR 能力的提升目标十分明确，提升传感器、研发新平台，同时根据海湾战争的经验，将 ISR 资产 / 装备开始连接成网，启动有效进行数据传输处理的研制工作。这些升级研制的成效，很快在科索沃战争中呈现，美军 ISR 能力的提升效果在战争中得以显现。

[1] William S. Cohen, Annual Report to the President and the Congress, 1998, p.126.

◂ 第三章 ▸

美军对 ISR 术语的实践演变（1999—2007）

1999 年 3 月 24 日，科索沃战争爆发。4 月，美军发动第三轮空袭，扩大空袭范围，增加空袭强度。就在美国空军尽情展示作战能力的同时，空军发布了条令文件 AFDD2-52《情报、监视与侦察行动》，这又是一部 ISR 的纲领文件。文件首次提出了明确的 ISR 定义，详细界定了空军 ISR 的任务、原则、层级、指挥机构等基本内容，搭建了完整的 ISR 理论架构。对于这份条令文件的翻译、介绍与分析解读，也开启了国内学术界对于美军 ISR 相关问题的正式研究。

文件的主要内容如下：

ISR 的概念：ISR 是搜集、处理、利用与分发及时准确信息的整合能力，为成功的计划与指挥作战提供必要的战场态势感知。

ISR 的价值与意义：ISR 是空军所有核心能力的重要贡献要素；ISR 对于空军获取信息优势的能力具有特别影响力，信息优势支撑空军的全球感知、指挥与控制作战概念；ISR 通过提供有价值的整合信息帮助空军获取信息优势，ISR 提供的信息对于空军一系列任务与活动都是必需的。

ISR 的主要应用领域：防空、反太空与反信息；战略进攻、阻断与近距空中支援；空中机动作战；通用作战图；敏捷战斗支援；武装保护；特种作战、搜索与营救；非战争军事行动。

ISR 的层级：ISR 可以为从国家到部队的各层决策者提供信息与服务，为战略、战役与战术行动提供支援。

ISR 的十项基本原则：

①整合：ISR 行动与情报流程必须完全整合，以适应时间精度要求。

②精确：ISR 产品必须尽可能精准，才能为空军作战提供最好的支援。

③相关：ISR 产品要与空军作战需求相适应。

④及时：ISR 产品根据需要可以及时使用。

⑤融合：多源 ISR 信息的评估分析以生产情报。

⑥易获取：ISR 产品必须容易获取。

⑦安全：必须保护机密信息和敏感来源。

⑧可生存、可持续、可部署：ISR 来源、活动、通信必须具有可生存性。

⑨团结一致：各层级明确职能，减少重叠、信息共享、相互支援。

⑩互操作：互操作性是 ISR 系统的关键。

ISR 流程：

①计划：计划开始于制定并确认需求，然后在其他信息请求中排定优先次序。

②任务分配：一旦计划阶段完成，就要为 ISR 资产分配任务以搜集信息满足需求。

③搜集：搜集行动包括完成分配的任务。

④分析：将信息通过融合与分析转变成情报。融合包括将从不同的搜集平台得到的原始数据与预先的分析结合起来，得到关于敌人能力与意图的合适清晰的理解。分析包括使用知识与经验评估获取到的信息的用途与真实性。

⑤分发：及时的为用户提供所申请的信息需求，情报周期因此继续循环。

⑥评估：用户评估 ISR 产品是否满足需求。

⑦应用：将 ISR 产品应用到作战任务中。

ISR 要素：情报类型（图像情报、信号情报、测量与特征情报、人力情报、公开来源情报）、ISR 资产（空中系统、空间系统、地面系统）、ISR 能力与产品（指示与预警、当前情报、通用军事情报、近实时与实时态势感知、战场情报准备、防御与渗透分析、目标情报、战斗评估、科技情报、反情报）。

ISR 组织结构：

指挥关系：最高指挥官——空军指挥官——联合作战司令——联合作战空军司令——国家 ISR 资产——空军 ISR 协调

作战单位：包括 ISR 专业小组领导、空中部分、联队大队中队支援、空天支援、空中控制部队（监视）、侦察部队、太空部队、空军情报局、空军情报中心、其他空军情报部队。

ISR 教育与训练：支持 ISR 流程的重要组成部分，对于熟练与敏捷十分必要。

可以看到，AFDD2-52《情报、监视与侦察行动》对于 ISR 的方方面面都作出了规定，文件的系统性、全面性、纲领性不言而喻。这份文件很长时间都是美国空军 ISR 行动的纲领文件，直到 8 年之后空军开始大规模 ISR 改革才再次修改。

值得注意的是，尽管此时的空军已经完成了对 ISR 术语的概念界定乃至理论框架的搭建，但 ISR 理论的实际影响却是比较有限的，并非如今美军动辄抛出的诸如大数据（BD）、人工智能（AI）等概念，短时间内就会引发强烈的、普遍的理论与学术关注。一个有力的例证是，就在空军发布 AFDD2-52 文件两天后，1999 年 4 月 23 日，国防部发布联合文件 JP1-01.1《联合出版物纲要》（Compendium of Joint Publications），这样一本基础联合文件的汇编，并没有出现 ISR 术语。

第一节　ISR 术语内涵的不断演进

科索沃战争中，美军的主要参战者是空军，而空军是最新提出成体系的 ISR 概念与理论的军种。可以说，科索沃战争是 ISR 概念与理论在实战中的第一次贯彻执行，其能力与效果也接受了验证与检验。

一、科索沃战争中美军 ISR 能力作用明显

科索沃战争中，美军 ISR 能力明显提升，从战争的整个进程和总体表现看，情报对于作战的支援水平远远高于“沙漠风暴”行动。[1] 尤其是对战争中情报的及时传输与分发，美军表现出的情报能力十分优异。与 1991 年海湾战争的情况相比，一个明显的进步就是可以将目标的情报近实时地直接传递到飞机驾驶员面前。[2]

同时值得注意的是，科索沃战争结束后的美军战后报告中，对于所有与情报搜集相关的资产 / 装备总结篇章，已经开始使用 ISR 进行概括。

（一）传感器数量仍显不足，无人机作用更加突出

科索沃战争期间，面对战场的情报需求，美军对于 U-2S、RC-135 和其他侦察飞机的需求量极大，而这些侦察资产的数量是有限的，所以情报搜集力量的数量仍显不足。为补足搜集力量的缺口，像海湾战争一样启用未定型试验装备的情况再次出现。

---

[1]　《科索沃战争（上）——美国国防部关于联盟力量行动的战后审查报告》（军事科学院外国军事研究部译），军事科学出版社 2000 年版，第 96 页。

[2]　《科索沃战争（下）——法德等国官方和学者论科索沃空袭战的经验教训》（军事科学院外国军事研究部译），军事科学出版社 2000 年版，第 87 页。

“联盟力量”行动后期，海军陆战队使用了由 F/A-18D 飞机搭载的先进战术机载侦察系统（ATARS）。该系统由低空摄像机、中空摄像机和红外线阵扫描仪组成，研制工作尚处于验证阶段……该系统提供了大量光电图像和合成孔径雷达搜集的数字式多光谱图像，弥补了图像与信息的不足。[1]

在科索沃战争中，为避免飞行员伤亡，美军投入了数目众多的无人机，这也为无人机的研究与开发提供了新的动力。如海湾战争一样，美军对于无人机在科索沃战争中的作用赞誉有加，十分满意。“联盟力量”行动中，即使遭遇大雾或光照不足的战场条件，无人机仍可以完成侦察任务。为各军种提供大量、高质的可以安全实时传输分发情报数据的无人情报资产 / 装备，就成为更加迫切的需要。[2]

（二）情报传输手段得到改善，处理速度得以提升

与战争期间颁布的 AFDD2-52 相呼应，美军对于科索沃战争中情报搜集与传输的融合、连接、连通感受极为深刻。战后的总结报告专门提及 Link 16 数据链，强调数据共享的意义，同时技术的进步使得情报的处理速度得以提升。“当我们能够将各种飞行平台畅通无阻地连接到一起时，我们在 ISR 领域就可为所欲为了。”[3]

科索沃战争中，美军不仅可以将飞机连接在一起，甚至可以直接将传感器数据变为目标数据。将联合监视目标攻击雷达系统（JSTARS）、空中战场指控中心、U-2S 侦察机、无人侦察机以及侦察卫星结合起来，形成覆盖范围更加完整的侦察系统，极大地强化了空中力量执行任务的

[1] 《科索沃战争（上）——美国国防部关于联盟力量行动的战后审查报告》（军事科学院外国军事研究部译），军事科学出版社 2000 年版，第 96 页。

[2] 《科索沃战争（中）—— 科索沃航空兵与导弹战役的经验教训》（军事科学院外国军事研究部译），军事科学出版社 2000 年版，第 279 页。

[3] 《科索沃战争（下）—— 法德等国官方和学者论科索沃空袭战的经验教训》（军事科学院外国军事研究部译），军事科学出版社 2000 年版，第 88 页。

作战能力。[1]

科索沃的作战经验让美军明白，信息优势的发挥最主要的性能指标是通信，即数据传输能力，而并不是侦察 / 传感器能力，数据链（Link 16）在战场上的作用巨大。当信息可以迅速被传输，进而可以依据这种信息作出指挥决策时，就拥有了作战优势。通过 Link 16 系统，飞机、舰船和装备设施之间可以安全实时地进行信息交换，飞机间可以共享战术数据，同时这些资产 / 装备还可以同传感器网络进行信息交流，数据链必将在未来战争中发挥关键作用。[2]

通过数据的连接和通信系统的性能升级，美军在科索沃战争中的情报处理速度得到提升。“使用 U-2 侦察机去侦察 SAM-6 防空导弹阵地，将所获取的图像发回加州的指控中心，整个过程只需几分钟。”[3]

美军在科索沃拥有了过去历次战争从来没有过的能力，目标数据的处理时间大大缩短了。空中信号情报传感器可以将对手的情况实时地发送到战区作战指挥中心，甚至有时可以直接发送到已经进入作战区域正在执行任务的飞行器。美军的情报处理能力与情报传递能力都大大增强了，已经可以满足任务分配对目标数据处理的时间要求，甚至有时空天作战中心（AOC）会快速为执行完任务的飞机分配新的目标。[4]

（三）战争中 ISR 的不足之处和未检验的问题

美军在战后报告中专门列举了 ISR 需要改进之处：快速搜集与分发，及时、精确地识别和跟踪移动目标；传感器性能提升，可以全天时、全天候工作，可以应对伪装和欺骗；精确与实时定位，需要改进 ISR 传感器和

[1] 《科索沃战争（中）——科索沃航空兵与导弹战役的经验教训》（军事科学院外国军事研究部译），军事科学出版社 2000 年版，第 267 页。

[2] 《科索沃战争（下）——法德等国官方和学者论科索沃空袭战的经验教训》（军事科学院外国军事研究部译），军事科学出版社 2000 年版，第 94 页。

[3] 同上，第 87 页。

[4] 《科索沃战争（上）——美国国防部关于联盟力量行动的战后审查报告》（军事科学院外国军事研究部译），军事科学出版社 2000 年版，第 99 页。

完善目标处理过程；目标处理能力，传感器数据同任务分配、情报处理、利用与分发过程的整合；数据分发能力，传感器数据能直接分发给战区内的战术分队。[1]

这些战后的总结内容与空军 AFDD2-52 文件提出的 ISR 十大基本原则相对比，在内容上是可以互相印证、互为支撑的。说明此时美军，尤其是美国空军，对于 ISR 的认知水平与实践能力在原则和目标上是一致的、同步的。

除了明确的 ISR 需改进之处，还需注意的是，对于海湾战争中出现的建制内情报力量问题，科索沃战争的战后报告中几乎没有任何体现。很可能是因为在科索沃战争中，地面部队并没有参与战争进程，而空中力量几乎由空军统管，空军在战争中几乎不存在建制内情报力量与建制外的区别。没有总结的问题不等于没有问题，美军 ISR 的诸多认识还没有达成完全的共识。

二、阿富汗战争中美军 ISR 能力大幅提升

阿富汗战争是“9·11”事件后美军发动的第一场战争，山区作战环境和分散的敌方目标都标识着这场战争在军事上的特殊之处，空军与陆军都成为这场战争的主角。ISR 术语引进条令已经过了 5 年时间，空军发布 ISR 的纲领性文件 AFDD2-52 也已经过去了 3 年，ISR 理论与装备再一次接受了实战的检验。

（一）传感器数量与性能大幅提升，传输效率得以增强

阿富汗战争中，美军的情报搜集与传输能力有着巨大变化，ISR 能力得到提升。海湾战争中，寻找、确认、锁定一个萨姆防空导弹阵地，情报数据“从传感器到射手”的整个传输过程需要 80 分钟。但是在阿富汗“持久自由”

[1] 《科索沃战争（上）——美国国防部关于联盟力量行动的战后审查报告》（军事科学院外国军事研究部译），军事科学出版社 2000 年版，第 96—101 页。

行动的战场，这一过程平均只需要 20 分钟。[1]

这场战争中，美军的传感器数量众多、性能先进，同时情报的传输得到了极大的改善。综合多方资料与报告看，美军在阿富汗战场构建了一个较为完整的情报搜集网络。

表 3.1　美军阿富汗战场 ISR 网络 [2]

传感器与平台	空间分布	任务
侦察卫星（4 枚照相侦察、2 枚雷达照相）		每隔 2 个小时就可以对阿富汗进行拍照
RQ-4A“全球鹰”无人侦察机	20000 米	提供阿富汗东部山区的全景图
RQ-1A“捕食者”无人侦察机	700 米	携带“地狱火”反坦克导弹
“龙眼”无人机	中、低空	
E-8 联合监视目标攻击雷达系统飞机	中、低空	
RC-135“联合铆钉”	中、低空	协调空中作战
U-2		
E-2		
P-3		支援阿富汗的地面特种部队的行动

通过这些搜集资产，美军能够对阿富汗的敌方部队提供实时准确的位置信息，进而生成图像情报和电子情报数据。美国先进的传感器、移动目标侦测雷达、合成孔径雷达等，都有效地减少了天气和阴云所带来的问题。

传输技术与搜集技术同时得到提升。美军已经可以在技术上将情报数据，包括目标数据，传递给轰炸机、战斗轰炸机、特种部队、战场地面部队、海基巡航导弹发射平台等。这就是允许如 B-52、B-1、AC-130、F-18、F-15 和

[1]　〔美〕安东尼·H. 考德斯曼：《阿富汗战争的经验教训：战斗、情报、部队转型和国家建设》（知远战略与防务研究所编译），第 105 页。

[2]　〔美〕安东尼·H. 考德斯曼：《阿富汗战争的经验教训：战斗、情报、部队转型和国家建设》（知远战略与防务研究所编译），第 74 页、第 95—96 页、第 103—104 页。

F-16 等飞机，不但可以收到近实时的情报开展行动，而且还能在执行任务的过程中调整任务目标定位，或者在地面部队完成对目标的毁伤评估后，再次对目标发起打击。海军对 P-3 反潜飞机进行了“水面战升级计划”（AIP），通过对飞机的通信、雷达和传感器等设备的升级，使 P-3 具备了 ISR 信息收集能力，并可以将所收集的信息直接传送给地面的特种部队。空军对现有飞机进行强化 ISR 能力的改进，在 KC-135 飞机上加装通信模块，为 E-8C 加装 Link 16 数据链。这些经过改装的飞机能够与沙特的联合空天作战中心（CAOC）进行通信，并且能够将战场信息传给 F-15 飞机。

阿富汗战争中，美军首次实现了各种侦察监视与火力平台的高度融合，大大缩短了从传感器到发射器传输的时间，ISR 资产 / 装备可以提供高质量的实时战场情报。时任美国国防部长拉姆斯菲尔德多次对美军在战场上的情报交互能力给予了高度评价。[1]

（二）传感器数量与能力可以再升级

应对阿富汗的山地作战，如蟒蛇行动，ISR 能力仍旧有缺陷。普通的传感器平台虽然能够描绘战场的细节，但还是无法“看透”隐藏在山体和植被中隐蔽良好的敌人。有关敌人轻型步兵部队的渗透和集结的侦察能力不足，任务计划人员不清楚究竟山谷里有多少“基地”和塔利班武装人员。计划人员也没有弄清楚敌人的准确位置，ISR 数据并没有反映出在山谷东脊有一些敌人坚固的阵地，而美军的部署地点正好就是这里。美军这些 ISR 能力的不足，在行动开始的第三天暴露无遗。

传感器的数量也不足，美国拥有的关键无人机数量有限，计划大力发展的图像卫星和电子情报卫星还没有部署。美国空军在“持久自由”行动中，首次实战部署了 2 架“全球鹰”无人机，截至 2003 年 3 月，共获得的地面影像超过 15000 幅，侦察效果得到中央司令部的肯定。此外，军用带宽不足也

---

[1] 〔美〕安东尼 · H. 考德斯曼：《阿富汗战争的经验教训：战斗、情报、部队转型和国家建设》（知远战略与防务研究所编译），第 160 页。

是一个问题。

海军在阿富汗战争的战后总结中针对 ISR 提出四点建议：控制武器发射的人员要能更好地接入 ISR 数据（数据融合问题）；将 P-3 照相飞机改装成远距离接收飞机（传感器与传输问题）；采购和装备更多 P-3 传感套件（传感器性能问题）；采购和装备更多舰载战术无人机（传感器数量问题）。[1]

可见，搜集与传输能力的提升是历次战争对 ISR 发展的主要要求。

（三）通信能力不足问题依然存在

美军认为，阿富汗战争中的国家和战术情报在传输分发的流动过程中，出现了严重的决策延误问题。“阿富汗冲突第一次以实战的方式表明，带宽的短缺阻碍了美国的通信和 ISR 能力。”[2]

面对“蟒蛇行动”这样的山区地面作战，美军现有的 ISR 能力确实还存在不足。ISR 还需要改进网络与连接问题，目前所使用的数据链还显粗糙，许多地面数据链、目标系统以及通信系统的工作范围和可靠性都差强人意，仍然有待增强。许多军事问题研究者都认为，“蟒蛇行动”中的任务部队需要更大的带宽、更密切的数据联系和更优质的通信系统，这样才可以为地面部队提供有关敌军和友军位置的实时信息。不少专家学者也指出陆军应该对其通用作战图进行升级。

在阿富汗，尽管无人机可以提供运动目标的图像，但是这些信息仍然不能直接传给空海军的飞行员。信息需要传向沙特的联合空中行动中心，那里的分析人员确定潜在的目标，再将信息转向战场。美军计划进一步提高打击移动目标的能力，必须在有人飞机和无人飞机之间建立直接的通信联络。美军已经采取了一些措施，如将“捕食者”所拍摄的图像直接传给 AC-130，但显然需要做的工作依然很多。

---

[1]　〔美〕安东尼·H. 考德斯曼：《阿富汗战争的经验教训：战斗、情报、部队转型和国家建设》（知远战略与防务研究所编译），第 149 页。

[2]　同上，第 68 页。

美军在阿富汗战争的战后总结中认为，取得现代联合作战胜利的关键点，是建成能够在无人和有人侦察飞机、地面部队、战斗机和指挥官之间进行数据交互的先进通信网络。阿富汗战争中美军 ISR 的表现，标志着这种先进通信系统向前迈出了一大步。然而，从美国在阿富汗的经验看来，要想研发出全套的合适装备、战术和程序，尚需数十年甚至更长的时间。[1]

三、伊拉克战争中美军 ISR 能力面临的新问题

伊拉克战争 2003 年爆发，此时美军已经几乎不再把情报搜集与传输分开看待，而是将其视为一体的情报能力。

（一）搜集传输有改善但仍有不足

伊拉克战争爆发前，通信技术、数据处理技术、ISR 传感器性能都实现了迅猛的发展与进步。在吸取海湾战争和阿富汗战争经验教训基础之上，伊拉克战争中的美军，其国家、战区和战术情报能力在一体化程度、处理与分发水平上远远高于海湾战争。陆军师一级部队已经获得了几种系统，如共用地面站、“预言者”系统和 PPS-SD 型雷达，从而提高了师的情报搜集与处理能力。

美国联合部队司令部司令埃德蒙·詹巴斯蒂亚尼海军上将，2003 年 10 月 2 日在美国众议院武装部队委员会听证会上说：

我们在“伊拉克自由”行动中，使用“联合监视目标攻击雷达系统”（JSTARS）的小时数是“沙漠风暴”行动时的 3 倍。“伊拉克自由”行动中的“联合监视目标攻击雷达系统”使用了更多的卫星通信能力并与新的通信链路联结，从而在战前和战时，大大提高了我方部队对敌方行动部署的了解。[2]

---

[1] 〔美〕安东尼·H. 考德斯曼：《阿富汗战争的经验教训：战斗、情报、部队转型和国家建设》（知远战略与防务研究所编译），第 71—72 页。

[2] 《伊拉克战争——来自参战国军方的报告》（军事科学院世界军事研究部译），军事科学出版社 2005 年版，第 27—28 页。

伊拉克战争中ISR数据的分析和分发比海湾战争中要好得多。美军在位于沙特阿拉伯苏尔坦亲王空军基地的联合空天作战中心（CAOC）设立专门的密码室，接收RC-135等飞机传回的侦察情报，并直接向战役指挥部汇报。整个情报处理、报告和分发过程可在数分钟内完成。U-2获得的大多数情报都先通过数据链传回地面战，再由地面站通过卫星转发给比尔空军基地，由该基地对情报进行处理后通过卫星发送给CAOC，整个过程大约也只需要数分钟。

但ISR的规模和信息之间仍然存在着问题，搜集资源的增加，在扩充信息的同时带来了传输的挑战。各军种在ISR数据的传输、处理和分发方面仍然采取特有的编制、技术与方法，这导致战争初期ISR无法有效地提供实时战场毁伤数据。

ISR的能力提升虽然缩短了从侦察获取到火力打击的时间，但仍然无法实现“目标—打击—评估”过程中精确实时的闭合循环。但是，美军认为这些问题不能认为是“情报工作上的失败”。确切地说，它们是目前“情报工作上的无法实现”。美军认为在伊拉克战争中，ISR表现出相当效能但仍需加强。伊拉克战争的经验教训是要明白目前仍然存在着许多严峻的挑战和问题。

（二）缺乏建制情报搜集手段

伊拉克战争中尽管美军ISR展现了强大的能力，但地面部队对于ISR的建设仍然提出了许多不满。伊拉克战后两份师一级部队的总结报告，突出反映了地面部队对于建制内情报力量的抱怨。

美国海军陆战队第1陆战师2003年5月的《“伊拉克自由”行动的经验教训》、美陆军第3机械化步兵师2003年7月的《“伊拉克自由”行动战后总结报告》，两份报告中都有大篇幅的情报相关问题总结。地面部队对于ISR的不满集中在两个方面，建制内战术情报搜集手段的缺乏和接收情报支援时的传输不畅。

我师缺少实现情报工作“无缝化”所需的各类情报搜集、处理人员及相关的通信系统，因此未能具备全谱军事作战的理想资源。各师需要在自身建制内拥有情报搜集和处理资源，以全面应对复杂战场环境，在依赖师以上单位资源的支援时，这种支援难以达到师长所期望的那种连贯性和专用化。[1]

地面部队认为，隶属于师一级部队的建制内情报力量配备，必须包括战术无人机和战术信号情报系统，以迅速满足师长的优先情报需求。师、旅、团级地面部队最佳的情报能力增强手段，就是增加建制内情报搜集与处理装备（尤其是空中侦察手段）和直接的通信支援资源。地面部队指挥官的优先情报需求，只有建制内手段才能作出迅速反应，隶属于部队的无人机和信号情报系统可以为指挥官提供实时的情报产品。海军陆战队认为目前的建制内战术情报搜集能力过于落后，向上申请情报搜集资源的程序又过于繁琐。

地面部队对拥有的可以连接空中 ISR 资产 / 装备的地面站给予积极肯定，对可以连接战场情报网络的通信终端申请增加配属。师配属的“联合监视目标雷达系统”的通用地面站，对整合信息形成情报有极大的帮助。通过地面站，地面部队可以与空中情报搜集平台实现数据的实时互动，可以满足指挥官关键信息需求（CCIRs）。美军许多师一级部队的情报部门并没有从搜集平台接收数据的地面系统，需要进一步在地面部队内配属通用地面站，并完善其战术、技术与程序（TTP）。类似于“特洛伊精灵”系统的通信终端，具有连接全球情报通信系统（JWICS）和保密互联网协议路由器（SIPR）的能力，可使地面部队团级情报部门和师级指挥所在情报处理与传输上获得很大自由，陆军与海军陆战队都要求增加配属数量。

伊拉克战争对于美军的启示，不再是 ISR 传感器数量与质量的问题，而是 ISR 的核心能力究竟是什么？诸多报告和条令都明确的是——“信息提供”。搜索、传输、处理都是重中之重，不能实现情报数据的有效搜集、处理、分发，一切情报能力都无从谈起。

[1] 《伊拉克战争——来自参战国军方的报告》（军事科学院世界军事研究部译），军事科学出版社 2005 年版，第 270—272 页。

世纪之交的三场局部战争中，美军的 ISR 能力得到完整的展现、验证和演练，ISR 能力的缺陷在不断升级中弥合，优势在不断地提升中扩大，不同军种对于 ISR 的关注点也在发生着变化。

第二节 各军种对 ISR 术语的实践运用

当 1999 年空军发布 AFDD2-52 条令明确界定 ISR 术语的含义时，美军其余军种和联合文件都还没有对 ISR 术语有特别的重视，使用 ISR 的条令寥寥无几，像空军一样界定其概念甚至出专版条令更是难觅踪迹。不过，随着科索沃、阿富汗、伊拉克三个战场上情报力量的威力彰显，各军种都开始在条令中严谨正式的关注了 ISR。这一术语理论的探索过程始于 20 世纪 90 年代末期，以 2004 年 10 月联合条令 JP2-01 给出 ISR 的统一概念为阶段性的结点，时间线刚好与三场局部战争相吻合。

一、空军强调 ISR 的重点是整合各种资产／装备

空军在 1999 年发布 AFDD2-52 条令后，ISR 的相关理论基本保持了稳定。21 世纪之初的几本空军基础条令，对于 ISR 的相关阐释，基本都是对 AFDD2-52 的重复。

2000 年 1 月空军发布 AFDD2-1《空战》，这是空军作战的基础条令，其中对 ISR 内容的阐释虽然较为详细，但实质上就是复制了 AFDD2-52 的部分内容。不过空军这份文件没有引用 ISR 的定义，而是将 ISR 分解成情报、监视、侦察三个词进行分别阐释。

情报是为计划和执行军事行动，针对外国能力与意图，提供清晰、简要、相关和及时的分析。……监视是……。侦察，包括监视，是……。侦察通常具有与任务相关的时间限制……。情报、监视与侦察必须共同行动，使指挥

官能够保护力量、实现效率、达成战役目标。[1]

空军 2003 年更新了 AFDD1《空军基础文件》，将 ISR 分成了两部分，情报（I）和监视侦察（SR），其中大段的阐释说明仍然与 AFDD2-52 高度雷同。

图 3.1　AFDD1 条令目录

情报是对关心的国家或地区可用信息的搜集、处理、整合、分析、评估和解释所产生的产品。……监视……。侦察……对监视进行补充。……情报、监视与侦察必须共同运作，使指挥官能够保持力量，实现效率，达成战役目标。它们是获取和保持信息优势所不可或缺的。[2]

空军的这两份条令共同的特点是在阐释 ISR 时，都没有引用 AFDD2-52 的定义。也许是空军仍然将 ISR 看作是首字母缩略语，其释义拆开或合并并不会产生理解上的歧义。

伊拉克战争后，2004 年空军更新了指令文件 AFPD10-22，重新修订为

[1]　U. S. Air Force, AFDD2-1 Air Warfare, 22 January 2000, pp.20-22.

[2]　U. S. Air Force, AFDD1 Air Force Basic Doctrine, 17 November 2003, pp.54-56.

AFPD14-1《ISR 计划、资源与行动》。这次文件引用了 AFDD2-52 的 ISR 定义。指令文件的更新，是空军信息作战与指挥控制部队重组的反映。2001 年 2 月，空军 ISR 组织机构发生调整，空军情报局（AIA）不再是野战局，已重新调整为空中作战司令部（ACC）的一个下属单位。文件的篇幅很短，强调空军 ISR 行动的重点是保持各级决策者间准确及时情报的无缝流动，ISR 的发展目标是实现载人、无人和天基 ISR 系统的横向整合，以生产近实时的可执行的决策知识。此文件对空军 ISR 的组织机构与职权再一次作了明确，ISR 主任由负责空天作战的空军副参谋长担任。[1]

这一时期，空军的 ISR 内涵相对成熟，重点强调 ISR 流程的整合、资产 / 装备的整合。

二、陆军强调 ISR 重点是关注指挥官信息需求

陆军第一次在自己的军种条令中使用 ISR 术语，是 2000 年 3 月陆军发布的野战条令 FM100-12《陆军战区导弹防御作战》（Army Theater Missile Defense Operations）。此时科索沃战争已经结束，尽管空军一年前就已经发布了详述 ISR 的条令 AFDD2-52，给出了 ISR 的定义，但显然陆军此时并没有接受。文件并没有给出太多的解释，当然也没有明确 ISR 的概念。

（一）基础条令描绘 ISR 的含义与定位

2001 年 6 月，陆军发布野战条令 FM3-0《作战》，这是陆军的一本基础条令，是陆军按照联合条令编号规则的第一部新版作战条令。条令中已经多次出现了 ISR 术语，表明此时陆军已经充分接受了这个术语。

条令对 ISR 的定义方法，是分别对 I、S、R 给出了定义，这符合由首字母缩略语构成的术语的一般定义方法。条令认为 ISR 的整合是信息优势的基

[1]　U. S. Air Force, AFPD 14-1Intelligence, Surveillance, and Reconnaissance (ISR) Planning, Resources, and Operations, 2 APRIL 2004, p.4.

础。整合增加了搜集来源，可以消除单位间的“烟囱”。ISR 作战是部队之间通过协调、协同的方式来进行。ISR 作战是提供有关敌人和环境的情报，以满足作出决策的需要。及时准确的情报会激励大胆的行动，同时，及时准确的情报依赖于积极和持续的侦察监视。[1]

作为陆军关于 ISR 的早期条令，其强调整合，是在强调 I、S、R 三者整合为 ISR，其对 ISR 的概念理解与功能说明，都是将三者分别进行，这是陆军基于自身的理解对情报、监视、侦察三项功能结合在一起的解释与说明。这与空军的定义是不同的，无论内容还是阐释逻辑，陆军对于 ISR 的含义有自己独特的思考。

7 月 4 日，陆军在国庆日发布了另一部重要的野战条令 FM3-90《战术》，条令第 13 章“侦察行动”明确 ISR 的基本功能作用就是进行情报搜集（intelligence-collection）[2]，关于 ISR 的文字并没有占用太多篇幅。9 月，陆军又发布野战条令的特别文本 ST2-50.4（FM 34-8）《情报战斗指挥手册》，条令中 ISR 术语出现的次数明显增多。条令中进一步阐释了陆军对 ISR 的理解：最近对 ISR 行动的强调反映了计划与指导、搜集与处理、生产情报、向用户分发情报这些行动统一、整合、同步的重要性。将 ISR 资产 / 装备整合到情报生产的工作中，使指挥官获得战场态势感知。这些搜集、处理、分析、生产、分发的能力对于成功的计划与指导作战至关重要。[3]

从 2001 年连续发布的这 3 部条令可以看出，陆军已经感知到了 ISR 术语的升温，对其所包括的任务范畴有了较为清晰的理解，对其功能和价值也有了一定的判断。但对比空军而言，其对 ISR 的关注与重视程度明显还有很大的差异。

此时科索沃战争已经过去两年，但陆军参加的战争却要推到 10 年前的海

---

[1] Headquarters Department of the Army, FM 3-0 *Operations*, 14 June 2001, p.11-7.

[2] Headquarters Department of the Army, FM3-90 *Tactics*, 4 July 2001, pp.13-15.

[3] United States Army Intelligence Center & Fort Huachuca, ST 2-50.4/FM 34-8 Combat Commanders Handbook on Intelligence, 6 September 2001, P iii.

湾战争，陆军也许还没有感受到 ISR 在战争中的巨大作用，这也许就是陆军条令中还没有出现对 ISR 详细阐述的原因。

（二）伊拉克战争后的情报条令阐释了陆军对 ISR 的系统理解

2001 年美军发动阿富汗战争、2003 年美军又发动了伊拉克战争。如前文所述，这两次战争中，美军 ISR 技术与能力有了突飞猛进的进步。鉴于如此，陆军也开始在条令中深入分析了 ISR 的相关理论。

2003 年 11 月，陆军发布野战条令 FM3-13《信息作战：文件、战术、技术与程序》，这是陆军对于信息战的基础条令，而 ISR 被美军各军种一致认为是获取信息优势的重要基础。条令用专门章节探讨了 ISR 在信息作战中的作用（ISR Contributions，1-10），并提出："ISR 是一种使所有战场作战系统进行同步与整合的赋能行动，搜集相关信息帮助指挥官的决策。"[1]这其实就是提出了陆军对于 ISR 的定义。虽然条令并没有就此定义展开深入的阐述，但通过定义的描述，也可以清晰地看出陆军对于 ISR 的认知角度。陆军强调 ISR 是一种行动，这与空军强调 ISR 的"能力"属性不同；陆军也认为 ISR 的重心在于"整合与同步"；陆军还强调 ISR 的目的是"搜索信息"以帮助指挥官"作出决策"。ISR 要为作战服务，与作战决策紧密相连。

对 ISR 真正作出详细阐释的毫无疑问是情报条令。2004 年 5 月，陆军发布了野战条令 FM2-0《情报》，这也是陆军按照新的条令编号颁布的第一部情报条令，是陆军关于情报的拱心石（keystone）文件。

与空军 AFDD2-52 不同，陆军没有把自己的情报条令直接命名为 ISR。陆军的此份 FM2-0 文件主要阐述了五个问题：情报与作战环境（OE）、情报与统一行动（Unified Action）、全谱（Full Spectrum）作战的基本知识、情报流程、全源情报与情报类别。陆军的情报条令非常强调与陆军作战条令 FM3-0 的统一，FM2-0 与 FM3-0 互相印证、互相支撑。这又与空军不同，空

[1]　Headquarters Department of the Army, FM 3-13/FM 100-6 Information Operations: Doctrine, Tactics, Techniques, and Procedures, 28 November 2003, 第一部分第 10 页。

军的 ISR 条令还没有实现 2-0 的基础文件编号。

FM2-0 规定陆军情报有四项任务，ISR 是其中之一。ISR 同样也包括四项任务，分别是：情报同步、ISR 整合、战术侦察、监视。（见图 3.2）

INTELLIGENCE TASKS	COMMANDER'S FOCUS	COMMANDER'S DECISIONS
Support to Situational Understanding - Perform IPB - Perform Situation Development - Provide Intelligence Support to Force Protection - Conduct Police Intelligence Operations	Plan a mission. Execute the operation. Secure the force.	Which COA will I implement? Which enemy actions are expected?
Support to Strategic Responsiveness - Perform I&W - Ensure Intelligence Readiness - Conduct Area Studies of Foreign Countries - Support Sensitive Site Exploitation	Orient on contingencies.	Should I increase the unit's level of readiness? Should I implement the OPLAN?
Conduct Intelligence, Surveillance, and Reconnaissance - Perform Intelligence Synchronization - Perform ISR Integration - Conduct Tactical Reconnaissance - Conduct Surveillance	Plan the mission. Prepare. Execute. Assess.	Which DPs, HPTs, etc., are linked to the enemy actions? Are the assets available and in position to collect on the DPs, HPTs, etc.? Have the assets been repositioned for contingency mission?
Provide Intelligence Support to Effects - Provide Intelligence Support to Targeting - Provide Intelligence Support to IO - Provide Intelligence Support to Combat Assessment	Destroy/suppress/ neutralize targets. Reposition intelligence or attack assets.	Is my fire (lethal or non-lethal) and maneuver effective? Should I refire the same targets?

图 3.2 FM2-0 规定陆军情报的任务

FM2-0 认为，ISR 工作集中于搜集、处理与分析，主要任务是回应指挥官关键信息需求（CCIRs），对 ISR 的理解可以参阅 FM7-15 和 FM3-90。FM3-90 如前文所述，只提及 ISR 是为搜集信息。FM7-15《陆军一般任务列表》规定了具体的 ISR 任务执行清单，为透彻理解陆军 ISR 作了清晰的注解。

表 3.2 实施 ISR 的任务列表 [1]

序号	数值	标准
01	是 / 否	制定策略满足每个 CCIR，完成 ISR 整合。
02	是 / 否	为 ISR 资产确定对应的唯一支援需求，包括维护、人员培训和连通。

[1] Headquarters Department of the Army, FM 7-15 *The Army Universal Task List* ,31 August 2003, 第一部分第 18 页。

（续表）

序号	数值	标准
03	是 / 否	有序为 ISR 资产分配任务，完成指定的工作和任务。
04	是 / 否	通过参谋流程开发详细的 ISR 计划。
05	是 / 否	利用情报到达获取情报。
06	是 / 否	接收上级总部要求，搜集、生产或分发战斗信息或情报产品。
07	是 / 否	依据信息报告回应每个需求，评估此工作的进展情况。
08	百分比	ISR 评估的效率。

从具体的任务列表可以看到，陆军的 ISR 要基于指挥官关键信息需求（CCIRs）制定计划，分配 ISR 资产 / 装备、分配任务、搜集与分发情报，还要评估情报是否满足需求。ISR 的出发点与落脚点都在需求，评估 ISR 效率的依据也是需求。所以说，陆军的 ISR 是与作战需求紧密相连的。

关于 ISR 的四个任务：

①情报同步，是同步所有指挥官控制的资产 / 装备、友邻部队的资产 / 装备和上级单位或部队的资产 / 装备，开展搜集，以满足指挥官的优先情报需求（PIRs）和信息需求（IRs）。

② ISR 整合，是作战主管、情报主管及其他参谋三方协调，为可用的 ISR 资产 / 装备精心编配任务、指导行动，以满足指挥官关键信息需求（CCIRs）。

③战术侦察，通过目视观察或其他探测手段，获取有关敌人或潜在敌人的活动与资源的信息，或者有关特定地域内的气象、水文、地理及居民的信息。

④监视，是通过光学、声学、电子、照相或其他手段对作战地域的空中、地面、地下等地点、人员、事件的系统观察。

FM2-0 除了界定 ISR 的任务要求，还在规定全谱作战行动的情报流程时，又明确了情报搜集时 ISR 的具体任务类别（3 类：情报、监视、侦察）。

条令特别强调，陆军的全体参谋人员，特别是作战主管（G3/S3）和情报主管（G2/S2），必须改变侦察监视的思维，将 ISR 聚焦于指挥官关键信息需求（CCIRs），同时根据态势变化为部队和资产 / 装备快速重新分配任务。条令认为，战场上所有部队都应获取关于敌人、环境的信息和数据。这个思想后来成了陆军的著名口号“每一名士兵都是传感器”（ES2）。

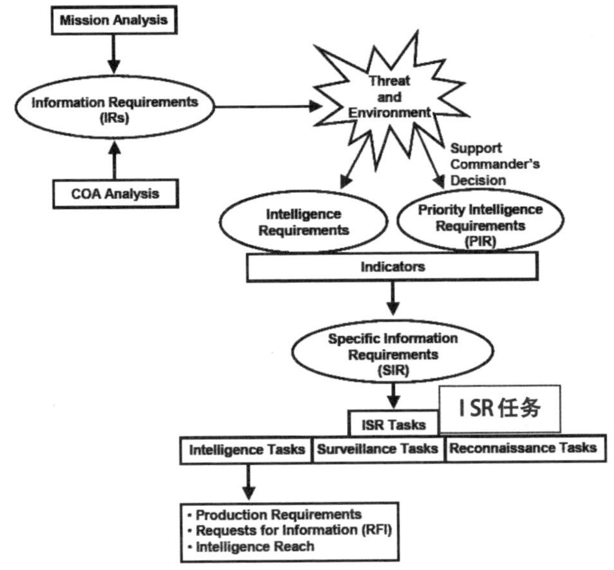

图 3.3 FM2-0《情报》关于 ISR 任务的图示

陆军的情报基础条令与空军的 ISR 条令不同，并没有全面系统的阐释 ISR 的原则、要素、流程等，而是将其作为情报工作的一部分，而且没有关注 ISR 具体实施细节，而是强调实施的目的和出发点。与空军强调各类资产 / 装备的整合不同，陆军最关注的是 ISR 如何更好地满足指挥官的需求，更好地为作战提供决策依据。

（三）术语词典给出 ISR 定义

2004 年 9 月 21 日，陆军发布野战条令 FM1-02/MCRP5-12A《作战术语

与标图》，该份条令同时也是海军陆战队的条令，正式明确了 ISR 的定义："整合与同步战场所有作战系统的赋能行动，搜集和生产相关信息以辅助指挥官决策。也叫作 ISR。"[1]

此定义内容与一年前 FM3-13 所规定的相一致，代表了经历过局部战争后的美国陆军和海军陆战队对 ISR 的基本看法。核心词是"整合与同步""搜集信息""辅助决策"。

需要说明的是，海军和海军陆战队的条令文件相对空军陆军要少得多，对于 ISR 的相关内容，基本没有探讨。一些多军种条令也许代表了这两个军种的一些认知。多军种条令 FM3-100.2/MCRP3-25D/NTTP3-52.1(A)/AFTTP(I) 3-2.16《一体化作战空域指挥与控制的多军种程序》（2000 年），使用了 ISR 术语，认为 ISR 是提供信息。"ISR 行动使用传感器或目视观察来获取有关敌人机动、威胁和能力的信息，从而为指挥官提供战场态势感知。"[2]

海军陆战队 2003 年发布了战斗出版物 MCWP 2-1《情报行动》，不过文件中并没有出现 ISR，只是在涉及情报能力时，提及执行情报、监视、侦察（见图 3.4）。[3] 本书认为，海军陆战队由于很多条令都与陆军共用，所以陆军的很多理论其实也代表了海军陆战队的认知。二者都是以地面力量为主，许多经验都是共通的，条令建设情况和战争实践总结都可以证明。而海军由于条令相对较少，确实无法准确细致地分析其 ISR 的理论与认知，本书仅能通过多军种文件和一些官方报告判断，海军认同 ISR 这一术语，认同 ISR 在战争中的巨大作用，但详细的阐释确实无法得知。

---

[1] Headquarters Department of the Army, FM1-02 (FM101-5-1)/MCRP5-12AOperational Terms and Graphics,21 September 2004, 第一部分第 102 页。

[2] Air Land Sea Application Center, FM 3-100.2(FM 100-103-1) /MCRP 3-25D/NTTP 3-52.1(A)/AFTTP(I) 3-2.16 Multiservice Procedures for Integrated Combat Airspace Command and Control, 30 June 2000, 附录 C 第 3 页。

[3] Department of the Navy Headquarters United States Marine Corps, MCWP 2-1 Intelligence Operations, 10 September 2003, 第一部分第 10 页。

Required Intelligence Capabilities

As a warfighting function, intelligence applies broadly across the full range of military operations. The following required intelligence capabilities are common to all operations:

- Conduct intelligence planning and direction.
- Perform intelligence collection management.
- Process and exploit intelligence.
- Produce intelligence.
- Disseminate intelligence.
- Facilitate intelligence's use.
- Perform intelligence, surveillance, reconnaissance, and CI operations.

图 3.4　MCWP2-1 中的“情报能力”

三、联合条令对 ISR 术语的吸收与使用

随着空军、陆军的 ISR 相关认知逐渐丰富，联合条令对 ISR 的内容也慢慢充实起来。

（一）认为 ISR 是“提供信息”且与 RSTA 含义相近

2000 年，国防部发布了两部情报类别的联合条令 JP2-0《联合作战情报支援》和 JP2-01.3《联合战场情报准备的联合战术、技术、程序》，两部条令中对于 ISR 几乎没有任何涉及，描述情报搜集、情报提供时使用的术语是 RSTA。“侦察、监视与目标获取（RSTA）的目标是促进联合部队指挥官对战场和对手的认识与理解……RSTA 还搜集更新联合部队联合战场情报准备所需的信息。因此，RSTA 既是联合战场情报准备数据的使用者又是提供者。”[1]

[1] U. S. Joint Chiefs of Staff, JP2-01.3 Joint Tactics, Techniques, and Procedures for Joint Intelligence Preparation of the Battlespace, 24 May 2000, 第四部分第 10 页。

2001 年 4 月，联合文件 JP1-02《国防部军事与相关术语词典》第一次收录 ISR 了词条，但未作解释。这一年还发布了 JP3-70《战略打击》，条令中写道："支援联合战略打击的 ISR 需求，以及满足这些需求的程序，与其他联合行动是一样的，具体见 JP3-55。"[1]这里出现了一处明显的错误。JP3-55《联合作战侦察、监视与目标获取支援》，阐述的是 RSTA 相关内容，并非是 ISR。这份联合条令混淆了 ISR 和 RSTA。

7 月，JP0-2《统一行动武装部队》颁布，文件认为"ISR 是为联合部队指挥官提供准确、及时、相关和充分的信息"[2]。9 月，JP3-0《联合作战》认为 ISR 是"提供实时和近实时的态势感知"[3]。

2002 年国防部发布联合文件 JP3-14《太空作战》，文件附录 A"情报、监视与侦察"阐述了 ISR 的相关理论，这是第一份详细解释 ISR 的联合条令，不过它并非情报或作战的基础条令。"ISR 是在持续、事件引发或计划的基础上，搜集目标或关心地域中的数据和信息。在相对连续的一段时间内的搜集称为监视。事件引发或者较短的时间内计划的、重复出现或偶尔短暂一次性的，通常称为侦察。"[4]

2003 年，国防部发布联合文件 JP2-01.1《目标获取情报支援的战术、技术与程序》，文件的附录中引用 JP3-55 时，写作《ISR 行动》，联合条令第二次混淆了 ISR 与 RSTA，也许联合条令确实认为二者含义近似甚至相同。

（二）统一 ISR 术语概念

联合条令对于 ISR 的这种模糊的观点，在伊拉克战争后，发生了巨大改变。2004 年 10 月 7 日，国防部发布联合文件 JP2-01《军事行动联合与国家

[1] U. S. Joint Chiefs of Staff, JP3-70 Joint Doctrine for Strategic Attack (Second Draft), 11 May 2001, 第三部分第 2 页。

[2] U. S. Joint Chiefs of Staff,JP0-2 Unified Action Armed Forces (UNAAF), 10 July 2001, Pxiv.

[3] U. S. Joint Chiefs of Staff, JP3-0 Doctrine for Joint Operations, 10 September 2001, 第三部分第 20 页。

[4] U. S. Joint Chiefs of Staff, JP3-14 Joint Doctrine for Space Operations, 9 August 2002, 附录 A 第 1 页。

情报支援》，这份条令清晰地定义了 ISR 术语的确切内涵。“同步并整合传感器、资产、处理、利用和分发系统的计划与行动，以直接支持当前和未来的作战的活动。这是一个整合的情报和作战功能，也称 ISR。”[1]

由于联合条令在美军条令体系中的权威地位，这实质上是统一了美军各军种的认识，明确了 ISR 的内涵。同一天修订发布的《国防部军事与相关术语词典》也增加了 ISR 的释义词条，完善了术语内容。

联合文件对 ISR 概念的界定，表明 ISR 不再只是一个空军提出的概念术语，而是成为了各军种描述情报搜集、处理、分发等情报行动领域的一个专有名词。

总结 ISR 术语的发展情况可以看出，最早将 ISR 概念引入条令的是空军，在联合文件给出 ISR 统一概念之前，对 ISR 阐述和解释最多的也是空军，空军多次发布关于 ISR 的条令、战略、行动等纲领性文件，同时其多部条令文件也会有专门的章节界定、阐释 ISR 在诸多作战行动中的作用。显然空军对 ISR 这一概念最为关注，使用与理解也最为清楚透彻。

表 3.3　1996—2004 年美军条令对 ISR 的阐释情况统计

时间	条令	提及	有解释	大篇幅阐释
1996 年	AFDD50	●		
1997 年	MCWP2-15.1	●		
1997 年	AFDD1	●		
1998 年	AFDD2-1.2		●	
1998 年	AFDD2-1.5		●	
1998 年	FM100-103-2/MCWP3-25.2/NWP3-56.2/AFTTP(I) 3-2.17		●	
1998 年	JP2-02	●		
1998 年	AFPD10-22			●
1999 年	AFDD2-52			●

[1]　U. S. Joint Chiefs of Staff, JP 2-01 Joint and National Intelligence Support to Military Operations, 7 October 2004, 词汇表第 18 页。

（续表）

时间	条令	提及	有解释	大篇幅阐释
1999 年	JP3-07.3	●		
1999 年	FM90-43/MCWP3-42.1A/NWP3-01.13/AFTTP(I) 3-2.24	●		
2000 年	JP2-0	●		
2000 年	JP3-11	●		
2000 年	JFSC Pub1	●		
2000 年	FM3-100.2/MCRP3-25D/NTTP 3-52.1(A)/AFTTP(I) 3-2.16		●	
2000 年	AFDD2-1			●
2000 年	FM100-12	●		
2000 年	FM3-01.7	●		
2000 年	FM7-20	●		
2001 年	FM3-01.20/MCRP3-25.4A/NTTP3-01.6/AFTTP(I) 3-2.30	●		
2001 年	JP1-02	●		
2001 年	JP3-70	●		
2001 年	JP0-2	●		
2001 年	JP3-0	●		
2001 年	FM3-06.1/MCRP3-35.3A/NTTP3-01.04/AFTTP (I) 3-2.29	●		
2001 年	FM3-31.1/MCWP3-36	●		
2001 年	JP3-02		●	
2001 年	FM3-0		●	
2001 年	FM3-90		●	
2001 年	ST2-50.4		●	
2002 年	JP3-60	●		
2002 年	JP3-14			●
2002 年	JP3-06	●		
2002 年	FM3-34.2	●		
2003 年	JP2-01.1	●		
2003 年	JP3-09.3	●		
2003 年	FM3-07	●		

（续表）

时间	条令	提及	有解释	大篇幅阐释
2003 年	JP3-05	●		
2003 年	FM3-13		●	
2003 年	AFDD1			●
2003 年	FM3-07.31/MCWP3-33.8/AFTTP(I) 3-2.40	●		
2004 年	JP3-02-1	●		
2004 年	JP3-26	●		
2004 年	SECNAVINST 5400.39C	●		
2004 年	JP3-31		●	
2004 年	FM3-11.19/MCWP3-37.4/NTTP3-11.29/AFTTP(I) 3-2.44	●		
2004 年	AFPD14-1			●
2004 年	FM2-0			●
2004 年	JP3-0	●		
2004 年	FMI3-07.22		●	
2004 年	FM 1-02/MCRP 5-12A		●	
小结	联合文件	17	2	2
	空军文件	7	4	5
	陆军文件	12	7	1
	海军陆战队文件	8	2	
	海军文件	5	2	

第三节　各军种 ISR 建设计划

经历了科索沃、阿富汗、伊拉克三场战争后，美军对于 ISR 的理论总结和实践经验都得到了大幅提升，结合这些理论和经验，各军种开始针对性建设与发展 ISR 能力。在实践建设与开发中，ISR 就是“搜集资产 / 装备 + 数据处理系统”。美军为这些系统提出的新的指标特征是互操作性、融合、细节和持久监视。

国防部提出了 ISR 技术发展的五个阶段：搜集技术、互操作性和网络化、持久监视、现有能力的创新与升级、通信技术。据此又拟定了 ISR 发展计划，主要包括：升级传感器；研发新体制雷达、侦察飞机、无人机、太空侦察装备；开发计划管理与数据库分析工具；建设与推广 DCGS；开发图像自动标注地理协同信息系统；研发通信技术等。

空军在实战中已经展示了强大的 ISR 能力，其研发重点是整合当前的空中侦察力量，使之连接成网，可以提供战场之上的连续监视能力。空军拥有最大规模的 ISR 力量、最多的 ISR 资产，资产的集中指挥与资产间的互操作是空军 ISR 发展的最重要标准，空军的 ISR 改革是所有军种中最为激进的。

空军的采购项目主要有：天基雷达（SBR）、智能加油机、多平台雷达技术嵌入项目、“捕食者”B 型无人机、“全球鹰”无人机、战区作战管理系统、网络中心目标捕获系统、空天作战中心通用作战图、DCGS 系统等。具体措施如：空军 2005 年为 RC-135 进行了升级改造，使之可以将瞄准数据发送给 E-8，升级其自动化任务管理系统，可以实现多传感器数据融合。2006 年空军为一架 RC-135W 引入了网络中心协同瞄准（NCCT）系统，使之能与 U-2、作战飞机、DCGS 实现互联互通，生成多源数据融合的统一态势图，大大缩短了“传感器到射手”的时间链。2002 年，空军已经将所有“捕食者”升级为 B 型，2003 年空军开始接收 MQ-9“死神”无人机，到 2009 年空军拥有“捕食者”的数量达到 166 架。

陆军认为实战中其情报需求有相当部分是来自国家级和其他军种的情报机构，因此 ISR 的发展重点是提升与其他情报源的互联互通能力和互操作性。技术上的研发重点应该是数据融合与分析工具，如已在国家地面情报中心广泛应用的 Pathfinder 系统。

陆军的采购计划是：DCGS 系统、图像情报战术开发系统、战术无人机（影子）、人力情报分析支援系统、替代“护栏”的空中通用传感器（ACS）、机载低空侦察系统（RC-7）、“先知”（Prophet）地面传感器和干扰器、联合战术终端等。具体如，2000 年陆军开始采购 RQ-7“影子”无人机，到 2006 年拥有约 330 架。“影子”无人机可以搭载光电 / 红外传感器、战术信号载荷（TSP）、战术无人机雷达（TUAVR）、毫米波雷达、战术通用数据链（TCDL）等，其侦察数据通过地面站可以连接 E-8 和陆军全源分析系统（ASAS）。2005 年，陆军采购了 MQ-1C“天空勇士”无人机，这是“捕食者”的改进型，机上搭载合成孔径雷达、卫星通信系统和战术通用数据链。

海军和海军陆战队 ISR 的发展重点依据网络中心环境，将现有资产 / 装备连接成网，实现信息交换与控制。

两个军种的采购计划是：DCGS 系统、P-3 和 S-3 飞机、“全球鹰”无人机、无人潜航器、“龙眼”无人机、垂直起降无人机、空中通用传感器等。具体来说，海军 2000—2007 年为 EP-3E 进行了联合信号情报航电系列现代化渐进升级计划，使得全部的 EP-3E 可以实现数据的互联互通，并从 2004 年开始实施多源情报改进计划，提升信号情报搜集种类。2006 年，海军为 S-3B 集成了夜间低空导航与瞄准红外吊舱和视频传输系统，使之具备了执行 ISR 任务的能力。2001 年，海军和海军陆战队开始接收 RQ-14“龙眼”无人机，到 2006 年，海军陆战队共有约 700 架。“龙眼”无人机搭载电视摄像机、微光摄像机或红外摄像机，可加装下行情报链。海军 2003 年订购了 2 架 RQ-4“全球鹰”无人机用于技术验证，2006 年海军“广域海上监视”项目选择了 RQ-4N 无人机。

美军的 ISR 能力已经发生了明显的提升，从传感器到射手的过程，海湾战争需要一天，阿富汗战争不超过 20 分钟，伊拉克战场只要 5 分钟。[1] 急速提升的 ISR 能力，反过来又促进了 ISR 理论的发展。尤其是对 ISR 理解与运用最为领先的空军，又展开了对 ISR 的新一轮战略思考与理论创新。

[1] Congressional Research Service, Military Transformation: Intelligence, Surveillance and Reconnaissance, January 17, 2003.

第四章

空军陆军对 ISR 的不同解释与发展（2007 至今）

尽管 2004 年联合条令为 ISR 界定了统一的概念内涵，但美国空军和陆军出于自身对战争的理解和军种本身的实际情况，并没有立刻将统一概念写进条令。

2005 年空军在 AFDD3-13《信息作战》将 ISR 继续解释为：“一种任务分配、搜集、处理、利用、分发准确及时情报信息的整合能力，为指挥官提供成功计划和执行作战所必需的战场态势感知。”[1]这还是空军自身对于ISR的理解，强调 ISR 的“能力”属性。空军提出和使用 ISR，关注点总是聚焦于 ISR 能做什么、如何做得更好、如何支撑空军的全球战略。ISR 的情报能力和作战能力总是空军最关心的。

陆军的情况同样如此。陆军 2006 年发布的野战条令 FM3-21.20《步兵营》继续延续 2001 年 FM3-0 对 ISR 的理解，使用了 2004 年 FM2-0 的定义：“ISR 是一项战术赋能行动，旨在支持情报活动、计划与决策的活动。ISR 作战的目标是满足指挥官的关键信息需求和其他信息需求，以便能够及时有效地作出决策。”这仍是陆军特色的观点，强调 ISR 的信息提供者属性。文件同时对这项赋能行动作了战术层级的分解，是“以前所说的侦察和监视（一项

[1] U. S. Air Force, AFDD3-13 Information Operations, 11 January 2005, p.40.

机动任务）与情报的生产与分发（以前表现为一项参谋任务）结合起来的联合作战赋能行动”。可见，陆军对 ISR 的理解也是深刻、透彻、细节的。文件同时还详细阐释了步兵营本身的建制内侦察力量——侦察排。“步兵营侦察排是营指挥官首要的眼睛和耳朵，为其提供建制内的侦察能力。ISR 是一项持续的行动，其重点是搜集相关信息、分析这些信息以产生情报，帮助形成指挥官的可视化并支持作战周期。”[1]

同样的 ISR 术语，联合条令、空军、陆军的理解各有侧重。联合条令主要是规范术语的构成内涵，明确组成要素与环节，空军侧重功能与能力，陆军侧重与作战的关系、对作战的影响。不同的侧重点，意味着 ISR 在不同军种内的定位，引领了不同的发展战略。

在联合条令统一了 ISR 概念之后，对于 ISR 的能力建设与发展，联合文件很快也出台了概念文件。2007 年国防部发布了一份联合概念文件《持久 ISR：计划与指导——联合整合概念 1.0 版》，提出了“持久 ISR”理论，为 ISR 发展构建新的设想与方向。

文件定位 ISR 是作战决策的关键赋能器，为指挥官提供关键信息需求、优先情报需求和信息基本要素。ISR 是作战行动的基础，是指挥官作出决策的主要依据，反过来这些需求和要素也主动驱动 / 引领 ISR 的行动。“沙漠风暴”和“伊拉克自由”行动说明有时部队行进的速度会远远超过情报的生产速度。持久 ISR 能够实现全面的战场态势感知，为指挥官提供了通过动态可视化和反馈机制影响情报流程的机会，使指挥官在需要时对搜集资产 / 装备可以进行再分配。实现持久 ISR 的技术条件是网络中心环境。网络中心环境能促进 ISR 搜集资源、多品类情报 / 多源信息、情报产品的融合，并向指挥官提供可视化信息，可以实现在任何时候向任何人提供可操作产品。成功的 ISR 就是在正确的时间提供正确的信息。

联合概念的重点是聚焦计划与指导，而不是搜集、处理、利用、分发等

[1] Headquarters Department of the Army,FM 3-21.20The Infantry Battalion, 13 December 2006, 第三部分第 1 页。

具体功能和系统上，是集中于搜集管理和处理的最好方法的讨论上。

持久 ISR 需要发展五种能力：（1）整合计划与信息需求的优先次序——建立多层级优先级系统，以使不同层级的搜集资产理解如何响应搜集请求。（2）ISR 资产的多层级任务部署——分配任务向上和向下一样顺畅，允许任何具有相关能力的资产都可以用来满足搜集需求。（3）信息需求和 ISR 资产的全球可视——在所有负责实时管理和近期计划的 ISR 资产任务、状态和能力中，通过自动化工具提供虚拟可视化。（4）自动化接口——可以实现快速的机器与机器交互，进而为高优先级情报项目提供多品类情报、多资产数据。（5）培训和教育——提供给作战人员、情报分析人员和搜集管理者，让他们对所有 ISR 系统的能力有更好地理解，以使这些资产更好地应用于各种情报问题。[1]

在联合文件探讨 ISR 能力发展的同时，空军开启了 ISR 改革的大幕。

第一节　空军对情报能力的追求使得 ISR 的内涵向整个情报工作扩大

一、机构调整重组，空军 ISR 局统领情报工作

战争经验的总结、ISR 理论与实践的发展、空军地位与 ISR 地位的提升，酝酿着空军 ISR 的变革。空军副参谋长大卫·德普图拉（David A. Deptula）的上任，成了这场变革的启动者和加速器。

（一）首任空军副参谋长（AF/A2）推动 ISR 改革

2006 年，空军设立副参谋长（AF/A2）专职负责 ISR，不再由负责空天作

[1]　Department of defense, Persistent Intelligence, Surveillance, and Reconnaissance: Planning and Direction——Joint Integrating Concept Version 1.0, 29 March 2007.

战的副参谋长兼任。7 月，大卫·德普图拉担任空军首位负责 ISR 的副参谋长（AF/A2），开始了空军 ISR 激进而声势浩大的改革。

尽管此次空军 ISR 改革有着充分的理论和实践的需求与准备，而且任何层次、任何方面的改革最大的驱动力一定来自现实需要与客观能力之间的差距。但不得不说，2006 年开始的这次空军 ISR 的变革发展，德普图拉的个人作用十分突出。

德普图拉是美军“基于效果作战”理论、“战略瘫痪战”理论的创始者之一，飞行员出身，历任空军多个岗位，经历过海湾战争、阿富汗战争、伊拉克战争，参加过 1996 年的美国空军思想大讨论，2010 年退休，是空军 ISR 改革转型的实际主导者。

2006 年 8 月，美国空军参谋长迈克尔·莫斯利上将（Gen . Michael Moseley）指示，应该将空军情报部门转型为一个强调 ISR 能力的组织，空军对于 ISR 能力属性的追求终于开始引发情报机构的结构调整。德普图拉开始着手制定空军情报机构的改造计划，空军参谋部要求他在 90 天内完成，副参谋长的办公室成了空军所有 ISR 事务的焦点，德普图拉对改革中的各类事务都要掌握清楚，要保证像“左手知道右手在干什么”一样。12 月，德普图拉完成了改革计划，空军参谋部很快批准。空军此次 ISR 转型的目标是将整合全空军范围内的情报组织，协调和整合 ISR 能力，并将这些能力呈现给联合作战人员和国家级用户。

2008 年负责情报的国防部副部长詹姆斯·克拉特（James Clapper）称，空军在两年前开始了其 ISR 转型，并通过授权人员、建立全球化的 ISR 组织，创造一个新的 iSR 来开辟一条道路，实现跨越作战领域的能力组合。[1]

（二）机构改革的主要内容：更名与重构

空军情报局是空军原来的主要情报机构，是这次改革各级计划的主要

[1] Headquarters, United States Air Force Washington DC, Lead Turning the Future: The 2008 Strategy for United States Air Force Intelligence, Surveillance and Reconnaissance, 4 July 2008. p.13.

参与者，空军的 ISR 机构调整，空军情报局是绝对的主角。2006 年末，空军情报局最后一任指挥官科齐奥尔（Koziol）少将将空军情报局改组为 A-staff（空军参谋体制），以便更好地与空军参谋和联合组织保持一致，为改革做准备。

1. 机构更名

2007 年 1 月，空军参谋部声明，副参谋长（AF/A2）将把职责重点从情报改为 ISR。5 月 8 日，空军宣布将把空军情报局改名为空军 ISR 局，第一位指挥官仍是科齐奥尔少将。6 月 8 日，空军 ISR 局正式开始运转。

4 Spokesman July 2007 News

AF ISR Agency

Increased capability to better serve the warfighter

By Master Sgt. Theresa Shannon
Air Force ISR Agency Public Affairs

LACKLAND AIR FORCE BASE, Texas – In a ceremony held June 15, the Air Intelligence Agency officially became the Air Force Intelligence, Surveillance, and Reconnaissance Agency, consolidating Air Force ISR functions to better serve the warfighter and the nation.

Gen. Ronald E. Keys, Air Combat Command commander, presided over the ceremony. The Air Force ISR Agency, commanded by Maj. Gen. Craig Koziol, was realigned under Lt. Gen. David A. Deptula, Deputy Chief of Staff for Intelligence, Surveillance and Reconnaissance (A2), Headquarters U.S. Air Force, Washington, D.C. as a field operating agency.

"This is more than a redesignation; this is a signal to everyone that we are going to expand and reach out with increased capability," said General Koziol. "Airmen conducting operations in our Air Operation Centers today need seamless, integrated ISR to support the combined forces air component commander, and we need to do everything possible to ensure that happens."

"The realignment of the newly designated, Air Force Intelligence, Surveillance, and Reconnaissance Agency under Air Force A2 will underscore the nature of ISR as an Air Force-wide enterprise," said General Deptula.

General Deptula chartered three ISR transformation working groups to fulfill the Air Force Chief of Staff's vision and focus on ISR capabilities, personnel and organization. After thoughtful dialogue and careful consideration of warfighter and intelligence community needs, the Air Force ISR Agency was born.

"The Air Force ISR Agency will now be responsible for broadening their scope beyond the signal intelligence arena to include all elements of ISR," General Deptula said. "The intent is to provide unmatched ISR capability to our nation's decision makers and combatant commanders."

"Air Intelligence Agency was traditionally focused on a particular intelligence discipline, signals intelligence," said General Koziol. "Now we are expanding our capabilities into geo-spatial-intelligence, imagery, human intelligence, and measurement and signature intelligence disciplines. As an integral member of our nation's combat forces, we are focused on integrating the information derived by those capabilities and delivering critical information to combatant commanders and national level decision makers."

"We are constantly striving to provide critical, time sensitive information directly to the warfighters, at the precise moment they need it," said General Koziol. "We are also working with our military and national intelligence partners to provide forces and capabilities as new threats emerge and requirements evolve."

This change will not result in any significant personnel changes or financial impact to San Antonio or the South Texas economy.

"I am very proud of the men and women assigned to the Air Force ISR Agency. They are dedicated, professional and focused on the needs of our warfighters. We are very excited about this agency's mission and the prospects for the future as we expand our capabilities across the entire ISR spectrum," said General Koziol, "and this is an important step forward for ISR operations."

Photo by Ted Konaires

Lt. Gen. David Deptula, Deputy Chief of Staff for ISR (A2) and Maj. Gen. Craig Koziol, Air Force ISR Agency commander unfurl the new Air Force ISR Agency flag during a redesignation ceremony June 15 here. Chief Master Sgt. Paul [illegible], Command Chief Master Sergeant Air Force ISR Agency holds the flag and Gen. Ronald E. Keys, ACC commander watches.

Air Force ISR Agency homepage: http://www.afisr.af.mil

图 4.1　美国空军 ISR 局成立[1]

2. 隶属关系改变

这次改革，空军 ISR 局的隶属关系发生了变化。改革前，空军情报局隶

[1]　AF ISR Agency History Office, A Continuing Legacy: Usafss to Af Isr Agency 1948-2010, 15 September 2010, p.43.

属于空中作战司令部（ACC），此次改革将 ISR 局定位为空军的一个野战局（FOA），归属于专门负责 ISR 的副参谋长直接管理。隶属关系的改变，是对 ISR 地位作用提升最明显的标志，空军的 ISR 集中整合在副参谋长治下，力量统一、聚合，效率得以提升。2008 年 3 月，空军 ISR 局向德普图拉提交了空军 ISR 作战概念（CONOPS），将 ISR 提升为空军核心任务领域，并将 ISR 战略规划与以前的太空与 C4ISR 行动概念分离开来。

3. 职能任务增加

20 世纪 90 年代，空军情报局统领空军的信号情报和信息战行动（获取、利用、攻击、防御）。这次改革，空军 ISR 局的职能领域从原来空军情报局的信号情报开始扩展到 ISR 的各个方面。

（1）增加网络与密码

2002 年空军开始重视计算机网络防御的作战问题，此次改革前空军将网络空间列入空军作战领域。空军情报局开始从信号情报（SIGINT）总部向 ISR 机构转变后，2006 年 7 月 5 日，位于马里兰州米德堡的第 70 情报联队重新归于美国空军情报局领导，这次重组将空军的密码联队交还给了 ISR 机构的领导。第 70 情报联队将空军的能力集成到全球密码作战中，直接支持国家级决策者、作战指挥官和战术作战人员。

（2）支持特种作战

空军 ISR 局将其国家战术整合（NTI）计划转变为一个有大量资源支持的空军项目，由第 70 情报联队作为行动领导，对特种作战的支持大大增加。2008 年 10 月，空军 ISR 局在佛罗里达州赫尔伯特基地组建第 361ISR 大队。这个新的组织，在空军特种作战司令部的行动控制下，由空军 ISR 局行政控制，控制了两个情报中队：北卡罗来纳州教皇空军基地的第 19 情报中队，佛罗里达州赫尔伯特基地的第 25 情报中队。

（3）支持人力情报

2007 年 9 月，空军 ISR 局向副参谋长（AF/A2）简要介绍了一项恢复基于服务的人力情报（HUMINT）的提议。德普图拉将军批准了在 2008 年 10

月之前建立空军十多年来第一个人力情报组织的构想。2007 年 11 月，ISR 局在俄亥俄的怀特·帕特森空军基地第 6 特遣队的基础上重新建立了人力情报项目。人力情报一直是空军的弱项，也是空军想要恢复的职能，同时也是德普图拉一直认为空军需要加强的地方。海湾战争时期，精确制导武器的应用使得空军面临新的作战问题，即如何准确查明它所精确打击的目标正确或是错误。当时，空军人力情报资源投入削减，获得情报的质量数量都严重下降，根本无法在战场上判明敌人的哪些设施是空军打击的关键节点。当时还是一名负责为空中战役确定打击目标的空军中校德普图拉深刻感受到这一点。按照德普图拉的看法，海湾战争中美国空军未能迅速摧毁伊拉克的移动式“飞毛腿导弹发射架”，与其说是空中力量的失败，不如说是人力情报补偿传感器不足的失败。1996 年参与空军思想大讨论时，已经是负责伊拉克北部禁飞区的联合作战部队指挥官德普图拉准将说：“准确的人力情报至关重要，因为你无法打击那些你不知道的目标。”“你必须有完整的情报网才能打一场成功的空中战役或别的什么战役。”[1]

（4）支持其他机构

2007 年 9 月，空军 ISR 局提出了在美国国家航空航天情报中心（NASIC）内建立空军大队和中队的概念，以使军事力量专业化，并更好地与国防部的其他作战组织协作。2008 年 4 月，空军 ISR 局将国家航空航天情报中心从一个参谋机构重组为拥有 4 个大队、17 个中队和 3 个处的联队级单位。这一行动强化了国家航空航天情报中心部队指挥官的职责和权利。

此次 ISR 改革，空军 ISR 的组织、机构、能力都有着很大的变化，如图 4.2 所示。空军将几乎所有的图像情报任务和信号情报任务都放至 ISR 局，ISR 局的任务可以说就等同于空军情报任务。

[1] 〔美〕伊莱恩·M. 格罗斯曼：《美国空军和陆军在军事学术思想上的争论》（何建良、俞谣详译），载《外国空军军事学术》1999 年 5 月。

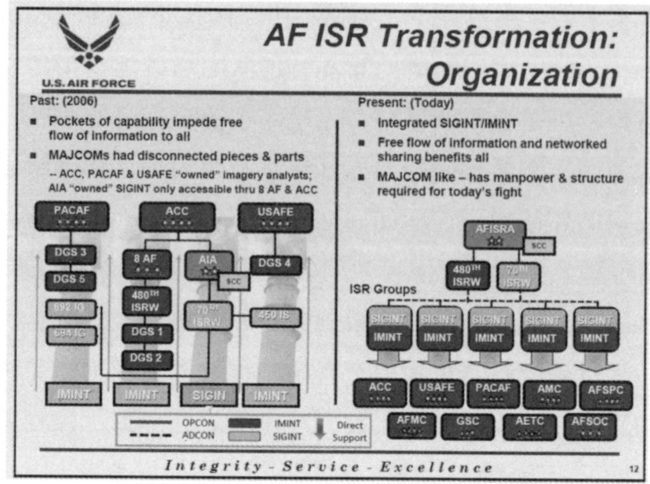

图 4.2　空军 ISR 改革前后任务与结构对比[1]

德普图拉认为，机构调整的职责变化最核心就是把所有 ISR 任务功能都集中在一起、统一到一个机构之中，这样空军 ISR 就能作为一个整体行动，同时为空中、太空、网络等多域空间服务，而不是像改革前形成多个层次的多个机构，且每个机构都只针对某一个单一领域的部队和司令部负责。分散在多个单位的体制无疑会降低 ISR 的效率。

2006 年开始的空军 ISR 改革，核心关键词是“整合”，这也与空军对 ISR 的认知是高度一致、一以贯之的。

二、发布新版 ISR 条令，空军 ISR 等同情报

空军 ISR 的进程，在开始和结束的时候，都有重要的纲领性文件出台。2007 年空军发布 AFDD2-9 宣告了 ISR 改革正式拉开帷幕，2012 年改革的阶段性任务完成，又发布了 AFDD2-0 作总结。

[1] Headquaters U.S.Air Force, Air Force ISR in a Changing World, Lt Gen David Deptula, 30 March 2010.

2007 年 7 月 17 日，空军发布条令文件 AFDD2-9《情报、监视与侦察行动》，这是空军发布的又一部 ISR 的纲领性文件，其中 ISR 的定义直接引用了《国防部军事和相关术语词典》："ISR 是一种同步和整合传感器、资产、处理、利用与分发系统的计划与行动的活动，以直接支持当前和未来的作战，这是一项整合的情报与作战的功能。"[1] 表明空军和联合文件的认知实现了统一。

这版条令与 1999 年 AFDD2-52 相比，有了很多的变化，这种变化直接反映了空军对于 ISR 术语、理论、地位等诸多问题的新的发展。本书对两份文件的文本变化，采取了比较分析的方法，试通过细节的挖掘得出详明的结论。

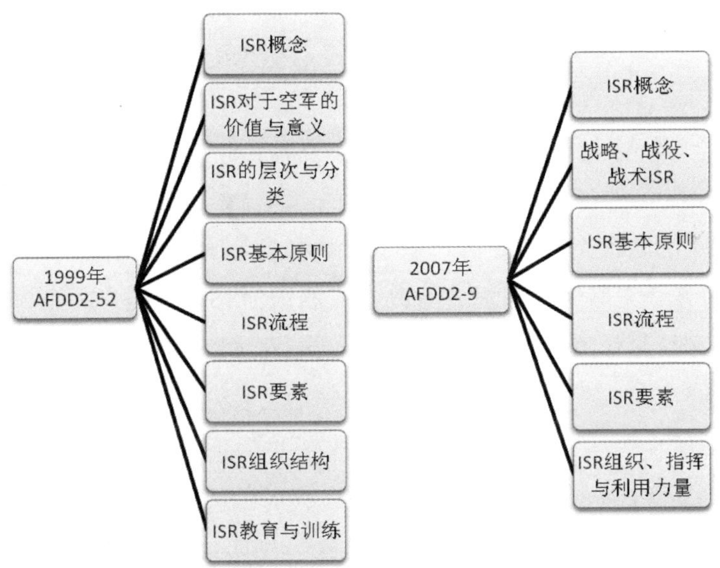

图 4.3 美国空军条令 1999 年与 2007 年目录结构对比

从条令的目录结构可以看出，2007 年版和 1999 年版相比，文件的基本

[1] U. S. Air Force, AFDD2-9 Intelligence, Surveillance, and Reconnaissance Operations, 17 July 2007, p.1.

结构并没有发生大的改变，主要章节的表达、序列都保持了一致，2007 年文件的主结构内容作了精简，主题更加集中。

从具体内容来看，2007 版空军《情报、监视与侦察行动》的主要变化在于：

（一）更新 ISR 的定义，与联合文件保持一致

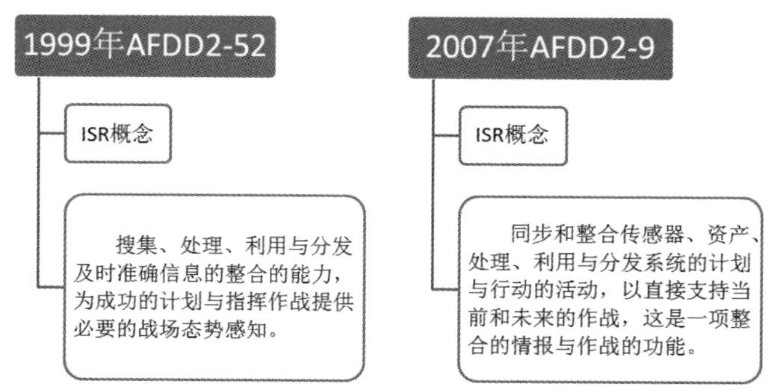

图 4.4　1999 年条令与 2007 年条令中 ISR 概念对比

在 2004 年联合文件 JP2-01《军事行动联合与国家情报支援》确定 ISR 定义后，空军条令上其实一直没有修改，依然认为 ISR 是能力，如 2005 年空军 AFDD3-13《信息作战》。从 2007 年开始，空军才将 ISR 定义进行修改，与联合文件保持一致。

两份文件在表述 ISR 的目标时，用语有些不同。1999 年版表述为：ISR 作战的目标是向战士（warfighters）提供准确、及时的情报。2007 年版表述为：ISR 作战的目标是向决策制定者（decesion makers）提供准确、相关和及时的情报。

2007 年版同时增加了解释："空军实现这个目标，是通过 ISR 能力的有效使用、利用 ISR 系统之间存在的互操作性和通过整合与非传统来源之间创造协同。"并再次强调了协同的重要性，这与 1999 年版是一致的。2007 年版又具体解释了"决策优势"的概念，并引入了著名的"OODA 环"理论，强调 ISR 作战也是为实现"决策优势"。文件用了一句很生动的比喻，"ISR 是有效制定决

策的生命之血”（ISR is the life blood of effective decision making）。在条令文件的正文中写入如此充满感情色彩的一句话，足见空军对于 ISR 的重视程度。

两版文件都分项列出了情报、监视、侦察的定义，只不过 2007 年特别标注了这些定义都源于联合文件。2007 版在这部分最后强调，空军的监视与侦察资产并不是固定为战略、战役、战术级，它们都可以用来收集信息（gather information）满足各层级战事需求。

（二）删掉 ISR 应用价值部分

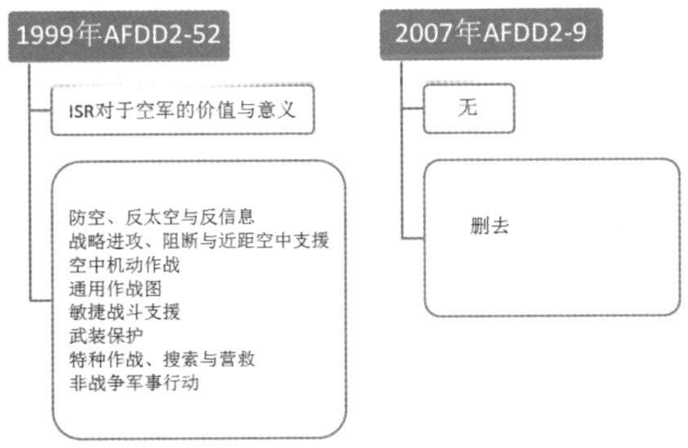

图 4.5　1999 年条令与 2007 年条令中有关 ISR 价值的对比

1999 年版文件阐述 ISR 价值时，强调 ISR 是空军核心能力的突出贡献者，尤其是获取信息优势以实现空军的全球警戒和指挥控制，并列举 ISR 的价值：防空、反太空、战略进攻、近距空中支援、特种作战、搜索与营救、非战争军事行动……2007 年版将这些完全删除，且没有解释。显然并不是这些不正确或不重要了，一个比较合理的解释就是这些已经无需阐述，已经是空军普遍接受了，ISR 文件的重心不是去论述 ISR 对于空军如何重要，而是应该放在 ISR 如何实现、如何高效更好地实现。当然，无需解释的背后，也意味着 ISR 地位作用的提升与肯定，或者说 ISR 已经与空军情报工作画上了等号。

（三）ISR 原则增加持久、全球到达和网络中心

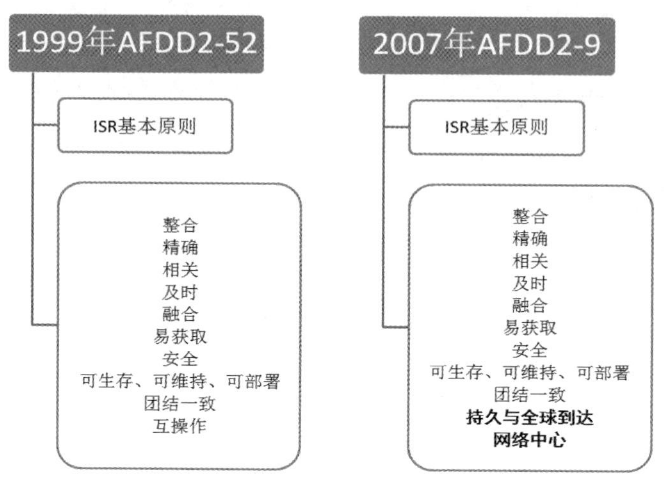

图 4.6　1999 年条令与 2007 年条令中 ISR 基本原则对比

在 2007 年版文件的实际阐述中，持久与全球到达是合并阐述的。对于“持久与全球到达”，文件认为，作战环境发生了变化，目标大多分散且转瞬即逝。空军需要将大范围监视与详细的搜索结合起来，将天基力量、远程遥控飞机、战术平台结合起来，可以保持对全球地区的目标的持久观察。这显然是对阿富汗、伊拉克战争的经验总结，对 2007 年联合概念文件《持久 ISR》理论的认同。同时，全球警戒、全球到达、全球力量本身就是空军的战略目标与定位，所以 2007 年版因应时代的要求增加了相应的表达。

网络中心也是新的时代、新的作战环境提出的要求。技术的进步带来了网络中心作战环境。这个变化对于 ISR 行动影响其实是非常深远的，2007 年版文件显然也感受到了这一点，对于此条原则的阐述字数明显多于其他任何一条。“网络中心是所有空军 ISR 工作的一条关键原则（key principle）”。网络中心可以实现全球信息网络、为用户提供专属信息、实现“传感器到射手”、高度融合的通用作战图、搭建“虚拟组织”以实现全球的指挥控制和

提升协同效率、提升 ISR 来源的使用效率等。网络中心同样可以将各种传感器数据连接在一起组成共享的信息网络与数据库，情报分析者和决策制定者都可以按需抽取，各级指挥官也可以在正确的时间得到正确的信息。通过与前述十条 ISR 原则相比较，2007 年版文件对于网络中心的理解显得不是很凝练，内容表述中展望多于总结，可见此时空军的网络中心理论确实处于初创期，反映了网络中心的实践也应该处于初始的建设发展阶段。

（四）修订 ISR 流程，与联合文件保持一致

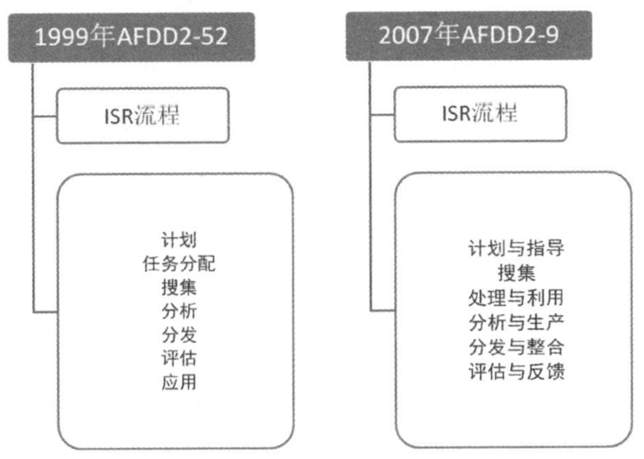

图 4.7　1999 年条令与 2007 年条令中 ISR 流程对比

2007 年版文件最大、最重要、最值得思考的变化，就是对 ISR 流程的表述进行了全面的修订，文件自身也说明："修改术语，与联合文件保持一致。"

两版文件在此处的变化是巨大的、彻底的，也是根本性的。

1999 年版的 ISR 流程是：①计划搜集以满足需求。②分配搜集任务。③执行搜集。④分析搜集数据。⑤分发搜集数据。⑥评估信息价值。⑦将提供的信息应用于作战。

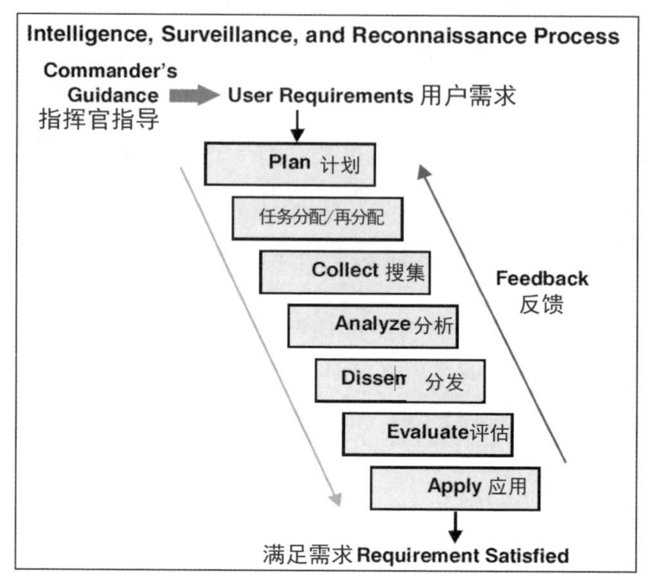

图 4.8　1999 年 AFDD2-52 规定的 ISR 流程

1999 年版文件强调，ISR 流程的开始，源于信息需求被确认。这些需求一般都来源于指挥官，即信息聚焦于指挥官需求。指挥官对于需求确认与排序后，就形成了指挥官关键信息需求，即美军很重要的术语概念“指挥官关键信息需求”（CCIRs）。CCIRs 引导着形成了信息的关键组成要素，美军称为 EEI。搜集开始之前，必须首先确认信息需求。ISR 的需求通常由搜集管理人员确认，通常是司令部参谋。确认需求前，通常需要回答以下几个问题：信息需求是否符合指挥官作战概念？已经获取的信息是否分发到提出需求的用户？有没有正在进行的行动可以满足需求？这里有任何一个条件可以满足，ISR 搜集任务就不会是必须开始的。而一旦确认是必须的，信息需求就变成了搜集需求，ISR 的流程就开始了。

2007 年版文件阐述 ISR 流程时，删掉了上述内容，直接修改为：ISR 流程由一系列情报行动组成：计划与指导；搜集、处理和利用；分析和生产；分发与整合；评估与反馈。它应该聚焦在指挥官的任务和作战概念上。这个流程不是一个线性或是循环的行动，而是一个相互关联、同时发生的行动的网络，这些行动在任何特定时间里互相依赖。整个流程的输出是可操作的情报——及时、准确和完整——支持战争的所有层级中制定决策。

两份文件对比可以看到，1999 年，当时其他军种都缺乏对 ISR 术语的理解与认知，没有当成一个可以分解展开的行动概念，没有先例可参考，所以空军通过自身经验总结提出了 ISR 流程各环节，对整个行动的准备与实施阐述得很清楚。而 2007 年时，空军提出了将 ISR 流程与联合情报流程相统一，因此基本上套用了《联合情报》的表述。

2007 年 6 月的 JP2-0《联合情报》对于联合情报的流程规定为：联合情报程序由 6 个相互关联的情报行动组成，行动目的是为指挥官和国家级决策者提供相关、准确和及时的情报。情报行动的六个类别是：计划与指导、搜集、处理和利用、分析和生产、分发和整合、评估和反馈。在大部分情况下，各种情报行动同时发生，且可能相互独立。例如，一份对于图像情报的请求，需要计划与指导，但很可能不涉及新的搜集、处理或利用。因为该请求可以直接传递给图形情报的生产部门 / 资产装备，在那里已经产生了可利用的图像，然后确定已有情报是否可以满足请求。同样，在处理和利用过程中，有关信息可以直接分发给用户，而不预先进行详细的全源分析和情报生产。重要的未分析的战斗信息必须同时发送给指挥官（用于时间关键决策）和情报分析人员（用于目前的情报评估）。此外，每一种情报行动内的活动都是连续进行的，并与其他类别的情报行动一起进行。[1]

联合情报流程是对整个情报工作的分解与规定，并没有针对 ISR 进行，ISR 的概念也不对应整体的情报工作，空军用情报流程替换 ISR 流程，也并非纯粹为了规范描述。因为“情报流程”的概念虽然最早是 2004 年联合文件 JP2-01《军事行动联合与国家情报支援》提出的，但并非一个真正的新术语。其在 2004 年前有对应概念，称为“情报周期”。情报周期的主要组成与情报流程基本是一样的。也就是说在 1999 年空军提出 ISR 流程前，同样可以参考

[1] U. S. Joint Chiefs of Staff, JP 2 Joint Intelligence, 22 June 2007, 第一部分第 6 页。

情报周期的步骤，但显然，空军当时没有这么做。2007 年，空军选择将 ISR 流程与联合情报流程一致起来，只能解释为此时的空军认为 ISR 等同于情报，这样 ISR 流程很自然就是情报流程了。

对比两个版本流程的每个步骤：

计划阶段：两个版本都详细规定了战略、战役、战术各层级如何组织搜集以更好地满足需求。2007 版文件在此之前对指挥官关键信息需求（CCIRs）和作战环境情报准备（IPOE）作了比较详细的阐释，同时对“基于效果作战”理论作了介绍。此理论的创始者之一正是时任负责 ISR 的空军副参谋长大卫·德普图拉。可见，从文本上看，此次空军 ISR 改革也是带着浓浓的德普图拉烙印。

1999 年版文件下一个阶段是分配任务，2007 年版文件将其归并到搜集阶段。

2007 年版文件对搜集阶段的表述是：分配合适的搜集资产或资源，以获取完成搜集任务所需的数据和信息。搜集包括识别、协调、定位资产或资源。

1999 年版文件搜集之后是分析，解释为：此阶段通过分析与融合将信息转为情报。文件对于分析阶段的阐释很少，并没有关于分析阶段的过程细节阐释。只是强调：虽然大多数原始数据必须被送到情报中心进行分析和后续生产，但现代技术的进步正在改变信息被处理生产情报的方式。这种相关的情报可以近实时的直接向用户或决策制定者传送。它支持“传感器到射手”的概念。然而，虽然近实时数据可能满足一些需求，但大多数作战情报需求还是需要搜集信息，并在分发前进行分析和融合。从文字描述可以看出，分析阶段的实质意义，是搜集到的数据必须经过分析，才能使用，即进入下一阶段，或者干脆不经分析直接提供数据。文件后边只是规定了战略、战役、战术各级通常由谁来进行分析，而如何分析的过程没有解释。这与联合文件中的分析阶段不一样，更像是描述处理与利用。

2007 年版文件此处对应的就是处理与利用阶段。文件解释为：一旦搜集到的数据满足需求，就会进入处理和利用阶段。通过处理和利用，搜集的原始数据转化为信息，便于情报人员分发、使用、转化和利用以生产多品类情报产品。

2007 年版文件为 ISR 流程增加了分析与生产环节，这确实与联合情报的流程等同一致起来。分析与生产阶段分为整合、评估、分析、解释四个方面。这个阶段在 1999 年版的文件中是没有完全一致的，部分内容与其分析阶段有重合，主要是各层级的分析责任机构，而对于那四个分析的步骤，则完全没有。这说明，2007 年版的 ISR 流程确实增加了内容，不只是分类方法的不同。把分析阶段加入 ISR 流程，从定义的角度出发，是矛盾的。如本书绪论所分析，ISR 的概念是同步与整合，是对计划与指导阶段的同步与整合，是对传感器、平台、处理、利用、分发各环节的同步与整合，唯有分析是不在定义内容之内的。ISR 的流程中加入分析，基本对应了联合情报流程所规定的所有内容，所以空军的 ISR 概念此时已经与联合情报的概念基本一致，至少在行动流程上是完全一致的。

两版文件在分发阶段的描述又回归了一致。2007 年版多了整合这个并列词语。两版文件对于分发的解释是一致的，即为用户及时提供所需要的信息。2007 年版文件解释了整合是指情报与作战的整合，并重点介绍了通用作战图，解释其为整合情报与作战的首要工具。

1999 年版的最后两个阶段是评估、应用。评估阶段只有两句话解释：在收到 ISR 产品后，用户评估产品以确保其满足需求。然后，用户向 ISR 规划者、搜集管理人员和分析师提供反馈，以确保流程继续满足需求。用户决定将 ISR 产品投入使用，即完成了评估步骤。此解释语焉不详，可谓粗糙。应用阶段，即是将 ISR 产品应用于作战任务。如果产品不能满足指挥官需要或者不能用于作战，那么 ISR 流程就没有结束。

2007 年版文件的最后阶段是评估与反馈。解释为：在收到 ISR 产品后，用户评估产品以确保其满足需求。然后，用户向 ISR 规划者、搜集管理人员和分析师提供反馈，以确保流程继续满足需求。这与 1999 年版文件的描述是一样的，可见只是表述用语不同，含义是一致的。

（五）增加关于无人机的内容，以反映新的能力

2007 版文件提到无人机的性能得到提升，快节奏的战场对无人机的性能提出新要求，重点提到了“全球鹰”无人机。文件虽然对无人机的介绍篇幅增加并不是很多，但结合 2007 年后空军对无人机研发部署的实际情况，空军对于 ISR 无人机是非常重视的，专门制定发布无人机发展计划（AF RPA Flight Plan），空军将无人机称为“遥控飞机”（Romoted Piloted Aircraft）。

（六）增加 ISR 新的来源

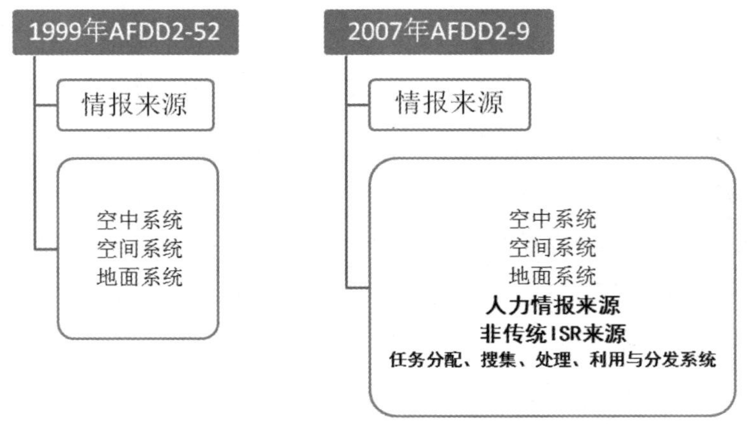

图 4.9　1999 年条令与 2007 年条令中情报来源对比

2007 版文件提出了新的概念“非传统 ISR”，意指所有空军的战斗平台都应该是情报的搜集者，德普图拉强调“每一个传感器都是射手，每一个射手都是传感器”。空军在开发搜集计划时，搜集管理人员应该认识到，可用的资源不限于专门的情报搜集平台或传感器。陆基 GCI（地面控制引导）、早期预警、跟踪和目标获取雷达被用来现实与控制飞机的运动轨迹，并在指定的空域内提供一定程度的预警。他们提供的空中信息图可以同时用于显示具有潜在情报价值的实时数据。随着机载传感器的日益复杂，许多飞机，或者说是全部，都可以凭借机载设备在不同程度上进行侦察或监视，即使情报搜集并

不是他们的首要任务。

一些非传统功能的例子包括 F-16 战术机载侦察系统，F-16CJ 收集信号情报，F-15E 通过他们的瞄准吊舱搜集图像，以及 AC-130 使用视频功能来监测某一特定建筑。了解如何将这些功能整合到搜集计划中，变得越来越重要，因为传统的情报搜集专用资产几乎不能满足所有的搜集需求。通常情况下，搜集管理者将无法直接为此类资产部署任务，需要与行动人员或空天作战中心（AOC）的作战行动部门协调战略、战斗计划。因此，搜集管理人员应该了解此类飞机搜集包线（能力范围），并根据这些知识，标明哪些资产可以提供哪些情报。根据行动的不同，这些资产可以被要求提供广泛的情报搜集支持，如提供地理空间情报，搜集打击后的情报以进行评估，或执行应对紧急威胁的特别搜集行动。这些资产的可用性可能是偶然的，最好的情况是，搜集管理人员应该了解当前的运行环境，在它们可用的时候利用这些能力。ISR 专业人员可能需要额外的培训和工作经验，以从这些能力中获得最大的好处。

非传统 ISR 的提出，其实是将空军几乎全部的空中资产 / 装备与 ISR 任务能力联系在一起，与陆军强调 ISR 为作战服务不同，这里空军强调作战资产 / 装备执行 ISR 任务。

（七）增加关于处理、利用与分发系统的内容

2007 版文件提出任务部署、搜集、处理、利用和分发系统（TCPED），这其中的处理、利用与分发，被单独抽取形成缩略语 PED，进入 2007 年的《空军词典》。在随后的空军 ISR 发展中，PED 越来越多的单独出现，称为空军又一个迅速发展的情报术语和领域。2007 年文件明确提到了这类系统的典型代表是分布式通用地面系统（DCGS），这是空军在条令中首次明确提到这一重要的 ISR 系统。

空军的首要 TCPED 系统是空军分布式通用地面系统，一个以网络为中心的全球系统，被指定为空军 AN/GSQ-272 哨兵 ISR 武器系统。其部属与管理是为了支持作战指挥官（CCDR）和部队——主要是在联合任务部队（JTF）

以下层级——并以可行动、用以决策质量的信息为标准，根据国防部长通过参谋长联席会议部署命令进程批准的优先事项。它与情报流程的充分灵活性相协调，以使信息立即得以使用，同时用以交战部队和情报分析。空军 DCGS 有利于空军、其他军种、国家级和联军传感器在空中、陆地、太空和海洋中跨越多品类情报来源，并向那些需要它的人提供相关的定制信息，以其需要的格式、时间线和通道，在世界各地，无论和平还是战斗中。它是可伸缩的，由固定和可部署的总力组件组成，能够进行前沿活动和稳定的、全面的回归行动。空军 DCGS 是更大的国防部 DCGS 系统的组成部分。DCGS 系统的建设发展部署一直为各军种积极推广，是 ISR 能力建设的重要组成。

（八）增加评估的新方法

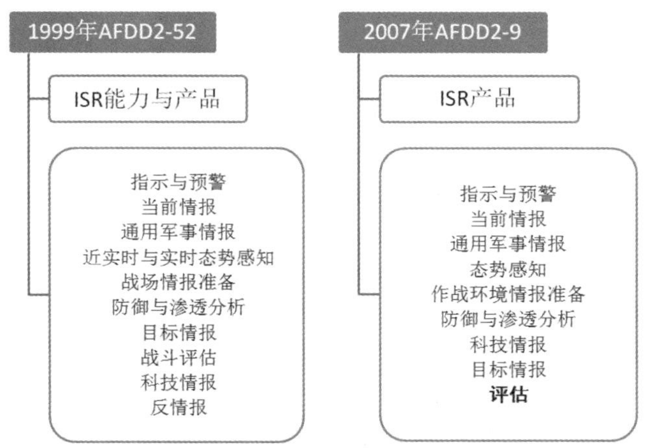

图 4.10　1999 年条令与 2007 年条令中关于 ISR 产品的对比

评估严格来说并不是 ISR 的职责，尽管 ISR 部队实际上发挥着主要作用。评估包括对行动的效果和进展进行评估的所有工作，它有助于评估未来行动的需求。评估的核心是回答：“发生了什么？影响是什么？如何发生的？下一步需要做什么？”一个基于效果的作战理念，不可能只考虑行动和效果，而不思考如何衡量行动和效果。评估是空天作战任务周期的一个组成部分，也是基于效果作战的不可分割的组成部分。一个有效的评估结构应该可以对应全谱作战行动的全部和各个层次的作战。文件提出的评估结构包括国家级、战役级、战区级、战术级四个层次。

（九）增加了关于空天作战中心 ISR 部门的阐释

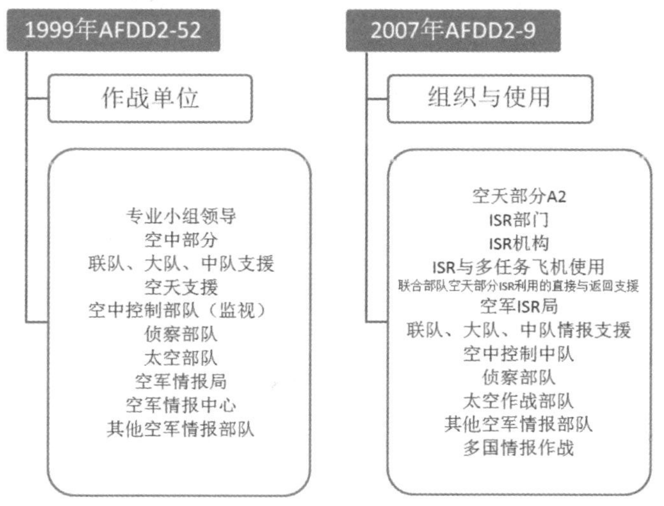

图 4.11　1999 年条令与 2007 年条令中作战单位对比

2007 年版文件增加了对 ISR 部门的介绍与阐释。在空天作战中心中，ISR 部门负责为空军司令和空天作战中心提供关于当前和新兴的敌方能力、威胁、行动过程和关注地域等情报，并为联合部队空军指挥官提供 ISR 作战管理和目标获取的情报支持。在空天作战中心，ISR 部门提供的信息对空中机动性、战略、战斗计划和正在计划与执行战区范围行动的作战部门至关重要。这些信息有助于完成指挥官的目标，并提供评价行动影响的方法。

观察这些 ISR 部门的隶属关系图（见图 4.12），可以发现，空天作战中心的 ISR 部门包括分析、目标、评估、作战、搜集、处理、利用、分发等许多功能单元，可见空军对于 ISR 的任务范畴理解是全面的，涵盖了情报行动的方方面面。

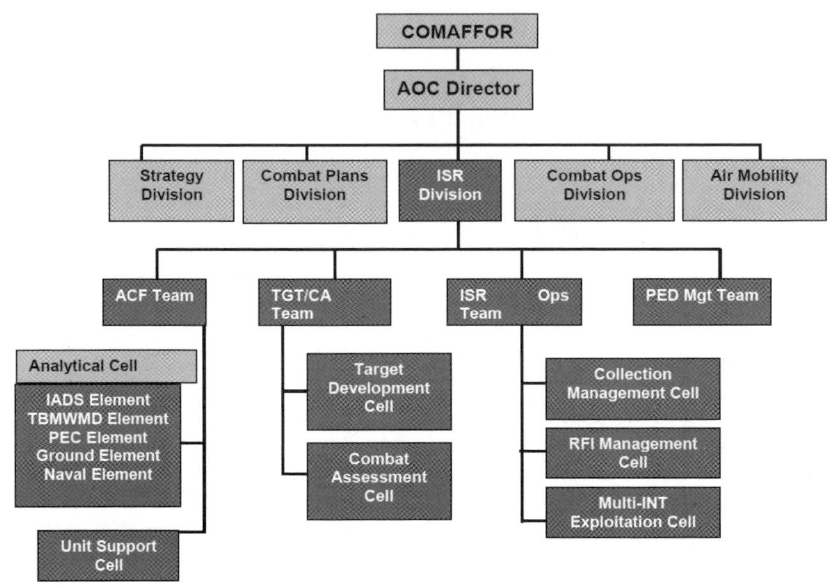

图 4.12　空天作战中心（AOC）的 ISR 部门

（十）增加了战区情报机构的内容

2007 年版文件增加了关于战区内指导与控制 ISR 作战的指挥关系问题。

（十一）增加了关于多功能平台和传感器控制的内容

主要涉及对执行 ISR 任务的传统平台和非传统平台的任务分配、指挥控制等问题。

2007 年版文件还提及了 ISR 与 RSTA 的关系：和平时期的战役行动中，ISR 管理人员与空军司令或联合部队空天部队指挥员（JFACC）分配任务时，通过制定传感器使用的目标搜集优先次序表进行沟通。在紧急行动和战时，JFACC 为空天平台部署任务，通过空中任务序列和 ISR 管理者制定的目标搜集优先次序表。具体的搜集任务在空中任务序列的侦察、监视与目标获取附件中。这将与陆军的 ISR 产生分歧。

2006 年开始的空军 ISR 改革，ISR 的含义发生了巨大的变化，虽然 ISR 的官方界定没有发生变化，但实际上空军的 ISR 已经很难再简单对照着定义去理解。空军对于 ISR 的定位、功能、流程的使用，在实践中也已经远远超过情报搜集与传输、计划与指导、同步与整合所表达的内容。ISR 流程的变化，是空军将 ISR 从视为搜集相关工作向视作空军情报工作转变的开始，ISR 不再只是搜集与传输，不再只是对于搜集的计划与指导，也不仅仅局限在官方定义的同步与整合，而是变成了空军情报工作的代名词。ISR 是空军对情报行动的计划、实施、评估、反馈，是对情报组织的规划、建设，是对情报产品的综合开发与利用，所以，简单明确的总结，空军 ISR =空军情报。

其实直到 2007 年，一个非常直白浅显的现象是各军种只有空军发布了以"ISR"命名的条令文件，而陆军、海军、海军陆战队、联合条令都把 2 系列出版物称为情报出版物。显然，ISR 对于空军来说，远不是概念所描述的情报工作的一部分，而就是空军的情报工作本身。德普图拉的改革将空军 ISR 行动的地位大幅提升，ISR 也不再只是一个情报术语概念，而是渐渐发展成了一个情报功能领域。

三、发布 ISR 战略，描绘未来发展方向

2008 年 7 月 4 日，空军发布《引领未来：情报、监视与侦察战略》，这是一份在美国国庆日发布的空军 ISR 战略文件。文件着重强调了空军未来 ISR 的发展方向与能力要求。提出 ISR 的发展目标是"持久 ISR"，这与 2007 年国防部的概念文件相统一。

德普图拉在该份战略文件的前言中写道："这是我们整合人员、设备、过程和投入，通过空中、太空和网络系统的跨域整合，以实现全球警戒、全球

到达和全球力量的总体计划。”[1]

文件可以分为两大部分，第一部分是强调空军 ISR 的建设目标和基本路径，这部分中很多概念、观点、理论内容基本与条令文件相同。

空军的 ISR 力量是服务于战术、战役、战略各层次的，空军需要提供全谱 ISR 力量能力与素质，将情报优势变为决策优势。空军 ISR 的发展方向是进一步整合。“我们必须从单一作战域和分散的 ISR 行动概念中走出来，聚焦于 ISR 能力的整合，去实现全球警戒、全球到达、全球力量。”空军负责 ISR 的副参谋长（AF/A2）要把“集中控制、分散执行”的作战原则运用到 ISR 资源管理。整合空军内部 ISR 进程、整合所有 AOC 的资产、发出一个声音。

空军 ISR 建设的短期目标是持久监视，最终目标是“持久 ISR”。实现这一发展目标的解决方法是建立一个以网络为中心的架构，将传感器、处理系统、数据储存系统、分析系统和战斗平台连接成一个比“所有部分之和”更强的整体。全球网络，是实现持久 ISR 的关键。空军 ISR 发展要着眼技术创新、注重跨越层级。搜集能力更多地体现在无人机，处理搜集到的数据需要依赖于全球网络，典型的代表是 DCGS，DCGS 是全球跨域整合分发的核心，它可以让空军将每个 ISR 的链接用于最高优先任务。

文件的第二部分是较为详细地阐述了未来 ISR 装备发展的性能指标和发展指南，这是空军条令文件中不曾规范的。

空军认为所有的 ISR 资产（天、网、空、甚至部队）都应该作为一个统一独立的“单一星座”（系统）来管理。空军需要不断采用新技术、退役过时系统、使当前平台现代化，整合联合与国家能力。文件为 ISR 系统建设与发展列了 17 个关键要素，同时为 ISR 资产装备提出了较为详细的发展指南。

---

[1] Headquarters, United States Air Force Washington DC, Lead Turning the Future: The 2008 Strategy for United States Air Force Intelligence, Surveillance and Reconnaissance, 4 July 2008. p.13.

表 4.1　空军《ISR 战略》提出的性能标准

时间	决策时间	OODA 环中用于"判断"的时间。战争的复杂性增加，决策者越来越需要大量的时间筛选信息，ISR 为决策者提供了信息，相当于提供了额外的决策时间。
	适应	ISR 系统快速适应新环境和新需求的速度和快捷性。ISR 系统需要快速适应非预测作战需求的能力。威胁的可预测性下降，单一功能的 ISR 系统失去意义。
	驻留时间	ISR 系统对关心地域的搜集观测时间。较长的驻留时间增加达成持久监视的机会。
	响应	抵达关心地域的响应时间。ISR 系统越快抵达关心地域越好。卫星可以提供长期不间断覆盖，但花费巨大。
空间	作战频谱	ISR 系统组合用以具体行动的效用。多种类型的作战可能同时发生，ISR 系统的跨域全频谱作战能力有很高价值。
	覆盖范围	任意时间的监视覆盖范围。大范围比小范围有价值。
	识别	在大量相似目标当中精确识别任务目标，特别是移动目标。能够在城市战中区分无辜平民和在非理想条件下有效识别的系统具有价值。
	精确	精确定位目标或关心实体。精确打击和防区外打击提高了提供精准情报的 ISR 系统的价值。
	生存性	覆盖关心地域，没有遭受搜集、处理、分析、分发能力的损失。高风险环境下低损失的 ISR 系统具有价值。
	渗透	即便敌人阻止，也可以实施侦察。比如使用隐身技术，在敌人不知情的情况下进入敌对环境。
物资	维持	随时间发展对支援的需求程度。系统自动化程度越高，越有价值。
	替代	增加或替换 ISR 能力的难易度。越容易替换的系统价值越大。
	紧急部署	快速部署支持其他系统。及时部署满足指挥官需求的有价值。
知识	多品类情报	ISR 系统可工作的情报数量与种类。单一手段很难获取目标秘密，同时利用多类型情报可以获得高质量情报。
	互操作	不同传感器和系统之间的共享程度。跨手段信息融合系统，利于信息快速大范围分发，如 DCGS。
	唯一	某种条件下，系统是不是关心地域的唯一搜集系统。特殊条件下，只有该系统可以搜集此类信息。
	相关	分散的数据合成理解以生产情报。ISR 系统需要将看不见的、不相关的数据联系起来，创建理解认知。

表 4.2　空军《ISR 战略》提出的发展指南

天	复杂高分辨力空间系统	保持	重点是把国家数据整合到空军 DCGS。空军资源的支持意在保持目前水平。增加利用商用系统能力。利用国家和商业系统的投资。
	中分辨力空间系统	增加	未来卫星能力：小卫星、经济、数量多、中等分辨率。更能响应指挥官任务分配和需求的能力，依据作战响应空间（ORS）的概念，根据需要发射以替换。
	总体	增加	提升对空间系统的依赖，以提供对关心地域的持久监视，无论领空是否开放。所有空间系统依托网络中心都可以提供 ISR 数据。
空	高空无人系统	减少	减少对载人、高空 ISR 飞机的依赖，利用隐身高空有人飞机的非传统 ISR 能力（如 F-22、F-35、下一代轰炸机）。为多用途飞机调整计划与任务分配流程——执行 ISR 任务（如空中任务指令）。
	战区能力无人系统	增加	继续增加投入，研发远程 / 超远程、多任务能力的 ISR 和非传统 ISR 能力的无人机，包括隐身无人机和飞艇。
	中空无人系统	增加	继续对有人 ISR 和非传统 ISR 飞机进行投资，作为 ISR 补充手段。增加有人战斗机和所有机动飞机的非传统 ISR 能力的发展。
	区域无人系统	增加	增加远程 / 超远程、多任务能力无人机的投资，包括隐身无人机和飞艇。
	小型无人系统	保持	主要是地（海）面战术部队的应用领域。通过军种之间的协作获得 ISR 系统，扩展作战能力。
	总体	增加	未来 ISR 空中能力，无人系统比有人系统数量更多、能力更强。所有 ISR 飞机和非传统 ISR 飞机都能向网络中心、面向服务的架构提供 ISR 数据。无人机将会提供更好的持久性和低风险，特别是在非许可的空域。使用隐身飞机将增加整体搜集能力和覆盖率，而不需要额外的 ISR 力量。机载 ISR 系统的综合网络有可能为太空 ISR 系统的缺点提供解决方案。
网络	设备	增加	增加攻击性和防御网络能力的投资趋势。
	软件	增加	增加研发力度，近实时向网络中心、面向服务的架构提供 ISR 数据。
	连通性	增加	增加研发力度，近实时向网络中心、面向服务的架构提供 ISR 数据。
	总体	增加	增加提供近实时数据支持全谱作战能力的研发力度，这将增加 ISR 的整体能力和持久，减少对低分布 / 高需求空中 / 空间系统的依赖。

（续表）

地面	无人地面系统	保持	保持对地面传感器的投入。
	有人地面系统	增加	增加对地面搜集人员的投入。
	面向服务架构	增加	增加研发投入，近实时提供数据、整合 ISR 数据。
	总体	增加	增加投资和研发，近实时为网络为中心、面向服务的架构提供数据。允许多个用户访问 ISR 数据，近实时的获取、分析数据。这将增加 ISR 整体能力。
人员	略		略

总结 2008 年的空军 ISR 战略文件，尽管战略思维基本是在重复和强调 2007 年 AFDD2-9，但其所列的 ISR 要素和 ISR 资产 / 装备发展指南，确实为空军 ISR 系统的建设指明了发展的具体方向，列出了清晰的可操作指标。

四、空军 ISR 建设

（一）DCGS 系统的建设与布局

空军的 ISR 条令和 ISR 战略文件都非常强调分布式通用地面系统（DCGS）对于美军的重大意义，所以 DCGS 系统的建设也是美军 ISR 发展历程中最重要的一次建设升级。

2008 年 1 月，空军参谋长指示空中作战司令部（ACC）、空军太平洋司令部（PACAF）和空军欧洲司令部（USAFE）将 DCGS 能力和部队移交给空军 ISR 局。2 月，第 480 情报联队从空战司令部下的第 8 航空队转隶空军 ISR 局。不久，第 480 联队和第 70 联队（原隶属空军情报局）都更名为 ISR 联队。这次转让完成了两个目标：首次将 DCGS 这个全球的、以网络为中心的 ISR 系统整合在一个组织之下，实现单一领导，精简指挥控制；通过唯一的 ISR 单位向负责作战的航空队提供 ISR 力量。随后的两年里，ISR 局将 DCGS 武器系统从建设阶段转到了部署运作阶段。

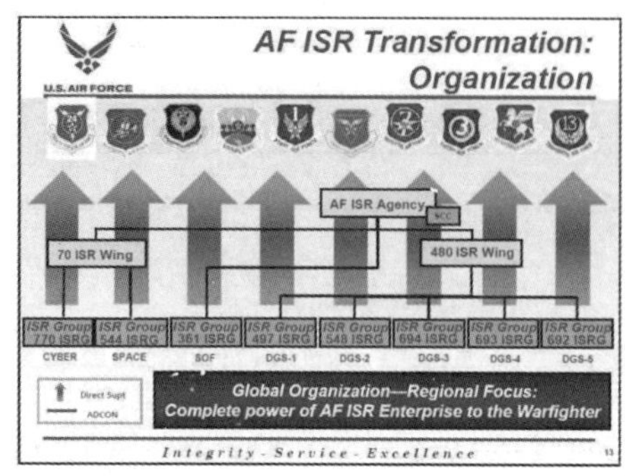

图 4.13　空军 DCGS 的组织机构 [1]

伊拉克战争后，美空军已经将 DCGS 由 10.1 批次（Block 10.1）升级为 10.2 批次（Block 10.2），在本土、欧洲、中东、韩国等建有多处地面站。系统的连接终端可以实时上传发布或下载数据进行操作，极大地加快了数据从搜集到应用的节奏，更有利于追踪打击战场上越来越多的时敏性目标。空军 ISR 所获取的多品类情报产品都可以通过 DCGS 向各战场的用户分发推送。

（二）“自由”项目的发展

“自由”（Liberty）项目 2008 年建立，意在加强 ISR 支持联合行动的能力、优化从战术级到国家级的多领域 ISR。主要任务是部署改进后的飞机到伊拉克和阿富汗，以增强空军的战术 ISR 能力。2009 年美国空军向伊拉克和阿富汗部署了 37 架“自由”MC-12W 飞机，以加强高价值目标和其他战术情报任务。该项目耗资 9.5 亿美元，采购了加装信号情报侦察装置、红外传感器、超视距通信系统的霍克·比奇“空中国王”350 飞机，并向战场上的情报融合中心部署了 100 名 ISR 人员，ISR 专家在那里分析潜在目标的数据。6 月初，第一架“自由”MC-12W 飞机抵达伊拉克。6 月 9 日，这架飞机首次试

[1]　Headquaters U.S.Air Force, Air Force ISR in a Changing World, Lt Gen David Deptula, 30 March 2010.

飞成功。后来，在 2009 年 12 月 29 日，一架空军 ISR 局“自由”MC-12W 飞机在阿富汗上空执行了它的第一次战斗任务。[1]

五、提出“全球一体化 ISR”，ISR 概念战略化

（一）“全球一体化 ISR”概念的出现

2010 年德普图拉退休后，空军 ISR 的改革仍在继续，空军对于 ISR 的理解仍在不断加深。随着网络时代、信息时代的到来，空军情报能力和作战能力的增强，并结合 2006 年以来的改革经验，空军的 ISR 理论已经有了修订的需要。2011 年 10 月，空军发布条令文件 AFDD-1《空军基础文件、组织与指挥》提出了“全球一体化 ISR”的术语概念。“全球一体化 ISR 是对全球的传感器、资产 / 装备、处理、利用、分发系统的计划和行动的同步与整合，以指导当前和未来的行动。”[2]

文件列出了全球一体化 ISR 的五个要素：计划和指导、搜集、处理和利用、分析和生产、分发和整合。对这五个要素的概念界定全部来自 JP2-01。文件并没有解释提出“全球一体化”概念的原因，这个术语与 ISR 的联系与区别也没有涉及。

（二）新版情报条令《全球一体化 ISR 行动》公布

2012 年 1 月 6 日，空军终于再次发布情报基础条令文件，编号改为 AFDD 2-0，真正与联合条令对应起来。同时修改的还有文件的名称，不再是前两版的“ISR 行动”，而是《全球一体化 ISR 行动》(Global Integrated Intelligence, Surveillance, & Reconnaissance Operations)。这自然又是一部 ISR

[1] AF ISR Agency History Office, A Continuing Legacy: USAFSS to AF ISR Agency 1948-2010, 15 September 2010, pp.8-10.

[2] U. S. Air Force, AFDD-1Air Force Basic Doctrine, Organization, and Command, 14 October 2011, p.48.

的纲领性文件，并且带有明显的空军标签。文件使用了新的 ISR 术语概念“全球一体化 ISR”[1]。

参照前文对于空军 1999 年版情报条令、2007 年版情报条令的分析方法，对比三版文件，可以发现，2012 年版的《全球一体化 ISR 行动》在行文体例上有非常大的不同。

空军前两版《ISR 行动》基本都是按照序列介绍 ISR 的概念、层次、原则、流程、要素、组织机构等，但 2012 年版的《全球一体化 ISR 行动》文件结构调整为三章，各章包括若干小节。

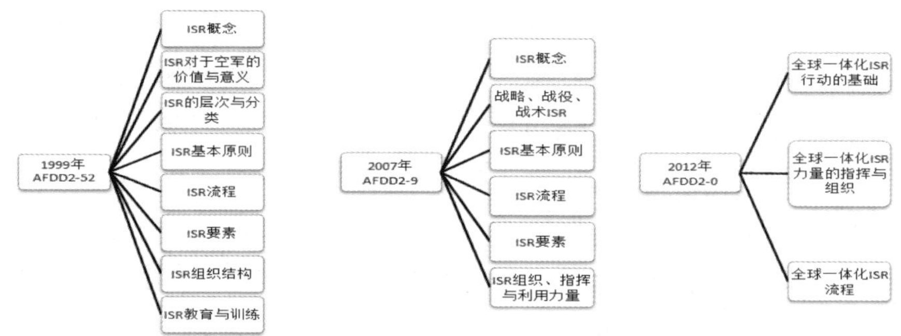

图 4.14　1999 年版、2007 年版《ISR 行动》与 2012 年版《全球一体化 ISR 行动》文件结构图

1. 章节目录特点

虽然看起来文件体例显得更简洁，但细看文件的二级目录会发现，这一版的空军条令文件行文非常杂乱，与前两版的层次清晰大相径庭。

文件第一章“全球一体化 ISR 行动的基础”分为七个内容：

① ISR 定义；

②全球一体化 ISR 定义；

③全球一体化 ISR 的空军观点；

[1]　Global Integrated ISR，也可译为“全球整合 ISR”，这里依据国内学术界的常用译法写作“全球一体化 ISR”。

④全球一体化 ISR 是军种核心职能；

⑤全球一体化 ISR 的基本原则；

⑥政策与指南（下分国家安全战略、国家防御战略、国家军事战略、国家情报战略、国防情报战略）；

⑦跨域整合与全球一体化 ISR（下含网络中心作战）；

⑧作战环境情报准备。

第二章“全球一体化 ISR 力量的指挥与组织”，分成多达 26 节，简单归类整理如下：

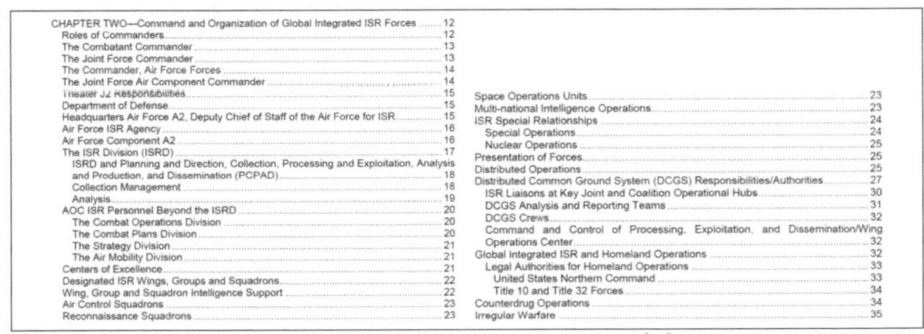

图 4.15　AFDD2-0 的章节目录（第二章）[1]

①指挥官的职责（下分战斗指挥官、联合部队指挥官、空军指挥官、联合部队空军指挥官、战区情报参谋主管、国防部、空军负责 ISR 的副参谋长、空军 ISR 局、空军部队）；

② ISR 部门 / 处（下分 ISR 处与 ISR 流程 /PCPAD、搜集管理、分析）；

③ ISR 处以外的空中作战中心 ISR 人员（下分作战行动处、作战计划处、战略处、空中机动处）；

④卓越中心；

⑤指定的 ISR 联队、大队、中队（下分联队大队中队的情报支援、空中

[1]　U. S. Air Force, AFDD2-9 Intelligence, Surveillance, and Reconnaissance Operations, 6 January 2012,Piii.

控制中队、侦察中队）；

⑥太空行动部队；

⑦多国情报行动；

⑧ ISR 特殊关系（下分特种作战、核作战）；

⑨力量形式；

⑩分布式作战；

⑪DCGS 责任权利（联合作战协同关键之处的 ISR 连接、DCGS 分析报告团队、DCGS 团队、处理利用分发的指挥与控制 / 联队行动中心）；

⑫全球一体化 ISR 与国土作战（国土作战的法律权利、美国北方司令部、第 10 和 32 条款规定的部队）；

⑬禁毒行动；

⑭非常规作战。

第三章“全球一体化 ISR 流程”，行文稍显有序，分为 7 节。

①情报类型（下分地理空间情报、信号情报、测量与特征情报、人力情报、公开来源情报）；

② ISR 来源（下分航空平台、航天平台、网络系统）；

③ ISR 任务的多用途飞机；

④情报需求（下分搜集管理权利、搜集需求管理、搜集作战管理、指挥官关键信息需求、优先情报需求、信息基本要素）；

⑤ PCPAD 流程（下分计划与指导、搜集、处理与利用、分析与生产、分发）；

⑥全球一体化 ISR（下分征候与预警、当前 / 态势情报、一般军事情报、科学与技术情报、目标情报）；

⑦总结。

仅从条令的目录来看，条令的许多内容是并列式、条目式的横向结构，并不像前两版条令的体系化、层级化的纵向结构，更像是手册而不是成熟的理论总结，条目之间的逻辑关系并不是很强。如，第一章第三节“全球一体化 ISR 的空军观点”、第四节“全球一体化 ISR 是军种核心职能”，似乎有重复之意，等等。

2. 重要变化

由于 2012 年版条令体系与前两版完全不同，所以本书没有逐一进行对比分析，而是着重探讨新版条令具体新增或修改的内容。

文件序言中提到："空军完成了一次为期四年的 ISR 转型"，可见 2006 年开始的空军 ISR 改革已经告一段落，2012 年版条令是改革经验的总结和新的发展的设想。

（1）重要变化一：提出"全球一体化 ISR"概念

全球一体化 ISR，是跨域同步与整合全球范围内的 ISR 资产 / 装备、传感器、处理、利用、分发系统和分析与生产能力的计划与作战，以应对当前和未来作战。ISR 行动除支持作战以外，还可以支持战略、计划与评估。全球一体化 ISR 使得空军多个司令部的多种资产 / 装备都可以得到应用，整合了搜集的信息，将情报在正确的时机传递给正确的人，无论他在何地。文件通过图示的方法，给出了空军"全球一体化 ISR"的全球存在状态。[1]

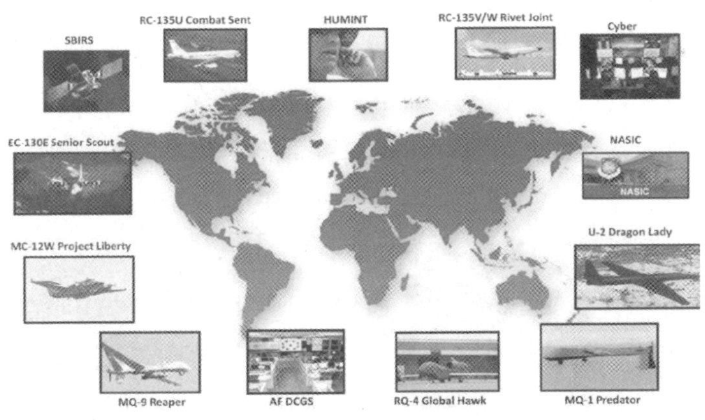

图 4.16　"全球一体化 ISR"的全球存在状态

[1]　U. S. Air Force, AFDD2-9 Intelligence, Surveillance, and Reconnaissance Operations, 6 January 2012, p.1.

条令认为，空军 ISR 系统保持全球存在的一个实例是通过分布式作战。一个全球一体化“捕食者”无人机任务，包括飞机、可以在战区外遥控作战的数据链、可以近实时传送数据给地球上的许多个处理站的网络，包括在战区外可以全球协作利用搜集数据的分析能力，允许情报反馈回多个用户、可存储以备未来使用的分发能力。这是 ISR 作战与全球一体化 ISR 作战的真正区别。

通过条令直观形象的描述，空军 ISR 能力直接带来了空军作战方式的改变，这种改变是巨大的、震撼的，也是空军已经在实战中发展的、实践的。尽管条令的行文体例不是很清晰，但这段对于全球一体化 ISR 的阐述确是非常有力的。经历了十几年的发展，空军的 ISR 早已不再是一个简单的术语，它的内涵也已经远不是几句话就可以框定的，ISR 早已成了空军情报的代名词，甚至直接标定了空军的作战能力。空军在 ISR 概念之上发展的网络、战场态势感知、全球分布式作战等，构成了空军全球战略的稳固基石。

条令强调，全球一体化 ISR 是不区分作战域、军种和平台的，它的焦点是在满足指挥官的信息需求，提供可行动的情报。当全球一体化 ISR 与其他军种结合，可以发挥强大的赋能作用。文件提到，ISR 在其他军种，可能聚焦于建制内力量、战术级行动，特别是支援建制内部队作战。也就是军种内的 ISR 支援军种内的部队作战（非空军）。而空军情况是不同的，空军的 ISR 可以支援国家和联合部队，可以是战略和战役层次。空军很重视分布式作战，灵活富有弹性。空军可以指定一些资产作为其他军种的建制内资产，以满足其他军种的特定的搜集需求。

条令强调全球一体化 ISR 是空军的核心职能，是空军的关键能力与作用。条令引用了德普图拉的话来说明，“我们的关注点不是平台，而是提供最优的、最大化的、准确无误的 ISR 能力，这就是空军的方向”。

（2）重要变化二：详细讨论 ISR 流程

文件提出了全球一体化 ISR 的五个过程：计划与指导、搜集、处理与利用、分析与生产、分发，即 PCPAD。一体化 PCPAD 能力包括利用全谱传感器（信号情报、雷达、光电、红外、人力、地面传感器等）对搜集活动进行跨域整合；在空天作战中心、DCGS 系统、国家产品中心的整合处理、利用、分析、生产活动；整合情报产品分发到战术、战役、战略用户。跨域整合能力使得全球一体化 ISR 可以快速分析数据、实时向战士提供结果情报。

（3）重要变化三：强调构建全球网络架构

一个开放、安全的网络体系结构对于跨域整合分析和分发是必不可少的。这一架构使空军达成了应对任何挑战的全球一体化 ISR 能力。搜集平台的处理数据，必须通过全球网络移动到多个分析站点进行利用和进一步分发。结果应以容易被全球一体化 ISR 的其他成员发现和检索的方式存储，以改进多客户的时间、深度和准确性要求。空军全球一体化 ISR 设想实现了国防部以网络为中心的信息共享愿景，所有全球一体化 ISR 资产都可以作为一个单一的系统来管理。

（4）重要变化四：分布式作战与 DCGS

文件强调了分布式作战的作用和能力。这是全球一体化 ISR 能力提供给指挥官的主要方式。分布式作战方式减少了 ISR 的前沿部署，提升了安全性，同时保障了 ISR 的作战能力。分布式作战提高了生存性，最大限度地减少了因体系中的某节点毁坏带来的性能下降。分布式作战需要提升作战资产 / 装备的灵活性，空中无人机是很好的选择。作战人员和指挥官可以通过远程遥控的方式实施 ISR 作战，带来了作战的灵活性，优化资源利用，及时响应作战需求。

条令详细介绍了 DCGS 系统。空军 DCGS 是一个以网络为中心的全球 ISR 系统。它的任务是支持指挥官和部队——主要是联合部队层级，通过提供可操作的、决策质量的信息。DCGS 为大多数空军空中图像情报和信号情报搜集提供处理、利用与分发，可以及时为情报分析人员提供可用的信息。DCGS 系统的优势是每一个地面站都是联网的，因此如果一个地面站需要支援，其余的地面站可以帮助分担工作负荷，从而最大化整个系统的效率，同时不需要增加每个站点人力和其他资源。

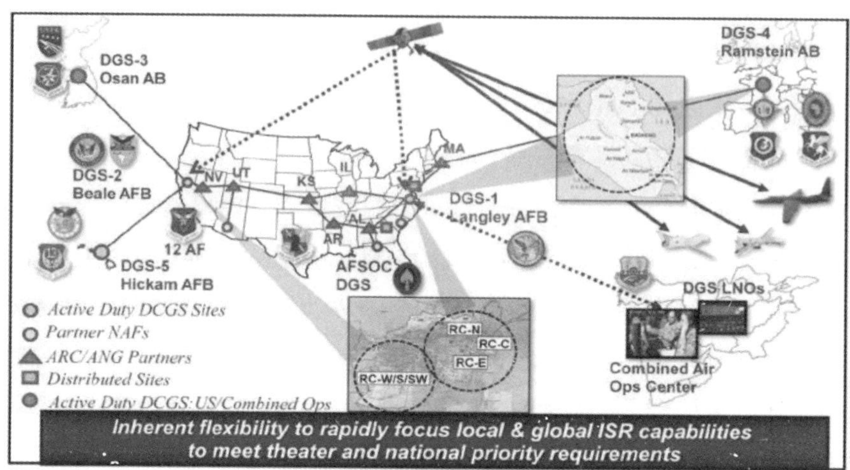

图 4.17 空军分布式公共地面系统

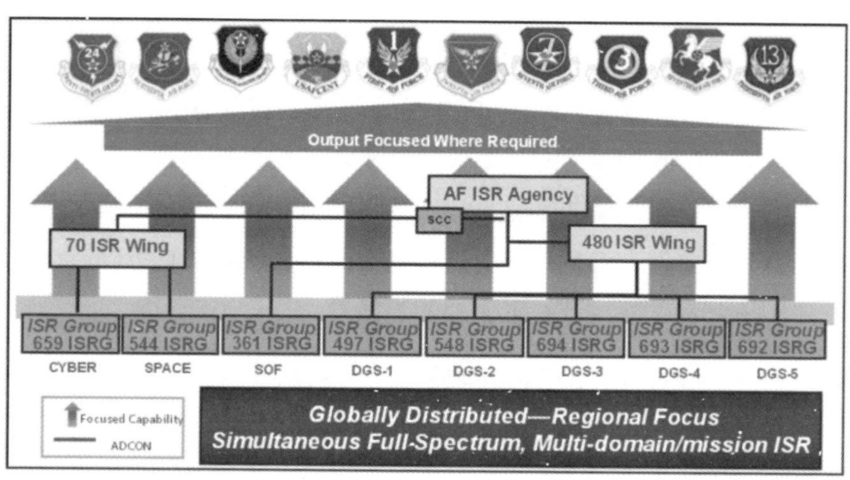

图 4.18 DCGS 组织结构

总而言之，2012 年版的空军 ISR 条令提出了“全球一体化 ISR”全新术语概念，这不只是描述情报能力的概念，更是描述空军作战能力的概念。ISR 本身成了美空军战略能力的一种说明。但由于条令文件本身的体系细碎，空军的 ISR 战略并没有得到很好的、体系化的表达。

六、再发战略文件，探讨空军 ISR 的未来发展

在提出“全球一体化 ISR”的概念后，空军 ISR 的地位和作用似乎已经到了顶点，但 ISR 未来的发展方向、ISR 能力的建设理念却没有在条令中体现的很明显。

2013 年，美国空军再次发布战略文件《空军 ISR 2023：提交决策优势》，文件对于空军 ISR 的定位、发展构想、原则、主要任务等都提出了深刻的阐释。

文件认为，空军 ISR 正处在一个战略转折点 / 拐点上。空军 ISR 面临的挑战是维持过去 12 年来令人印象深刻的战术能力，重建为空军及所属部队在不稳定、不确定、复杂、模棱两可的全球环境中提供全源情报实施全谱跨域作战的能力。[1]

文件阐明了空军 ISR 未来发展的优先序列：重新平衡和优化整合 ISR 能力，规范网络 ISR、太空 ISR 和人力情报行动，加强整合、协作和伙伴关系，对分析和利用的彻底改革，发展与重视 ISR 人员。美国已经将重心转向亚太。为了支持这一重大战略调整，同时确保空军在所有地区和潜在环境中作战的能力，空军 ISR 也必须重新平衡。我们不仅需要保持我们擅长的战术能力，也必须重新恢复我们对战区行动和国家战略领导人的传统的卓越的支持。除了战术情报任务，2023 年的空军 ISR 部队还必须在和平阶段进行战略情报搜集，并在所有领域都提供世界级、多品类和全源情报。

在过去十年里，空军 ISR 的处理、利用和分发能力已经有了很大的发展。为了继续发展，空军将打破搜集和分析之间的线性关系，增加多少搜集能力就需要增加相当增幅的分析力量。空军将支持增加自动化系统的需求，同时认识到分析人士在综合、整合和洞察力方面发挥着关键作用。为了实现这一平衡，空军将把 DCGS 转型到面向服务的体系结构（SOA），并将最初的焦点放在云数据存储、分析、搜集计划工具和 ISR 可视化。

[1] USAF, Air Force ISR 2023: Delivering Decision Advantage , A Strategic Vision for the AF ISR Enterprise, Washington, D.C. September 2013.

文件认为，ISR 与空天优势、全球快速机动、全球打击和指挥控制共同组成美国空军的五大核心使命。空军 ISR 2023 的发展愿景是全谱感知、世界级专业知识、提交决策优势。全谱感知：作战与情报整合，为战术、战役和战略指挥与决策者提供了对作战环境前所未有的感知。世界级专业知识：空军现役、警卫、预备队和民众是空军 ISR 的动力，是世界上最强大的空军的关键。为了使愿景成为现实，必须确保他们有组织、受过培训、受过教育，并有能力在所有领域、地理区域和冲突各阶段执行他们分配的任务。提交决策优势：空军 ISR 人员的基本工作是分析、通知和向每一个层级的指挥官提供他们需要的知识，以避免意外、作出决定、指挥部队并使用武器。空军将无缝地提供、整合、指挥控制 ISR 力量，为飞行员、联合指挥官和国家决策者作出选择提供最大的信心。

空军 ISR 2023 任务是通过提供和实施整合的跨域 ISR 能力，与联合部队及外国合作伙伴进行合作，提供决策优势。重申空军 ISR 的核心原则：ISR 是不可分割的，ISR 效果依赖于情报、监视与侦察的同步与整合；ISR 是领域中立的，聚焦于能力和效果，而不是平台；ISR 是作战——不只是支持作战。

条令阐述的目标与任务等，一个明显的变化背景是美国国防的重心开始从反恐转移，空军对于 ISR 进行了及时的思考评估，作战环境的变化和科学技术的发展，空军 ISR 工作的重心也要随之转移。

七、基础条令更新暂停，空军 ISR 机构继续整合调整

2013 年后，空军没有再发布关于 ISR 的条令和文件，ISR 的含义亦没有发生变化。2016 年 3 月，空军发布了指令文件 AFI14-133《情报分析》，阐述了 ISR 与情报分析的作用、关系等。文件认为，分析是空军 ISR 专业人员的核心竞争力，一个“空军分析专家”就能带来决策优势。“空军分析专家”是空军 ISR 领域具有专业技能资格的行业技术人员，能在空中、空间和网络一个或多个作战域中进行情报分析发挥核心能力。分析是空军所有 ISR 活动的

基础，从 ISR 计划和任务执行到国家任务的整合和部队现代化。这与 2013 年的战略文件《空军 ISR 2023：提交决策优势》是一以贯之、互相印证的。

空军将分析作为 ISR 的基础，通过 ISR 术语概念的文本内容已经很难解释，但沿着空军对 ISR 的应用历史一路走来，确实是很自然的结论，因为 ISR 就是空军情报的全部。

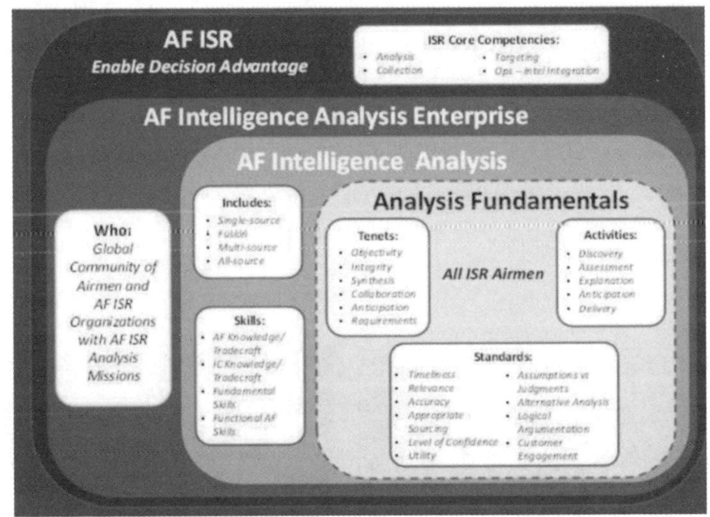

图 4.19 AFI14-133 对情报分析的图示[1]

截至 2019 年 10 月，空军 AFDD 系列文件的最后修改时间是 2013 年 4 月 23 日发布 AFDD 3-27《国土作战》，此后再无条令文件的更新。

2014 年，空军 ISR 局再次改组，成立第 25 航空队，成为空军新的一支编号航空队，与其他作战部队一样。空军的 ISR 力量成为一支独立的作战力量。

第 25 航空队重新部署在空中作战司令部（ACC）下，专注于 ISR、电子战、空中国家指挥和控制、核探测和条约监测、目标获取和分析行动，并通过这些行动，向联合指挥官、国家领导人和联盟伙伴提供决策优势。作为

[1] U. S. Air Force, AFI14-133 intelligence analysis, 29 March 2016.

ISR 部队的领导机构，空中作战司令部可以确保将 ISR 资源始终如一地提供给战士。

空中作战司令部指挥官迈克·基特称，将第 25 航空队部署在空中作战司令部下，是为了作战效率。它将为空军提供 ISR 的一站式服务，使空军项目更加合理准确。

2019 年 10 月 11 日，空军再次改革 ISR 组织结构，将第 24 航空队和第 25 航空队合并，成立空军第 16 航空队，负责空军 ISR、网络、电子战和信息作战，这是一支信息战部队。[1] 部队将包括所有的 ISR 联队、网络联队、天气联队和侦察联队等，为空军提供更加整合同步的信息战能力。

空军参谋长大卫·戈德费恩将军称，通过整合到独立单一的司令部，我们将消除“隔墙”和“烟囱”。

Twenty-Fifth Air Force Redesignation Ceremony, 29 September 2014

图 4.20　美国空军成立第 25 航空队

图 4.21　美国空军成立第 16 航空队

从空军情报局到空军 ISR 局，到第 25 航空队，再到第 16 航空队，空军 ISR 的发展遵循“整合”的主线，一路发展而来。按照空军 ISR 2008 战略的描述，也许空军对于 ISR 的最终目标就是成为新的一个空军一级司令部。

[1]　https://www.C4ISRNET.com/dod/air-force/2019/10/14.

第二节　陆军强调 ISR 是提供信息、为作战服务

2006 年，空军开始了 ISR 激进的改革，陆军也开始通过发布一些新的情报条令、概念文件、作战条令，提出关于情报、关于 ISR 的陆军理解，着重强调陆军对于 ISR 的理解与执行，强调陆军的军种特殊之处。独立于空军 ISR 观点的出现，使 ISR 的内涵得到了极大的丰富，同时空军陆军在 ISR 上的观点差异越来越明显。

不同于空军将情报改革直接聚焦在 ISR 上，陆军对于 ISR 的理解与想法都是将其作为情报的一部分、作战的一部分，通过情报理论、作战理论的改变而随之修订的。

陆军 2006 年在 FMI5-0.1《作战流程》中提出了“情报作战功能”（Intelligence Warfighting Function）概念。情报作战功能，有助于了解作战环境、敌人、地形和民事的相关的任务和系统。[1]它包括与 ISR 相关的任务。它是一个包括程序、人员、组织和设备的灵活可调整的结构，提供关于威胁、民事、环境的相关信息和产品。

情报作战功能聚焦于四项优先任务：支持态势感知、支持战略响应、实施 ISR、为目标提供情报支持。这是陆军对于作战中的情报的基本认知，对于陆军而言，情报的基本概念是“情报功能概念”，而不是 ISR。ISR 只是陆军情报工作的一部分。这在陆军的每一部条令和战略文件中都有清晰的规定。

一、接受联合条令概念，但强调陆军自身理解

陆军在军种条令中引用联合文件的 ISR 定义，但同时提出了陆军自身对

[1] Headquarters Department of the Army, FMI 5-0.1The Operations Process, 31 March 2006, 第一部分第 5 页。

ISR 的理解。

（一）作战条令强调 ISR 要满足作战需求

2008 年 2 月，陆军发布野战条令 FM3-0《作战》，这是陆军的基础作战条令。对 ISR 的定义原文引自 JP2-01《军事行动联合与国家情报支援》。但强调了陆军的理解，“对陆军部队来说，这项活动是一项联合行动，侧重于优先情报需求（PIRs），同时满足指挥官的关键信息需求（CCIRs）”。

FM3-0 开始规范使用陆军的“情报作战功能”概念，用来阐述陆军情报工作。情报作战功能是有助于了解作战环境、敌人、地形和民事考虑的相关任务与系统。它包括指挥官发起负责的与 ISR 相关的行动任务。情报不仅仅是搜集，这是一个持续的过程，包括分析来自所有来源的信息，并实施行动来推动形势发展。情报作战功能包括四项任务：支持力量生成、支持态势感知、实施 ISR、为目标获取和信息能力提供情报支援。[1] 此时，陆军对于情报功能的任务是有修改的，但 ISR 始终是陆军情报工作的重要组成部分。

条令对 ISR 进行了较为详细的阐释，认为陆军所有有效行动的前提是了解作战环境，包括作战的信息环境和物理环境。了解作战环境需要积极持续的监视与侦察，以获取信息。从多个来源搜集获取的信息经过分析成为有价值的情报，可以为指挥官的信息需求提供答案，这些需求包括作战对手的情况和作战地区的天气、地形等。ISR 就是满足这些信息需求的手段和方法。ISR 的首要任务就是响应指挥官信息需求，为指挥官提供所需信息。

ISR 通过四项任务支持陆军的全谱作战行动：ISR 同步、ISR 整合、监视、侦察。

ISR 同步是确定作战中的信息缺口，进而使用最合适的资产 / 装备搜集信息以填补信息缺口。ISR 同步可以分为以下具体阶段：分析信息需求和情报缺口；评估可用的建制内外资产 / 装备；确定使用这些资产 / 装备方面的缺口；提出建制内的 ISR 资产 / 装备建议，搜集指挥官的关键信息需求；为更

[1] Headquarters Department of the Army, FM3-0 Operations, 27 February 2008, 第七部分第 8 页。

高级别的搜集支持提交信息请求（建制外资产 / 装备）。该任务确保 ISR、情报到达和对信息的请求能够成功地报告、生产和分发信息，以支持决策。ISR 同步也包括筛选下级和邻近部队关于敌人、地形、天气和民事方面的信息请求。当情报到达和信息请求不满足需求时，ISR 同步需要开发特定信息需求，以促进 ISR 整合。情报官员、行动官员和其他参谋人员都要协调整个工作。ISR 同步是持续不断的。指挥官使用 ISR 同步来评估 ISR 资产 / 装备报告。ISR 同步包括不断识别新的和部分填补的情报缺口。它还为作战人员提供为 ISR 资产 / 装备分配任务的建议。

ISR 整合的任务是分配和控制一个部队的 ISR 资产 / 装备（在空间、时间和目的方面），搜集和报告信息，并将其作为作战计划和命令中的一部分。这项任务确保计划人员和参谋人员经过深思熟虑和协调努力，将 ISR 整合到作战行动中，从而对 ISR 资产 / 装备进行最佳分配。ISR 整合，是对资产 / 装备的整合，用于搜集情报到达或信息请求不能回答的需求，或指挥官认为至关重要的需求。指挥官将资产 / 装备整合到一个单一的 ISR 计划中，使每个资产 / 装备的能力最大化。指挥官还同步与协调监视与侦察任务，并在机动任务列表中使用其他部队进行 ISR，高效地将 ISR 与总体计划同步，定位 ISR 资产 / 装备继续搜集信息，为下属单位和部队重新组合，或在作战过程中排列优先次序。作战官员在情报官员的协调下，根据特定的信息需求（ISR 同步的一部分）开发任务。特定的信息需求通过将需求与资产 / 装备匹配来简化任务。作战人员根据最新的有价值的信息时间以及可用 ISR 资产 / 装备的能力和限制来分配任务。然后作战指挥官识别、确定优先级并确认情报需求。全体参谋制定 ISR 计划，并与整体作战同步。在 ISR 整合过程中，整个参谋人员都参与到 ISR 计划中。

ISR 整合对于控制有限的 ISR 资产 / 装备至关重要。ISR 同步和整合的结果是集中精力将 ISR 任务转换成命令来满足指挥官的需求。

监视是通过视觉、听觉、电子、摄像或其他方法系统地观察空天、地面或地下区域、地点、人员或事物。监视是观察一个区域以搜集信息，为广域和重点监视任务提供有价值的信息。国家和联合监视系统聚焦于战斗指挥官的信息需求，它们还向作战地域内所有作战部门提供信息。监视任务中发现的变化或异常可以进行侦察以确认或排除这些变化。

侦察是通过目视或其他探测方法获取有关敌方或敌方活动与资源的信息，或获取有关某一特定地区的气象、水文或地理特征的数据。执行侦察任务的部队搜集信息以确认或否认当前的情报或预测。侦察通常在作战行动之前进行，并延伸到整个作战地区。它需要在形势、政策和交战规则允许的情况下尽早开始。侦察可以定位移动的敌人指挥和控制资产，如指挥所、通信节点和卫星终端，用于压制、攻击或摧毁。侦察可以探测到人们在目标区域所表现出的行为模式。各级指挥员都把侦察工作纳入作战行动。

条令中具体阐释 ISR 时，还专项说明了士兵监视与侦察。监视与侦察不同，监视通常是被动的，可能是连续的，侦察任务通常持续时间较短，是主动的。侦察部队的行动可能是主动发起的，但侦察行动的目的是搜集情报，而不是发动战斗。指挥官用多次的侦察来补充监视，也可以通过监视集中执行任务，降低士兵的风险，提高侦察的效率。士兵是不可或缺的情报来源。每个士兵都是一个传感器（ES2）。经常与当地居民一起工作的士兵，他的观察和经验为监视侦察搜集的信息提供了背景和解释。指挥官让所有士兵报告他们的观察结果，即使并没有指定的监视或侦察任务。指挥官和工作人员强调将士兵搜集的信息整合到情报生产中。

可以看到，FM3-0 解释 ISR，其出发点和落脚点都是作战行动中指挥官的需求。无论同步、整合、监视还是侦察，都是聚焦于作战行动中的需求，尽量减少情报与作战的缺口。空军的 ISR 涉及空军情报的方方面面，而陆军的 ISR 就是要为作战提供情报。

（二）《概念能力计划》提出陆军 ISR 能力标准

在空军发布 2008 年 ISR 战略的概念文件一个月后，2008 年 8 月，陆军发布了《美国陆军概念能力计划——情报、监视与侦察（2015—2024）》。文件认为，ISR 对于不同的人意味着不同的事物，在引用联合条令的 ISR 定义时，继续坚持陆军自身的 ISR 定义："整合与同步所有战场作战系统用以搜集和生产相关信息以辅助指挥官决策的赋能行动。"[1]

文件认为 ISR 是为支援陆军的全谱作战，陆军当前有许多 ISR 能力还没有完全整合，无法提供联合文件和陆军概念所设想的能力。陆军的 ISR 必须联合、相互依赖，未来陆军的模块化部队需要各层次信息搜集能力与情报分析能力的融合。ISR 本质上是联合的，所有的 ISR 行动 / 作战都必须在联合层次相互支持，即使在几乎没有联合资产的最低战术层。

与联合条令的要求相配合，陆军也提出了 ISR 的发展目标是"持久 ISR"，认为不需要采购新的传感器和平台，或者集中搜集管理，而是聚焦在通过融合同步对 ISR 资产 / 装备的计划与指导以实现持久。陆军的 ISR 行动聚焦在信息和情报的生产，以满足指挥官态势感知的需要，旅以下需保持主动性（指利用建制内 ISR 力量搜集信息），师以上需要及时整合 ISR。陆军认为 ISR 资产 / 装备在各层次的配属是不同的，所以陆军非常强调建制内资产 / 装备的使用和协调国家与联合层次资产 / 装备。战略层次，陆军需要获得陆军外的 ISR 能力支援，取得并维持作战行动的信息优势与态势感知。ISR 提供的信息需要有效、准确、安全、可达、及时、持久、灵活、保密。

文件认为当前陆军与未来陆军的 ISR 能力差距在于：情报与作战之间的协作与同步能力；为通用作战图提供及时精准的信息；通过全球信息网络获得信息；为指挥官提供多样情报；通过到达与反馈，获得专业知识、协作与分析能力；增进多层次传感器融合与同步；互操作；动态的分配与再分配联合部队 ISR 能力，以响应快速变化的态势；各种作战环境下持久获取与监视；数据挖掘与利用融合工具来增强态势感知，同时减少处理时间。

文件给出了未来陆军的 ISR 基本特征：

---

[1] Headquarters Department of the Army , TRADOC Pamphlet 525-7-9 The United States Army's Concept Capability Plan(CCP) Intelligence, Surveillance, and Reconnaissance 2015-2024, 12 August 2008, p34.

概念计划最主要的部分是提出详细、系统、全面的未来陆军 ISR 能力标准，包括三大类 20 小类，每小类包含几个到几十个具体性能标准。

①情报能力：全源情报能力、人力情报、地理空间情报、信号情报、测量与特征情报、技术情报、反情报、公开来源情报。

②关注领域的情报能力：电子战领域、计算机网络战、国土安全、气象能力、情报处理搜集管理与 ISR 同步、综合广播系统能力、目标获取锁定。

③侦察与监视能力：车上侦察监视能力、车下侦察监视能力、空中（有人与无人）侦察监视能力、天基侦察监视能力、侦察监视（战场）传感器能力。

这些指标为陆军 ISR 的发展精确描绘了发展路径，说明陆军关于 ISR 的内涵和理论都已经比较成熟。

（三）情报条令探讨 ISR 的准确理解，酝酿新概念

概念计划发布一个月后，2008 年 9 月，陆军修订了 FM2-0《情报》，更新了情报作战功能、统一行动等术语概念，与 FM3-0 保持一致。条令使用了 RSTA 术语（侦察、监视与目标获取），并提出其内涵与 ISR 是一致的，对 RSTA/ISR 的内涵进行了界定与阐释。

侦察、监视与目标获取 / 情报、监视与侦察，是一项全谱联合任务，整合地面与空中能力，以提供有效、动态、及时、准确和可靠的战斗信息和多品类可行动情报，以致命和非致命的效果与决策，直接支援地面战术指挥官。RSTA/ISR 是陆军用来执行支援战术行动的持久监视这一联合条令概念。可靠的技术和积极响应的情报可以减少不确定性、偶然性、冲突和复杂性的影响。复杂和动态的陆军战术行动需要广泛的 ISR 能力来满足指挥官的信息需求，以检测、定位、识别、跟踪和锁定高价值目标，并在一个不断变化的行动环境中提供实时战斗评估。[1]

---

[1] Headquarters Department of the Army, FM 2-0 Intelligence, C1, 11 September 2008, 第一部分第 28 页。

如第二章所述，RSTA 概念很早就被陆军所使用，用来表示对情报搜集资产与资源的计划、指导、协调与行动。将 RSTA 与 ISR 概念相等同，表明陆军对于 ISR 术语概念的深度思考，联合条令中的 ISR 是否恰当描述了陆军的作战与情报相关功能，陆军应当如何正确、合适、简明地理解这个术语甚至理论。RSTA 是 3 系列作战条令中的概念，而 ISR 则是在 2 系列情报条令中使用，二者并非是完全一致的概念。2008 年陆军将其与 ISR 等同，也许反映了当时陆军对于 ISR 内涵的些许迷惑，这也进一步推动了陆军对 ISR 概念的发展与改变。

2009 年 3 月，陆军发布 FM 2-01《ISR 同步》，这是一部条令草案。草案重点探讨"ISR 同步"，详细论述了陆军对于 ISR 的理解。文件前言中写道："该条令为陆军 ISR 同步理论提供了基础，它的范围是 ISR 同步和对 ISR 整合的情报支援，以及计划与作战过程中的 ISR。读者必须理解 FM 3-55（出版时），它描述了 ISR 的总体理论概念，同时这份文件抓住了联合 ISR 行动的真正重要性。"这似乎预示了三年后，陆军 ISR 理论发展过程中的一份标志性文件 FM3-55 已经处于讨论中。

草案虽然名为 ISR 同步，但实际上对陆军情报与作战（全谱行动）的基本概念、ISR 的基础理论（ISR 同步与 ISR 整合）、ISR 行动等诸多问题都进行了规定。草案带有明显的陆军观点，非常强调 ISR 不等同于情报，ISR 必须关注指挥官关键信息需求（CCIRs），这与空军的 ISR 理解有显著不同。草案认为陆军 ISR 不只是情报、监视、侦察等各部分的相加。它是所有旨在搜集数据和信息的活动与行动的组合，这些活动和行动反过来又被用来创造知识和支持指挥官的信息需求，从而促进战斗指挥和可视化。

草案对于 ISR 的定义，坚持了陆军的一贯认知。由于陆军部队与当地居民和地形的复杂相互作用，所以陆军的 ISR 是独特的。陆军的 ISR 行动需要直接为战术指挥官提供支援。陆军必须集中其 ISR 行动，以有限的资产 / 装备和资源最大限度地搜集情报，以产生尽可能好的情报。陆军部队应对复杂的地形因素，需要所有 ISR 资产 / 装备之间的协调努力，从联合与国家层面

ISR 能力的协调开发到连或排级别的士兵监视与侦察。[1]

草案体现的陆军特色还有一个方面，就是讨论了建制内 ISR 资产 / 装备的相关问题。陆军师没有建制的情报搜集资产，通过战场监视旅或由作战司令部提供的资产 / 装备组织的任务来扩充。因此，它必须利用联合与国家搜集资源来支持它自己以及它的下属阶层的信息需求。草案中提到，陆军认为“搜集管理”一词适用于较高级别的机构和组织，属于联合术语，ISR 同步是其所对应的陆军战术级术语概念，即 ISR 同步等同于搜集管理。

草案附录 D 介绍了 DCGS-A 系统，这与空军条令取得了一致。DCGS 系统是 ISR 提供情报的物理基础，各军种对于 DCGS 系统的作用与需求都是充分肯定的。

2010 年 3 月陆军再次更新 FM2-0《情报》，使用与联合文件一致的 ISR 术语和“ISR 同步”概念。陆军情报条令的历次修订，从来都不是围绕 ISR、以 ISR 为中心议题进行，ISR 对于陆军，确实只是情报工作、情报流程中的一部分。

对比文件中 ISR 的任务图示，可以发现，陆军对于 ISR 的认知基本保持稳定。这份情报文件的修改部分：用 FM3-0 提出的“情报作战功能”概念替换了“情报作战系统”概念，探讨了情报作战功能负责的各类任务，包括敌人、天气、地形和民事。这部分 2008 年修改版其实已经更新。更新情报任务的描述，增加了可行动情报的概念、有效情报的特点，介绍情报调查作为一种手段，为情报人员提供初步评估。增加地理空间情报（GEOINT）和公开来源情报（OSINT），将情报种类的数量从 7 个增加到 9 个。增加了生物力学的新兴能力、分布式通用地面系统、人力地形分析团队、现代军事作战中文件和媒体开发、红队的概念。根据 FM3-0 更新统一行动和部队保护行动部分。讨论了对全谱作战要素的情报支持，并介绍了基于 FM3-0 的战斗力量要素。

---

[1] Headquarters Department of the Army,Initial Staffing of Draft Field Manual (FM) 2-01, Intelligence, Surveillance, and Reconnaissance (ISR) Synchronization, 22 May 2009, 第二部分第 1 页。

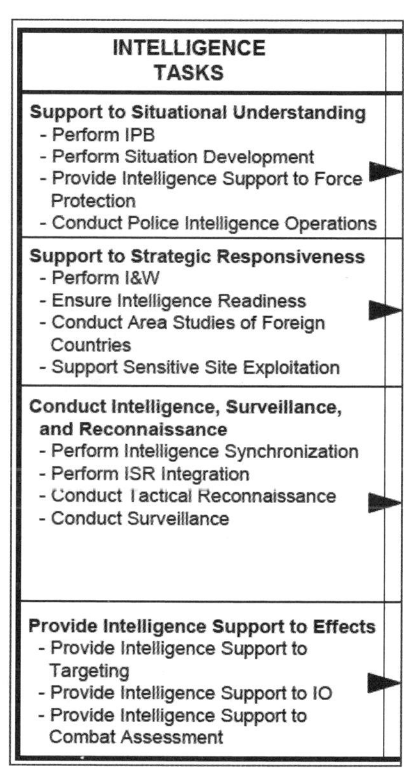

Intelligence tasks ►

Support to force generation

- Provide intelligence readiness.
- Establish an intelligence architecture.
- Provide intelligence overwatch.
- Generate intelligence knowledge.
- Tailor the intelligence force.

Support to situational understanding

- Perform intelligence preparation of the battlefield (IPB).
- Perform situation development.
- Provide intelligence support to protection.
- Provide tactical intelligence overwatch.
- Conduct police intelligence operations.
- Provide intelligence support to civil affairs (CA) activities.

Perform intelligence, surveillance, and reconnaissance (ISR)

- Perform ISR synchronization.
- Perform ISR integration.
- Conduct reconnaissance.
- Conduct surveillance.
- Conduct related missions and operations.

Support to targeting and information superiority

- Provide intelligence support to targeting.
- Provide intelligence support to Army information tasks.
- Provide intelligence support to combat assessment.

图 4.22　2004 年、2010 年情报任务内容图示

更新情报流程，将搜集和处理结合起来，增加一个持续的活动（生成情报知识），描述对情报流程的额外输入（指挥官输入）。创建情报需求的定义，并描述情报作战功能的信息优先级等级。将更新的战场情报准备（IPB）步骤结合起来，描述情报运行评估。

尽管陆军的 ISR 理解保持了基本稳定，但随着 2012 年空军 ISR 战略文件的再次发布，结合当时陆军自身对于 ISR 的反思，陆军很快就有了新的关于 ISR 的理解与创新。

二、陆军认为 ISR 术语具有空军属性，提出“信息搜集”概念替代

在空军发布新版 AFDD2-0《全球一体化 ISR 行动》条令的 3 个月后，2012 年 4 月，陆军发布野战条令 FM3-55《信息搜集》，文件明确提到：“陆军使用‘信息搜集’代替 ISR，ISR 是一个联合术语，陆军加以修改以适应陆军的需要。”[1]

此版条令虽然在 3 系列中，但内容却是围绕 ISR 展开，明确地阐述了陆军对于 ISR 的理解与定义。文件内容主体分为四个章节和三个附录。

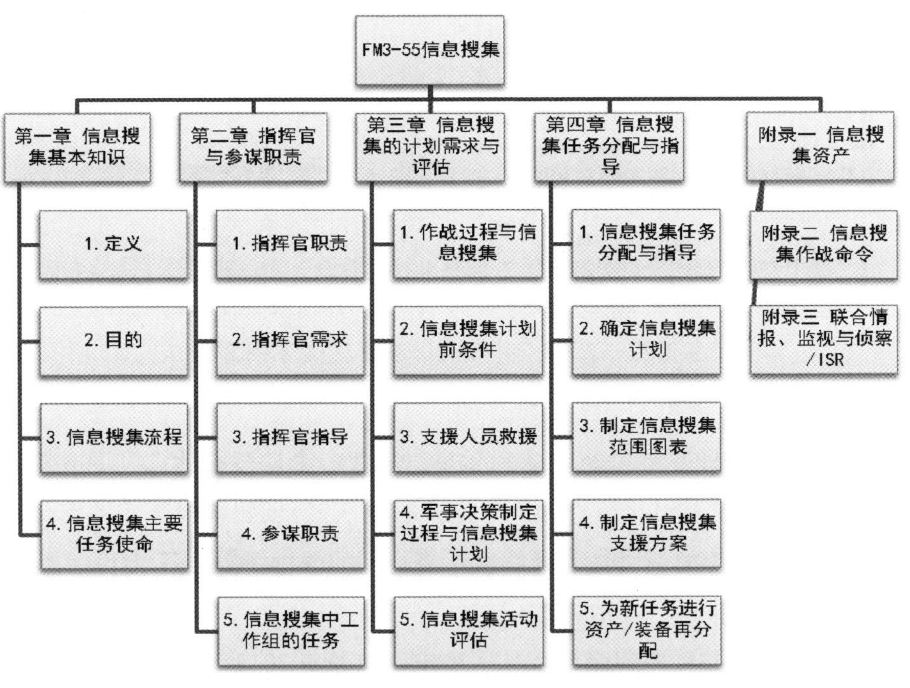

图 4.23 《信息搜集》文件内容主体

文件在前言中明确提出：陆军用“信息搜集”代替了 ISR。信息搜集包

[1] Headquarters Department of the Army, FM3-55 Information Collection,23 April 2012, P iii.

括需求制定、搜集评估、搜集资产的任务分配与指导。陆军现在需要这些基础理论，是因为陆军自身的编制与装备的发展。

由于“信息搜集”与其他缩略语不同，它并不是一个首字母的缩写或者某种形式的字母组合，也不是特殊语境的专业军事词汇，而是具有直白含义的通用词汇。所以，如果查阅条令，可以发现，只陆军一个军种就有 270 余份条令文件使用过这个词汇。追根溯源，可以发现早在 1950 年陆军发布的野战条令 FM100-15《高层级部队战场条例》中就有“隶属于军一级部队的信息搜集（information collection）机构必须发挥他们最大的能力”[1]。1951 年陆军发布的野战条令 FM6-120《野战炮兵观察营与阵地》，也有“信息搜集（collection of information）是观察营全体人员的职责”[2] 的表述。

所以，对于“信息搜集”这一术语，尽管陆军在这份条令中认为其可以代替 ISR，但这只能表明 2012 年后可以这样理解，而无法表明在 2012 年之前，这一术语与 ISR 的联系。既然这样，陆军选择“信息搜集”来代替 ISR，其用意应该是认为 ISR 含义不清楚、表意不直接，不如“信息搜集”清楚、直白、明确、易于理解与执行。

虽然提出用信息搜集代替 ISR，但此时陆军对于“信息搜集”的定义却还是保持了 ISR 的原本定义，仅有微小的修改。

信息搜集的定义：

同步与整合传感器、资产 / 装备、处理、利用、分发系统的计划与利用，以直接支持当前和未来的作战。信息搜集整合情报与作战功能。

ISR 的定义：

同步与整合传感器、资产 / 装备、处理、利用、分发系统的计划与行动，以直接支持当前和未来的作战。这是一个整合的情报和作战功能。

FM3-55 强调情报的分发共享。提出共享需求高于知悉的需求，要尽可能

[1] Department of the Army, FM100-15 Field Service Regulations Larger Units, 28 June 1950, p.65.

[2] Department of the Army, FM6-120 The Field Artillery Observation Battalion and Batteries, 5 July 1951, p.2.

向所有需要知道的一方分发情报。强调建制内情报力量的作用发挥，要将更多的信息搜集资产 / 装备下放到更低的层级。条令认为陆军情报的获取，主要还是通过建制内力量获得战术情报。

陆军将侦察与监视分开讨论，监视是被动的、持续的，侦察是主动的。同时应将侦察与作战区分开。强调侦察首先依靠人力活动而不是技术方法。成功的信息搜集是及时的搜集和报告精确相关的信息，以支持情报或作战信息生产。

条令附录一列举了信息搜集资产 / 装备，阐明信息搜集能力是为了更好地制定决策、理解作战环境和支持作战。信息搜集是为作战、为决策服务的。附录一也指出了 DCGS-A 的巨大作用。可以提供网络中心的情报、天气、地理空间工程、太空作战等能力，支持从营到联合特遣队各层次的行动。

表 4.3　陆军的信息搜集资产 / 装备列表

层级	信息搜集资产 / 装备举例
战略	国防人力情报局特工、中央情报局、联邦调查局、国防情报局、国家安全局
战役	区域聚焦的联合信息中心、战区陆军军事情报旅、陆军空中开发营、联合空中资产 / 装备
战术	战场监视旅、目标获取雷达、侦察和骑兵中队、攻击侦察空中单位、无人机系统、任何有信息报告的士兵

附录三重点阐述了信息搜集与 ISR 之间的关系。陆军的观点是，信息搜集关注指挥官的信息需求。ISR 是联合术语，其所属资产与陆军的信息搜集有所不同。联合 ISR 不包括侦察与监视作战部队。联合层级的侦察与监视主要由空中资产完成（意指 ISR 术语实质上的空军属性）。陆军与联合行动连接的关键因素是融合与相互支撑。融合要求互操作性。相互支撑是军种之间有目的的相互协作。

信息搜集是陆军概念，ISR 是联合概念，ISR 的众多资产并不是陆军建制内力量，很多是空军和太空部队，所以，陆军结合自身实际，采用了信息搜集，以区别于联合概念。

ISR 的定义关注资产，关注传感器与平台，关注技术装备，这些关注点皆为空军的优势，而非陆军，陆军从情报周期 / 情报流程出发，关注情报的获取过程，所以提出信息搜集，关注点在行动、在过程、在结果，而不在执行的实体。

三、基于“任务”“流程”分析陆军 ISR 的发展变化

FM3-55 条令中提到了信息搜集计划包括四项任务：侦察、监视、安全行动、情报行动。“信息搜集”流程围绕搜集展开，主要包括：计划需求与评估搜集；任务分配与指导搜集；实施搜集。

关于任务和流程的介绍，为本书分析陆军 ISR 内涵的发展提供了一个简单、有效、直观、便捷的研究角度。

本书将陆军历年重要作战和情报基础条令中关于情报流程、ISR 任务或信息搜集任务的说法，集中在一起进行比较，从而很容易判断陆军对 ISR 的理解发展过程。

表 4.4　陆军重要作战与情报条令中的 ISR 任务

条令	ISR/ 信息搜集的任务				
2004FM2-0	情报同步	ISR 整合	战术侦察		监视
2008FM3-0	ISR 同步	ISR 整合	监视		侦察
2009FM2-0	ISR 同步	ISR 整合	侦察	监视	相关任务与行动
2010FM2-0	ISR 同步	ISR 整合	侦察	监视	相关任务与行动
2012 ADP2-0/ADRP2-0	计划需求与评估搜集	任务分配与指导搜集	执行搜集		
2014 FM2-0	计划需求与评估搜集	任务分配与指导搜集	执行搜集		
信息搜集					

表 4.5　空军、陆军重要作战与情报条令中的情报流程

条令	ISR/ 情报流程						
1999 AFDD2-52	计划搜集以满足需求	分配搜集任务	执行搜集	分析搜集数据	分发搜集数据	评估信息价值	将提供的信息应用于作战
2004 FM2-0[1]	计划	准备	搜集	处理	生产		
2007 AFDD2-9	计划与指导	搜集	处理和利用	分析和生产	分发和整合	评估和反馈	
2008 FM2-0[2]	计划	准备	搜集	处理	生产		
2009 FM2-0[3]	生成情报知识	计划	准备	搜集	生产		
2010 FM2-0[4]	计划	准备	搜集	生产			
2012 AFDD2-0	计划与指导	搜集	处理与利用	分析与生产	分发		
2012 ADP2-0[5]	计划与指导	搜集	生产	分发			
2014 FM2-0[6]	计划与指导	搜集	生产	分发			
2018 ADP2-0[7]	计划与指导	搜集与处理	生产	分发			

1、2 条令规定还有 3 个持续进行的步骤：分析、分发、评估。
3 条令规定还有 3 个持续进行的步骤：分析、评估、传送。
4 条令规定还有 4 个持续进行的步骤：生成情报知识、分析、评估、分发。
5、6、7 条令规定还有 2 个持续进行的步骤：分析、评估。

从两表可以看出，陆军对于 ISR 和信息搜集两个阶段的任务，陆军 ISR 流程与信息搜集情报流程，还有空军文件 ISR 流程，都是有很大区别的。

从陆军的 ISR 任务来看，在 2012 年之前，同步、整合、侦察、监视是四个基本的组成内容。按照这些版本条令的规定，同步是寻找情报缺口、整合是灵活运用资产 / 装备，侦察和监视都是情报搜集。这说明 2004—2012 年之间，陆军的 ISR 内涵基本上与定义本身的描述是吻合的，是对搜集传输的计划与指导，重心在统筹利用资产 / 装备搜集信息、服务作战。2012 年提出信息搜集后，尽管定义的描述保持了与 ISR 一致，但任务的基本组成变成了以搜集为中心的计划与执行，术语的内涵缩小了。

从横向的陆军情报流程和空军 ISR 流程对比来看，基本内容相差不算太大。说明陆军的情报与空军的 ISR 在内涵上有一定的对应关系，其流程都是从计划开始经搜集、生产到分发结束。而陆军的 ISR，包括 2012 年之后的信息搜集，是没有“流程”的划分的，陆军只有“情报流程”。当然具体来看，陆军和空军还是有很大的不同，空军的 ISR 流程在 2007 年后同联合文件情报流程相一致。而陆军则是依然保有自身特色，在借鉴吸收联合文件情报流程的基础上，强调分阶段之外的持续进行的步骤，如分析、评估等。但陆军在 2012 年之后才在情报流程中加入分发环节。

纵向和横向的对比，说明陆军与空军的 ISR，并不是对应的术语概念，尽管形式相同。陆军的 ISR 更符合统一定义的规范描述，而空军 ISR 则对应着情报。

四、不再使用 ISR

FM3-55 的颁布，已经宣布陆军对 ISR 这一术语的放弃，2012 年 5 月陆军条令参考出版物 ADRP3-0 更是阐明了陆军术语的变化。ISR 以及与 ISR 相关的术语都被删去或替代。从术语角度出发，ISR 在陆军条令文件中的历史已经结束。

Term	*Remarks*
full spectrum operations	Rescinded.
intelligence, surveillance, and reconnaissance	Replaced by *information collection*.
intelligence, surveillance, and reconnaissance integration	Rescinded.
intelligence, surveillance, and reconnaissance synchronization	Rescinded.
operational adaptability	Rescinded.
operational theme	Rescinded.
peacetime military engagement	Rescinded.

图 4.24 2012 年陆军术语的变化

8 月，陆军条令出版物 ADP2-0《情报》和陆军条令参考出版物 ADRP2-0《情报》，两份文件均强调："陆军执行 ISR，是通过作战与情报处理（强调情报分析和利用更大的情报界）与信息搜集。"[1]陆军认为情报是一种功能，而不只是一种产品。陆军此处的解释是互相矛盾的。ISR 是联合术语，陆军用信息搜集代替它，这里又说执行 ISR 包括作战、情报处理、信息搜集，概念的外延是不一致的。

2013 年，陆军修订 FM3-55《信息搜集》，重新安排了行文顺序，对上述信息搜集理论不一致的地方进行了修正。专门明确了"信息搜集"与 ISR 的关系。信息搜集整合了情报与作战参谋的功能，聚焦于指挥官关键信息需求（CCIRs)，信息搜集代替了 ISR 同步与 ISR 整合。这样，关于 ISR 的术语基本都退出了陆军条令。

陆军对 ISR 的使用，从 2001 年的 FM3-0 到 2012 年 FM3-55，十年左右的时间，作为术语，陆军已经不再使用。其所对应的内涵，陆军使用了信息搜集。但信息搜集实则与 ISR 的含义并不完全一致，与空军的 ISR 相比，更是差异巨大。

2014 年 4 月，陆军 FM2-0《情报行动》也标明了陆军术语的替换。2014 年陆军技术出版物 ATP 2-33.4《情报分析》、2017 年陆军概念文件《美国陆军功能概念——情报 2020—2040》、2018 年陆军条令出版物 ADP2-0《情报》都已经不再使用 ISR。

Joint ISR		*Army*	
Task	***Responsibility***	***Task***	***Responsibility***
ISR concept of operations	J-2 and J-3	Annex L of the plan or order	G-2 and G-3 (S-2 and S-3)
Collection management • Collection requirements management • Collection operations management	J-2 (in coordination with the J-3)	Plan requirements and assess collection	G-2 (S-2)
		Task and direct collection	G-3 (S-3)
Execute collection	Units and organizations	Execute collection	Units and organizations
G-2 assistant chief of staff, intelligence G-3 assistant chief of staff, operations ISR intelligence, surveillance, and reconnaissance J-2 intelligence directorate of a joint staff		J-3 operations directorate of a joint staff S-2 battalion or brigade intelligence staff officer S-3 battalion or brigade operations staff officer	

图 4.25　陆军"信息搜集"的职责[2]

[1] Headquarters Department of the Army, ADP2-0 Intelligence, 31 August 2012, p.1.

[2] Headquarters Department of the Army , FM 2-0 Intelligence Operations, 15 April 2014, 第六部分第 8 页。

五、小结

陆军与空军对于 ISR 术语的使用情况有明显的差异，显然源于两个军种对于情报工作的不同理解与认知。从情报资产的分布来看，空军的 ISR 资产数量与分布远超陆军，所以对于资产的整合协调是其情报工作的绝对重心；而陆军的情报资产大多与覆盖范围有限，需要紧密保障地面行动、伴随人员作战，所以陆军更强调情报与作战的支援保障联系。从情报的类型来看：空军的情报工作多为图像或信号情报，其从生产到使用，往往以近实时、跨空域、多用户的时间敏感任务为主，对情报搜集传输的快速准确有非常高的要求；而陆军情报工作则多为战场行动中的战术情报、目标情报，最重要的指标是能否有效保障作战与决策的需求、保障作战部署与作战目标的实现，对情报搜集的效率最为关心。从 ISR 这一术语的选择来看，空军将其逐渐等同于情报工作本身，就是将搜集、处理、传输甚至分析等环节的整合与协调看作空军情报工作的核心任务，而陆军删去这一术语，可以认为陆军将情报的搜集、传输、处理等各环节分解得更为清晰，厘清各环节的边界，将情报工作的重心围绕为提高各环节的效率，以更好地保障支援作战行动。

第三节　联合文件修订 ISR 术语定义

2012 年，陆军和空军都开始使用自己的专有术语，ISR 不再是一个跨军种概念，但仍是联合术语。2012 年更新的国防部 JP2-01《军事行动联合与国家情报支援》继续使用 ISR 术语。2017 年 7 月，国防部发布 JP 2-01《军事行动联合与国家情报支援》，对 ISR 术语概念作出了修订，这是 ISR 概念 2004 年后首次调整。修订后的定义为："情报、监视与侦察：1. 一项整合作战与情报的活动，对传感器、资产 / 装备、处理系统、利用系统、分发系统的计划与作战进行同步与整合，以直接支援当前和未来的作战。2. 进行此类活动的组织或资产。也称为 ISR。”[1]

条令行文中具体解释是，在计划与指导阶段，参谋们使用传感器对预期搜集目标的同步与协调，使得原始数据转化为可用的信息，这就是 ISR。ISR 内涵的调整，是将 ISR 的内涵拓展了，内容从活动扩展到所有资产 / 装备和组织。含义的拓展，是由于实践中 ISR 资产 / 装备已经形成固定的代表性的专有系统，发挥了强大的作战能力。

2017 版的 JP2-01，出现了网络空间 ISR 的概念。网络空间 ISR 包括在网络空间中进行的 ISR 活动，以搜集可能需要支持未来行动的情报。这些活动同步与整合了网络系统的计划与行动，以直接支持当前和未来的行动。网络空间 ISR 的重点是战术战役情报，绘制敌人的网络空间以支持军事计划。

归纳来看，ISR 的概念从“能力”到“活动”再到“组织 / 装备”，其内涵不断扩大，在如实反映美军对于 ISR 的理解认知不断深化、ISR 系统不断建设升级的同时，也客观描述了美军的情报能力与作战能力的持续提升。

---

[1] U. S. Joint Chiefs of Staff, JP2-01 Joint and National Intelligence Support to Military Operations, 5 July 2017, 词汇表第 10 页。

第五章
ISR 术语的发展趋势

ISR 的历史与其过程本身一样复杂，体制内的 ISR 实践者更专注于进行侦察（寻找和发现敌人）或监视（等待敌人出现），技术的进步、敌人非对称作战的不断发展，使得这个过程发生了激烈而迅速的变化。[1]

一、联合条令和空军条令重视情报资产／装备的整合同步，ISR 将会继续使用

ISR 术语开创了 ISR 领域，相关术语产生后会持续使用。ISR 作为空军重要的情报术语概念，作为空军战略思想与作战能力表达的基本单元，是空军基础概念的“元数据”，会继续存在，联合条令也会继续使用。这在 2016 年、2017 年的空军情报条令和联合条令中有充分的体现。

ISR 作为空军情报的代名词，其所代表的意义和领域在空军并没有过时、没有争议，2007 年后一直保持了稳定，但 2012 年“全球一体化 ISR”概念的出现说明空军需要符合新的时代、新的作战环境下战略理论的新表

[1] Anderson, D. M. (2011), A holistic approach to intelligence, surveillance, and reconnaissance, *Air & Space Power Journal*, 2011.

达。联合术语对于 ISR 的理解从活动扩展为“活动 + 组织 + 资产 / 装备”，词义范围的扩大，表明联合术语对于 ISR 的认知出现了泛化。所有执行、参与 ISR 活动的组织、装备都可以称为 ISR。随着 ISR 术语在条令文件中的使用，条令中 ISR 的衍生术语的使用也越来越多，如网络 ISR、ISR 可视化、ISR 显示、PED 等。

现行空军基本条令于 2013 年更新，AFDD2-0 系列的基础情报条令发布的间隔时间为 1999—2007 的 8 年、2007—2012 的 5 年，空军的新版情报条令可能很快就会更新。

二、网络技术拓展 ISR 能力，产生网络 ISR 概念

随着时代和技术的发展，ISR 的延伸和衍生概念不断出现。随着网络技术的发展，网络逐渐发展成新兴的作战领域，网络化 ISR 的概念也随之出现。美军网络作战的情报支持由 ISR 的机构组织实施。网络空间 ISR 是指在网络空间中进行的 ISR 活动，旨在搜集支持可能的行动需要的情报。这些活动同步与整合网络空间系统的计划和行动，直接支持当前和未来的行动。美军的网络空间 ISR 聚焦于战术战役情报，重点是绘制对手的网络空间力量以支持军事行动计划。在网络空间中，ISR 由军事机构领导进行，必须与政府部门进行协调。情报活动旨在为指挥官和计划制定者提供关于对手使用网络空间状况与能力的信息，同时寻找对手的漏洞。

2012 年，随着空军情报能力的增长，为更好地实现和保障其全球战略，空军提出了“全球一体化 ISR”，成为美空军的情报战略。随着军事技术的不断发展进步，作战环境的不断改变，ISR 领域的相关词汇还会不断产生，以反映和满足美军的军事需要。

三、对情报传输处理的重视，ISR 中孵化 PED 概念

ISR 延伸、衍生许多术语，同时也孵化术语，如 PED（处理、利用与分发）。随着信息技术、网络技术的发展，资产 / 装备都已经连在网络上，互操作的可能性和作战性能都急剧增加。战场上的情报数据量越来越多，从海湾战争就出现的数据传输与处理问题越来越突出，从单纯的信息下载上传，到数据共享互联，以后很可能就是数据的战场、网络的战场。智能化、大数据的影响趋势非常明显。数据量的激增，使得战场数据在传到用户面前必须有预处理，即对数据信息进行分类筛选、标识信息字段，便于后面的数据处理与应用。信息化意味着数据将被标签切割。所以，ISR 概念逐渐推广后，原本作为其中一段环节的 PED 开始出现升温，鉴于当今时代和战场的发展，PED 术语已越来越多地出现，开始发挥越来越大的作用，以至于 2017 年美军在联合条令 JP2-01 中已经开始单独阐述 PED 的相关理论。

PED 原本是 ISR 的一部分，PED 的独立应用与发展是 ISR 术语产生之后最大的术语贡献。空军 ISR 2023 条令中提到“在过去的十年里，空军 ISR 的处理、利用和分发能力已经有了很大的发展”。2018 版 ADP2-0 更是将 PED 作为情报的核心功能之一。PED 是 ISR 的一个关键组成部分。PED 和 ISR 的搜集部分（传感器、资产 / 装备）应该完全同步。PED 能力包括接收、处理、传输、存储和发送搜集数据的设备；通信系统架构和相应的带宽 / 数据量，将搜集的数据移动到一个开发中心；接收处理数据的开发中心，将其转换成一个可用的清单列表，并向用户分发信息；以及满足特定作战司令部 PED 需求的人员。PED 的能力也可能包括远程或分布式传感器控制和数据链路行动，这取决于提供者和具体问题中 ISR 能力的技术设计利用的行动概念。

四、ISR 相关概念成为美军情报领域的重要功能概念

早在 2004 年，随着联合条令对 ISR 统一概念的提出，就同时提出了“ISR 可视化”术语。ISR 可视化是以图像方式显示 ISR 资产 / 装备的当前和未来位置，以及它们的功能、领域、任务和目标，是一种可视的计划与决策辅助项目，旨在帮助指挥官在快速变化的战场环境下及时作出决策。它是全球指挥和控制系统（GCCS）、军种指挥控制通信系统等中通用作战图的一部分，是通用作战图的一种赋能，促进 ISR 活动的协调和同步，支援联合部队和军种的指挥。ISR 可视化协调解决国家、战役和战术级 ISR 系统之间的差距，优化使用有限的 ISR 搜集资产 / 装备，提供近实时 ISR 信息，促进对战场的持续监视。成功的 ISR 可视化取决于及时报告 ISR 资产 / 装备状态、通用作战图的维护以及与 ISR 资产 / 装备活动的成功整合。2017 年联合条令 JP2-01 仍然用了大量篇幅阐述 ISR 可视化的相关内容，这是美军联合情报准备 / 作战环境准备的重要内容，是决策过程中对 ISR 资产与能力的形象化显示。未来依然是美军作战必不可少的情报功能之一。

同 ISR 可视化一起提出的还有“ISR 作战概念”。ISR 作战概念，是为了对所有 ISR 资产 / 装备的最佳利用，与制定作战计划一起进行的 ISR 资产使用计划。它基于搜集策略和 ISR 执行计划，由联合部队作战主管和情报主管共同制定。旨在解决所有可用的 ISR 资产 / 装备及相关的任务分配、处理、利用和分发（TPED）设施，用来满足响应联合部队的情报需求。“ISR 作战概念”需要为联合部队优先情报需求（PIRs）确认所有 ISR 资产 / 装备的缺陷与不足。它还要定期评价所有可用的 ISR 资产 / 装备的能力，使其得到有效利用，并能在联合部队不需要的情况下及时释放 ISR 资源。“ISR 作战概念”也是美军在联合条令中大篇幅强调的 ISR 相关概念，是为作战进行 ISR 资产与任务管理的必须进行的任务。

2017 年联合文件 JP2-01 又重点阐释了“ISR 评估”概念。ISR 评估是评估情报搜集行动的表现，为提高搜集效率满足情报和作战要求。评估是通过

识别判断可操作的建议影响 ISR 策略，同时对搜集资产 / 资源进行分配和利用，进而可以在情报流程的所有阶段推动 ISR 持续改进。持续和及时的评估对于监测和衡量任务进展至关重要。ISR 评估的基石是被回答的情报问题。为了有效评估，评估应该有明确的目的，如确定情报的价值、ISR 活动回答情报问题是否成功及原因、需要采取什么行动来解决糟糕的表现或提升效果，等等。因此，搜集措施的性能和措施的有效性是 ISR 评估的主要内容。

第六章

启　示

一、ISR所代表的美军情报能力核心是整合

美军ISR是将情报的洞察力重点放在资产的同步上。[1] ISR概念的表述中，中心词是同步与整合。从美军ISR建设发展过程看，也是高度重视同步与整合，技术上作战上都强调连接成网、互联互通、数据共享，对于提高系统之间的互操作性非常重视。这一思想在今天的网络化、信息化时代已被广泛理解接受，而美军是在20世纪90年代中期提出的，思想、理论、技术的前沿性均非常领先。

所以正确理解ISR，也就领悟到美军强大作战能力的一方面，即情报能力的体现不只是发现、识别、跟踪、定位为基础的搜集技术，还有连接传感器、平台、指挥的网络。网络不仅是连接，还可以接通数据、互传数据，并且提供互操作性、终端控制。网只是物理连接的形成，信息、数据、控制的传递才是建网的目的。网络化是信息化的基础，所以美军目前情报能力的重心，不只有传感器的性能和平台的建设，更重要的是通信系统、指控软件的

---

[1]　Daniel E. Sowders, Factors Influencing the Adoption of Intelligence, Surveillance, and Reconnaissance Technology by Collection Managers, Northcentral University, March, 2016.

开发、数据处理与分析程序的研制。ISR 体系经过多年发展，数据链、DCGS 处理系统才是其真正获得全球力量优势、战场情报优势的保障。我军的建设也应该不只是重视装备性能参数，更要发展“同步、整合”之能力。信息化战争，首先是网络化，然后就是信息化，美军已经如此发展多年，我军也应当如此。

二、ISR 术语内涵起于能力，发展演变动因复杂

ISR 的定义变化，内涵是从“能力”到“活动”再到“装备 / 组织”，是概念先行，逐步丰富理论、更新认知，逐步活动化、行动化，最后物化（落到装备和组织）。实际上，美军很多术语概念都是遵循这一基本思路，先有概念，再讨论细化，如 ISR、全球一体化 ISR、ISR 同步、PED，等等。术语的发展，遵照了认知、概念先行，实践中不断丰富发展的思路。

纵观美军 ISR 的发展历史，也可以看到，推动术语概念发展的最根本的动力是技术的创新与发展。科技的创新使得传感器、平台的性能不断提升，为 ISR 的发展奠定了技术的基础。计算机和网络的发展更是 ISR 得以连接成网、系统可视、尽显传输分发优势的基本前提。作战需要和作战理论的发展是 ISR 术语内涵发展的另一大动因。正是由于美国空军对自身的战略定位、对情报的定位发生了变化，促使 ISR 对于美国空军有了不止于搜集传输的特殊地位，并最终导致空军与陆军在 ISR 的理解上出现巨大差异。

同时也必须看到，除了技术、作战需求这些基础条件，引领美军 ISR 飞速发展的还有其他重要因素，如人——尤其是担任领导职务的管理者。典型的例子就是 2006—2010 年担任美国空军副参谋长的大卫·德普图拉中将。正是这位副参谋长的大力推动，美国空军的 ISR 从一项简单的情报功能开始转化成一个重要的情报领域，转化成美军强大的情报与作战能力。

三、术语是作战需求与能力的精准表达，应该重视术语的规范与制定工作

术语是框定军事基本内容的最小单位，是精确化需求、能力的测量单位。术语是理论的基础，是精确化描述作战需求、作战理论、作战能力、作战环境、作战流程等军事基本问题的基础。术语使军事行动与表达规范、一致，使指挥员与战士相互沟通、相互理解进而相互支撑。制定规范统一的术语概念，可以提高军事行动的效能效率。

术语的提出、应用、推广应该有充分的理论支撑、技术支撑，反映作战需求、反映基本理论、反映战术战役战略。从美军 ISR 术语的发展可以看出，技术的发展对术语的影响是深刻的。计算机技术的发展、传感器技术的发展，使得军事技术得以创新，带动了作战方式、军事装备、军事理论的创新，同样也推动了术语的创新发展。侦察、监视的含义是自古就有的，但是技术使得侦察、监视的能力增强了，影像、信息的表达方式可以用数据表示，流程和节奏明显加快了，使得侦察和监视不仅可以通过精准度来衡量，也可以通过数据来连通。装备的性能、领域猛然拓宽了，情报、侦察、监视不再是词语意义的联系，而是实现了用数据连接在一起，进而连接指挥与控制。指挥方式也发生了变化，情报与数据实现了与指挥的浑然一体。战场的态势也可以通过形象的方式展示出来。这都要归因于数字化方式、计算机性能和网络的出现。情报的价值得以最大化，情报之间的争夺也真正发展到了“战”的水平，这些都是产生 ISR 这样连结性的术语的基础。字母的连接反映了作战主体的连接，反映了能力的增长，甚至反映了或是预示了作战领域、空间的变化，这些变化在 1996 年尚不明显，而在今天则早已成为信息化战争的呈现方式。美军术语的建设可以说有着充分的提前量，是理论先行的绝佳体现，而比之我军，则偏重于技术、装备的研制，对术语的工作重视程度是不足的。

四、术语内涵应该随着军事技术和战争实践的发展不断更新

从美军 ISR 术语的发展过程可以看出，随着时代的变化、作战理论的更新，术语的内涵也要不断变化。美军的术语变化是非常重视更新和补充、修订的。如陆军对 ISR 本身的使用与删除，空军对 ISR 的发展与解释。我军的术语更新相对较慢，与作战、与理论、与技术等都有时间上的差距。如我军军语中，情报综合、情报处理等概念都存在，却没有 ISR 的对应术语，自然也就很难准确理解 ISR 的内涵。再如军语中情报分析与情报研判的解释基本相同，这使得二者混用自然不可避免，因此情报分析的专业性、团队性、技术化、战略化等特点也就很难体现。在信息化时代，分析早已不是单纯的筛选区分判断，而是专业的团队基于数据的科学系统地生产处理知识。我军军语的很多含义，其实已经不能反映信息化战争的基本要素。术语没有跟上时代发展的步伐，术语应该随着时代的发展而进步更新。

五、术语应该简洁、易理解

通过 ISR 的发展可以看出，术语应该用通俗易理解的词汇，要简洁清楚，不应该含混不清，产生歧义。美军术语也是逐步发展完善的，ISR 缩略语用法并不规范，不易理解。ISR 术语的发展，就是因为 I、S、R 三者之间的差异，尤其是 I，本质上与 S、R 并不存在并列关系，术语的层次也不同。S、R 都是有历史传承的含义明确的军语概念，而 I 则是多用于战略层次的抽象军语。I 在美国情报界，从 20 世纪 50 年代就是被认定为活动、组织、知识三位一体的概念，而美军用其只表示情报产品显然是不妥的。所以将 I、S、R 三者并列后，ISR 的术语概念就需要重新定义，而不能像其他如 R&S、RSTA 等概念只是需要展开即可，也不能像“information collection”通俗易懂，无歧义。ISR 的术语解释与 I、S、R 都不同，这也背离了首字母缩略语的基本原则，即 ABC=A+B+C。以致于 2007 年后引来空军、陆军两个军种的不同解

释。从这一点说，ISR 并不是一个成功的案例，当然从另一角度说，ISR 也相对容易被泛化解释。因为其含义有相对的模糊性，指活动也好，指能力也罢，就是与情报相关，所以空军、陆军都可以按照自己的需要分别解释。我军术语建设也有许多看似含义清晰，但实则解释起来千差万别的概念。大部分造成差异的原因并不是词语含义的问题，而是历史任务使命各司其职的问题，如情报的含义、军事情报的含义，侦察与侦查的区别等。我军的术语厘清之路还有许多要做的工作。

六、关注外军术语，需要真正理解内容，避免陷入“术语迷雾”

ISR 的定义阐述，表面是情报、监视、侦察，实质是情报统筹与管理、情报传输分发，空军将其视为情报工作的代名词。对 ISR 的理解容易受到侦察监视的误导，现实来看，许多文章和实践工作一般也是代指侦察监视。其实 ISR 的发展之初重点就是连通与整合，而非搜集。ISR 概念本质上适用于拥有大量侦察监视资产 / 装备的空军或者战区，并不适合陆军、海军、海军陆战队等较少情报搜集传输资源的单个军种。在美军条令与文件中，有许多与 ISR 形式相近的概念。区分这些概念，应该关注其具体的任务内容与行动流程。

不过，真正理解 ISR 的内容不能仅限于对术语形式的拆解与分析，“大多数国家都有自己的情报能力。不同的术语同时在使用，如 RSTA、RISTA 或 ISR，但在大多数方面，它们的基本原则是一样的。”[1]对这些概念进行细节的区别是无意义的，它们的核心都是“搜集信息”。不管定义的细节，ISR 的总体概念是在正确的时间、正确的地点获得正确的资产。作为一个整合的情报作战功能，ISR 由不同的要素组成，但需要作为一个整合的整体过程来优化。此外，这一过程必须提供及时的、全球整合的传感器和情报能力与范围，从

[1] Army Field Manual Volume 1 Combined Arms Operations, Part 3, Intelligence, Surveillance, Target Acquisition and Reconnaissance (ISTAR), 2002.3, 第一部分第 12 页。

前线部署地点，到支持全球范围作战的全球分布式中心的区域。当前的ISR多样且变化，但复杂形势下的制定分析决策仍然是不变的。

美军的缩略语众多，并不一定都是严谨的、深刻的，过多的关注新鲜术语，容易陷入“术语迷雾”，反倒不容易看清真正的含义。

本书最大的遗憾在于，ISR本身尽管内容繁多、体系复杂，但仍只是美军情报工作的冰山一角。由于本书撰写的难度和时间之间的矛盾，还有许多与ISR相关同时非常重要的问题无法进行深入细致系统的研究，如战场情报准备IPB、ISR可视化、CCIR、PIR、EEI、情报搜集管理等，这些术语所反映的系统、结构、理念、能力，都是美军情报工作的重要组成部分，是美军强大情报能力在过程、组成、细节上的体现，是了解、研究美军无法回避的研究主题，这就只有留在本书之后去解决了。

附 录

附录 1：本书搜集的涉及阐释 ISR 的美军条令文件与官方文件

时间	条令	名称	颁布者
1950.6	FM100-15	高层级部队战场条例	陆军
1951.7	FM6-120	野战炮兵观察营与阵地	陆军
1957.12	FM17-35	装甲骑兵部队：装甲和步兵师	陆军
1986.4	FM34-80	旅营情报与电子战行动	陆军
1986.8	FM90-8/MCRP3-33A	游击战	陆军
1989.5	FM34-130	战场情报准备	陆军
1990.3	FM34-3	情报分析	陆军
1990.12	FM3-50	烟雾行动	陆军
1991.5	FM90-13-1	联合武装破障行动	陆军
1991.6	JP2-0 test	联合作战情报支援	联合文件
1991.6	FM34-2-1	反侦察的侦察监视与情报支援的战术、技术与程序	陆军
1991.9	FM34-36	特种部队情报和电子战行动	陆军
1992.9	FM71-123	联合武装重型部队的战术与技术：装甲旅、营 / 特遣队、连 / 小队	陆军
1993.4	JP3-55	联合作战侦察、监视与目标获取支援	联合文件
1993.5	FM34.7	低强度的冲突行动的情报和电子战支援	陆军
1993.6	FM100-5	作战	陆军
1993.8	JP3-55.1	无人机联合战术、技术与程序	联合文件
1993.9	JP3-0	联合作战	联合文件
1993.9	FM44-48	传感器排的战术、技术与程序	陆军
1994.3	FM34-2	搜集管理与同步计划	陆军
1994.7	FM34-130	战场情报准备	陆军

（续表）

时间	条令	名称	颁布者
1994.11	JP3-56.1	联合空中作战指挥与控制	联合文件
1995.1	JP3-0	联合作战	联合文件
1995.5	FM100-16	陆军作战支援	陆军
1995.6	FM11-43	信号指挥官指南	陆军
1995.6	FM5-100-15	军工程行动	陆军
1995.7	FM100-18	陆军行动的太空支援	陆军
1996.2	JP3-13.1	指挥与控制战	联合文件
1996.2	JP3-01.5	联合战区导弹防御	联合文件
1996.8	FM100-6	信息作战	陆军
1996.9	FM100-13	战场协调分遣队	陆军
1996.10	FM100-15	军作战	陆军
1996.11	JP2-01	军事行动联合与国家情报支援	联合文件
1997.4	MCWP2-15-1	遥感行动	陆战队
1997.6	MCDP2	情报	陆战队
1997.7		联合文件百科全书	联合文件
1997.9	AFDD1	空军基础文件	空军
1998.5	FM34-8-2	情报人员手册	陆军
1998.5	JP3-09	联合火力支援	联合文件
1998.5	AFDD2-1.2	战略打击	空军
1998.7	FM5-170	工程侦察	陆军
1998.7	AFD2-1-5	核行动	空军
1998.7	FM 100-103-2/MCWP 3-25.2/NWP 3-56.2/ AFTTP(I) 3-2.17	战区空地系统多军种程序	多军种
1998.9	JP2-02	联合行动国家情报支援	联合文件
1998.12	AFPD10-22	情报、监视、侦察计划与行动	空军
1999.2	JP3-07.3	和平行动的联合战术、技术与程序	联合文件
1999.4	AFDD2-5-2	情报、监视与侦察行动	空军
1999.4	JP1-01.1	联合出版物纲要	联合文件
1999.10	FM 90-43/MCWP 3-42.1A/NWP 3-01.13/ AFTTP(I) 3-2.24	联合战区导弹目标发展的多军种程序	多军种
2000.1	AFD2-1	空中作战	空军

（续表）

时间	条令	名称	颁布者
2000.3	JP2-0	联合作战情报支援	联合文件
2000.3	FM 100-12	陆军战区导弹防御作战	陆军
2000.5	JP2-01.3	联合战场情报准备的联合战术、技术、程序	联合文件
2000.6	FM3-100.2/MCRP 3-25D/NTTP 3-52.1(A)/AFTTP(I) 3-2.16	综合战斗空中指挥与控制的多军种程序	多军种
2000.7	MCWP2-12-1	地理空间情报	陆战队
2000.7	JP3-11	核生化环境中的作战	联合文件
2000.9	MCWP2-14	反情报	陆战队
2000.10	FM3-01.7	防空炮兵旅作战	陆军
2000.12	FM7-20	步兵营	陆军
2001.1	FM 3-01.20/MCRP 3-25.4A/NTTP 3-01.6/AFTTP(I) 3-2.30	联合空天作战中心（JAOC）和陆军空中与导弹防御司令部（AAMDC）协调的多军种程序	多军种
2001.1	AFDD2-1	空战	空军
2001.4	FM3-06.1/MCRP 3-35.3A/NTTP 3-01.04/AFTTP (I) 3-2.29	航空城市作战的多军种程序	多军种文件
2001.5	AFD2-1-7	战斗区域空中与空间控制	空军
2001.5	JP3-70	战略打击（第二稿）	联合文件
2001.6	FM3-0	作战	陆军
2001.7	FM-3-90	战术	陆军
2001.7	JP0-2	统一行动武装部队	联合文件
2001.9	MCWP2-12	陆战队空地特遣部队情报生产与分析	陆战队
2001.9	ST2-50-4	战斗指挥情报手册	陆军
2001.9	JP3-0	联合作战	联合文件
2001.9	JP3-02	两栖作战	联合文件
2001.11	FM 3-31.1/MCWP 3-36	陆军与海军陆战队联合行动中的整合	陆军 / 陆战队
2002.8	JP3-14	太空作战联合文件	联合文件
2002.11	AFDD3-13-1	电子战	空军
2003.1	D8500-2	信息安全实施	国防部

（续表）

时间	条令	名称	颁布者
2003.1	JP2-01-1	目标锁定情报支援的联合战术、技术与程序	联合文件
2003.1	MCRP2-1C	陆战队空地特遣部队情报分发	陆战队
2003.2	FM3-07	稳定行动与支援行动	陆军
2003.3	PAM50-6	化学事故意外响应与救援行动	陆军
2003.4	TRADOC PAMPHLET 525-3-14	美国陆军概念：目标部队支援太空行动	陆军
2003.8	MCWP3-42-1	无人机作战	陆战队
2003.9	MCWP2-1	情报行动	陆战队
2003.10	FM3-07-31	和平行动多军种战术、技术与程序	陆军
2003.11	FM3-13	信息行动：文件、战术、技术与程序	陆军
2003.12	FM3-05-301	心理作战战术、技术与程序	陆军
2003.12	JP3-05	联合特种作战文件	联合文件
2004.3	AFRL-IF-RS-TR-2004-49	先进指挥、控制、通信、情报系统分析与选择	空军
2004.3	JP3-31	联合陆地行动指挥与控制	联合文件
2004.4	AFPD14-1	情报、监视、侦察计划、资源与行动	空军
2004.5	FM2-0	情报	陆军
2004.6	CJCSI6510-01D	信息安全与计算机网络防御	联合文件
2004.7	FM3-11-19	多军种核、生物与化学侦察战术、技术与程序	陆军
2004.7	MCWP2-4	海军空地特遣队情报分发	陆战队
2004.7	MCWP2-22	信号情报	陆战队
2004.8	AFDD2-2-1	反太空行动	空军
2004.9	D3222-3	国防部电磁环境效果项目	国防部
2004.9	FM1-02/MCRP5-12A	作战术语与标图	陆军 / 陆战队
2004.9	JP3-0	联合作战	联合文件
2004.10	JP2-01	军事行动联合与国家情报支援	联合文件
2004.10	FM3-11-86	多军种生物监视战术、技术与程序	陆军
2004.10	FMI3-07-22	反叛乱行动	陆军
2004.11	CJCSI3312-01	联合军事情报需求认证	联合文件
2004.11		海军无人潜航器主计划	海军

（续表）

时间	条令	名称	颁布者
2005.1	AFDD2-5	信息行动	空军
2005.4	FM3-05-30	心理战	陆军
2005.5	FM3-14	陆军行动太空支援	陆军
2005.8	D3020-40	国防部关键基础结构项目	国防部
2005.8	JP3-26	国土安全	联合文件
2005.9	AFDD2-1-4	制海行动	空军
2005.9	FMI3-34-119-EXCERPT	击败简易爆炸装置	陆军
2005.9	FMI3-34-119/MCIP3-17.01	挫败简易爆炸装置	陆军
2005.9	AEDP-2	北约情报、监视与侦察协同架构	
2005.10	FM3-05-302	战术心理战战术、技术与程序	陆军
2005.11	AFI31-401	信息安全项目管理	空军
2005.11	D5143-01	负责情报的国防部副部长	国防部
2005.11	EAFBI31-17	低可观察与视觉敏感项目的无意获取与传感器获取安全程序	空军
2005.11	GTA33-01-001	心理战领导计划指南	陆军
2005.12	AFDD2-7	特种作战	空军
2005.12	AFI10-208	行动的持续项目	空军
2006.2	FM3-11-3	多军种避免化学、生物、放射性与核污染战术、技术与程序	陆军
2006.2	JP3-13	信息行动	联合文件
2006.3	AFDD2-10	国土安全行动	空军
2006.3	FMI5-0-1	作战流程	陆军
2006.3	JP6-0	联合通信系统	联合文件
2006.4	AFPD10-24	空军关键基础结构项目	空军
2006.4	FMI3-04-155	陆军无人飞行器作战	陆军
2006.6	AFDD2-1.9	目标锁定	空军
2006.7	FM3-19-50	治安情报行动	陆军
2006.7	JP3-13-4	军事欺骗	联合文件
2006.8	AR95-23	无人飞行器飞行规则	陆军
2006.9	AFDD2-1-3	制陆行动	空军
2006.9	AFPD10-7	信息行动	空军
2006.9	AFPD10-8	国土安全防御与民事支援	空军
2006.9	FM2-22-3	人力情报搜集行动	陆军

（续表）

时间	条令	名称	颁布者
2006.9	JP3-0	联合作战	联合文件
2006.10	FM3-06	城市作战	陆军
2006.10	JP3-41	化学、生物、放射性、核与高能量爆炸结果管理	联合文件
2006.11	AFDD2-2	太空行动	空军
2006.11	TRADOC PAMPHLET 525-7-4	美国陆军概念能力计划：太空行动 2015—2024 版本 1.015	陆军
2006.12	AFI10-401	空军行动计划与执行	空军
2006.12	FM3-21-20	步兵营	陆军
2006.12	FM3-24	反叛乱	陆军
2006.12	FMI2-22-9	公开来源情报	陆军
2006.12	JP5-0	联合行动计划	联合文件
2007.4	TRADOC PAM 525-2-1	美国陆军功能概念：发现 2015—2024 版本 1.0	陆军
2007.1	AFDD1-2	空军词典	空军
2007.1	AFDD2-1-8	反化学、生物、放射性与核行动	空军
2007.1	JP3-50	个人救护	联合文件
2007.1	JP3-13-1	电子战	联合文件
2007.2	CJCSI3312-01A	联合军事情报需求认证	联合文件
2007.2	FM3-04-126	攻击侦察直升机作战	陆军
2007.2	JP3-01	空中与导弹威胁对抗	联合文件
2007.2	JP3-33	联合特遣部队总部	联合文件
2007.3	JP2-03	联合行动地理空间情报支援	联合文件
2007.3		持久情报、监视与侦察：计划与指南联合整合概念版本 1.0	联合文件
2007.4	AFDD2	行动与组织	空军
2007.4	AFI14-104	情报行动监管	空军
2007.4	AR530-1	行动安全	陆军
2007.4	JP3-15	阻碍、障碍与水雷战联合行动	联合文件
2007.5	JP3-03	联合拦阻	联合文件
2007.6	AFDD2-8	指挥与控制	空军
2007.6	JP2-0	联合情报	联合文件
2007.6	JP3-07-4	联合禁毒行动	联合文件

（续表）

时间	条令	名称	颁布者
2007.7	AFDD2-9	情报、监视与侦察行动	空军
2007.7	JP3-27	国土防御	联合文件
2007.7		联合城市作战联合整合概念版本 1.0	国防部
2007.8	AFDD2-3	非常规战争	空军
2007.8	D5240-19	国防基础架构项目反情报支援	国防部
2007.9	AFDD3-22	外国内部防御	空军
2007.9		非常规战争联合作战概念版本 1.0	国防部
2007.9	JP3-28	民事支援	联合文件
2007.10	FM2-91-6	士兵监视与侦察：战术信息搜集基本原则	陆军
2007.11	AFPD14-2	情报规则与程序	空军
2007.12	FM3-04-113	多用途与货运直升机作战	陆军
2008.1	FMI3-0-1	模块化部队	陆军
2008.1	FMI3-90-10	化学、生物、放射性、核与高能量爆炸行动指挥	陆军
2008.1	JP3-0	联合行动	联合文件
2008.2	FM3-0	作战	陆军
2008.2	JP3-0	联合作战	联合文件
2008.3	AFI14-202V1	情报训练	空军
2008.3	AFI14-202V3	通用情报规则	空军
2008.3	D5105.21	国防情报局	国防部
2008.3	FM2-91-4	城市作战情报支援	陆军
2008.3	FM3-34-170	工程侦察	陆军
2008.5	JP3-32CH1	联合海上作战指挥与控制	联合文件
2008.8	TRADOC PAMPHLET 525-7-9	美国陆军概念能力计划：情报、监视与侦察 2015—2024 版本 1.0	陆军
2008.8	JP3-11	化学、生物、放射性与核环境作战	联合文件
2008.9	FM2-0	情报	陆军
2008.10	AFDD3-01	制空作战	空军
2008.10	D5100.91	联合情报互操作委员会	国防部
2008.11	FM2-19-4	旅级作战部队情报行动	陆军
2008.11	TS-06-02	联合火力整合与互操作小组战术领导手册	空军
2009.1	AFMD-15	空军情报、监视与侦察局	空军

（续表）

时间	条令	名称	颁布者
2009.3	TRADOC PAMPHLET 525-7-19	美国陆军概念能力计划：未来模块化部队的大规模杀伤性战斗武器 2015—2024	陆军
2009.3	FM-2-01-ISR-DRAFT	情报、监视与侦察同步	陆军
2009.3	FM2-0	情报	陆军
2009.4	FM3-24-2	反叛乱战术	陆军
2009.6	FM3-55-93	远程监视部队作战	陆军
2009.6	JP2-01-3	作战环境联合情报准备	联合文件
2009.9	D3000.05	稳定行动	国防部
2010.1	JP3-13-2	心理战	联合文件
2010.3	FM2-0	情报	陆军
2010.3	FM5-0	作战流程	陆军
2010.3	OPNAV3090	指挥、控制、通信、计算机与情报系统项目路线图	海军
2010.3	JP3-0	联合作战	联合文件
2010.7	ATTP3-11-36	多军种化学、生物、放射性与核指挥与控制战术、技术与程序	陆军
2010.7	ATTP3-34-80	地理空间工程	陆军
2010.7	ATTP3-39-20	军事警察情报行动	陆军
2010.10	AFDD3-04	制海行动	空军
2010.11	FM3-60	目标锁定流程	陆军
2010.11	FM3-92	军作战	陆军
2010.11	FM3-60	目标获取流程	
2010.12	D5100.01	国防部功能及其主要机构	国防部
2010		海军作战概念 2010	海军
2011.2	FM3-0	作战	陆军
2011.7	AFDD3-03	制陆行动	空军
2011.7	AFDD3-13	信息行动	空军
2011.7	AFDD3-14	太空行动	空军
2011.7	AFDD3-60	目标锁定	空军
2011.8	JP3-0	联合作战	联合文件
2011.10	ADP3-0/FM3-0	统一陆地行动	陆军
2011.11	AFDD3-40	反化学、生物、放射性与核行动	空军
2012.1	AFDD2-0	全球一体化情报、监视与侦察行动	空军

（续表）

时间	条令	名称	颁布者
2012.1	JP2-01	军事行动联合与国家情报支援	联合文件
2012.4	FM3-55	信息搜集	陆军
2012.8	ADP2-0	情报	陆军
2012.8	ADRP2-0	情报	陆军
2012.8	AFI14-132	地理空间情报	空军
2012.9	D3325.08	国防部情报搜集管理	国防部
2012.10	JP2-03	联合行动中的地理空间情报	联合文件
2013.3	AFDD3-2	非常规作战	空军
2013.3	ATP3-11-37	多军种化学、生物、放射性与核侦察与监视战术、技术与程序	陆军
2013.7	JP3-27	国土防御	联合文件
2013.10	JP2-0	联合情报	联合文件
2014.4	FM3-16	多国作战中的陆军	陆军
2014.4	FM2-0	情报行动	陆军
2014.8	ATP2-33.4	情报分析	陆军
2015.1	D3222.03	国防部电磁环境效果项目	国防部
2015.4	D5143.01	负责情报的国防部副部长	国防部
2016.3	AFI14-133	情报分析	空军
2016.3	ATP3-01-16	防空与导弹防御战场情报准备	陆军
2016.5	AFI14-2	太空部队情报程序	空军
2016.6	AFI14-134	情报分析生产与需求管理	空军
2016.9	JP3-03	联合拦阻	联合文件
2016.11	ADP3-0	作战	陆军
2017.1	JP3-0	联合作战	联合文件
2017.4	FM3-12	网络空间与电子战行动	陆军
2017.6	ATP3-90-40	反大规模杀伤性武器联合作战	陆军
2017.7	JP2-01	军事行动联合与国家情报支援	联合文件
2017.7	JP2-03	联合行动地理空间情报	联合文件
2017.8	D5250-01	国防部采集情报任务数据管理	国防部
2017.9	AFH14-133	情报分析	空军
2017.10	FM3-0	作战	陆军
2017.10	ADP3-0	作战	陆军
2017.12	ATP3-06	城市战	陆军

（续表）

时间	条令	名称	颁布者
2018.1	JP3-59	气象与海洋作战	联合文件
2018.3	I3300-07	国防情报外语与宗教文化能力	国防部
2018.4	JP3-14	太空行动	联合文件
2018.4	JP3-24	反叛乱	联合文件
2018.5	I3325-08	国防部情报搜集管理	国防部
2018.7	AFSC1B4X1	网络战	空军
2018.8	JP3-22	外国内部防御	联合文件
2018.9	ADP2-0	情报	陆军
2018.10	JP3-0	联合作战	联合文件
2018.10	JP3-11	化学、生物、放射性与核环境下作战	联合文件
2018.12	TRADOC PAMPHLET 525-3-1	美国陆军多域战行动 2028	陆军
2018.12	TRADOC PAMPHLET 525-3-8	美国陆军旅以上多域联合作战行动概念 2025—2045	陆军
2019.2	JP3-17	空中机动作战	联合文件
2019.7	ADP2-0	情报	陆军
2019.7	ADP3-0	作战	陆军

附录 2：本书搜集的中文文献对 ISR 概念的理解情况

文章	期刊	时间	文章类别	观点			
				未明确 ISR 含义	ISR 对应侦察	ISR 包括网络	ISR 直接转引美军
美国的军事神经中枢——战略 C4ISR 系统	现代军事	1999 年 12 月		●			
二十一世纪全球化侦察—打击新概念	电子侦察干扰	2002 年 4 月		●			
美空军情报、监视与侦察剖析	电子对抗技术	2002 年 5 月					●
ISR 拨开战场的迷雾——侦察、监视与情报	国防科技	2002 年 10 月					●
美军开发反恐侦察装备与技术	现代军事	2002 年 10 月		●			
C4ISR——实现未来作战系统的关键	现代军事	2003 年 3 月		●			
外军一体化联合战场情报、监视与侦察系统的发展	电讯技术	2004 年 2 月				●	
美军情报监视与侦察系统的一些新发展	外军信息战	2004 年 3 月					●
C4ISR 体系结构框架研究进展	火力与指挥控制	2004 年 6 月		●			
海底侦察兵：美海军的水下 ISR 系统	现代军事	2004 年 11 月		●			
美国 C4ISR 系统发展历程和趋势	系统工程与电子技术	2005 年 4 月		●			
美军 C4ISR 系统核心体系结构数据模型的分析	情报指挥控制系统与仿真技术	2005 年 6 月		●			
伊拉克硝烟中的美军 C4ISR 装备	现代军事	2005 年 11 月			●		

（续表）

文章	期刊	时间	文章类别	观点			
				未明确 ISR 含义	ISR 对应侦察	ISR 包括网络	ISR 直接转引美军
天基情报、监视、侦察技术与系统发展研究	现代雷达	2008 年 9 月			●		
基于临近空间平台的 ISR 系统的需求与能力分析	空军工程大学学报	2008 年 12 月			●		
基于 ADC 模型的临近空间 ISR 系统效能评估	空军工程大学学报	2009 年 9 月			●		
高性能情报、监视与侦察窗口	国防制造技术	2009 年 10 月		●			
外国空军情报侦察装备的现状及发展趋势	空军装备研究	2010 年 10 月					●
下一代空、天基 ISR 发展研究	空军工程大学学报	2011 年 3 月			●		
战场 ISR 通信网络及其抗干扰、反侦察技术研究	电光系统	2011 年 9 月					●
美国国防部情报监视与侦察技术预研战略及项目概述	空军装备研究	2012 年 2 月			●		
侦察监视传感器特点及其发展趋势	空军装备研究	2012 年 6 月			●		
机载非传统 ISR 能力威胁与反电子侦察措施	电子侦察干扰	2012 年 9 月					●
国外情报、监视与侦察系统发展概况	现代雷达	2012 年 12 月			●		
美军 DCGS 系统及其体系结构分析	第六届中国信息融合大会	2014 年 11 月					●
情报监视侦察一体化技术研究	第六届中国信息融合大会	2014 年 11 月					●
情报、监视、侦察一体化系统架构	指挥信息系统与技术	2014 年 12 月					●

（续表）

文章	期刊	时间	文章类别	观点			
				未明确 ISR 含义	ISR 对应侦察	ISR 包括网络	ISR 直接转引美军
从情报数据共享到情报服务共享的发展	指挥信息系统与技术	2015 年 10 月					●
美军一体化 ISR 系统发展与启示	第七届中国信息融合大会	2015 年 10 月					●
美军分布式通用地面系统的建设发展及启示	指挥与控制学报	2017 年 6 月					●
美国空军情报监视侦察体系	指挥信息系统与技术	2017 年 10 月					●
美海军将大力发展潜艇的情报、监视与侦察系统	机电设备	2000 年		●			
高科技条件下侦察监视系统情报保障特点及发展趋势	解放军国际关系学院学报	2002 年		●			
21 世纪初期军事侦察技术展望	解放军国际关系学院学报	2002 年		●			
高科技在侦察领域的运用与现代侦察技术的变革	解放军国际关系学院学报	2002 年		●			
浅谈美军在对阿富汗军事打击中情报侦察系统的特点	解放军国际关系学院学报	2003 年		●			
伊拉克战争中侦察情报的特点及启示	武警学术	2004 年		●			
伊拉克战争中的天基 ISR 系统	国际电子战	2004 年		●			
伊拉克战争中的 ISR	国际电子战	2004 年		●			
新一代战斗机 ISR 吊舱	国际电子战	2004 年		●			
精确作战理抡与 C4ISR 系统	空军通信学术	2004 年		●			
ISR 无人机能唱“独角戏”吗?	外军炮兵	2004 年	译文	●			

（续表）

文章	期刊	时间	文章类别	观点			
				未明确ISR含义	ISR对应侦察	ISR包括网络	ISR直接转引美军
陆军侦察情报系统一体化建设浅析	陆军学术	2005年		●			
美军发展高速ISR数据链	国际电子战	2005年		●			
美海军拟采用长航时无人机执行海上远程ISR任务	国际电子战	2005年		●			
“搜索鹰”无人机演示持久ISR能力	外军炮兵	2005年		●			
ISR飞机数据链发展状况	国际电子战	2005年		●			
美军情报侦察系统发展浅析	空军军事学术	2006年		●		●	
美军情报监视侦察系统发展研究	国防大学学报	2006年					●
美军情报侦察数据链的发展	电讯技术	2006年		●			
联军环球中ISR数据的分发	外军电信动态	2006年	译文				●
五大方面牵引美军ISR系统的未来需求	防务视点	2007年					●
先进情报、监视与侦察（ISR）雷达的未来	空载雷达	2007年	译文	●			
美军一体化情报侦察系统发展	系统工程	2007年				●	
美国空军情报监视侦察局局长及联合信息作战司令部司令克雷格·科泽尔少将访谈录	国际电子战	2007年	译文				●
伊拉克战争中的ISR回眸	雷达电子战信息	2007年					●

（续表）

文章	期刊	时间	文章类别	观点			
				未明确 ISR 含义	ISR 对应侦察	ISR 包括网络	ISR 直接转引美军
美军分布式通用地面站系统	现代军事	2007 年		●			
建设我军战场情报监视与侦察体系的建议	航空航天侦察学术	2008 年		●			
新加坡全面提升 ISR 能力	海用电子装备动态	2008 年		●			
世界舰载 ISR 无人机发展概况	飞航导弹	2009 年			●		
面向一体化联合作战的美军天基 ISR 系统	国外卫星动态	2009 年			●		
美国国防部长积极推动 ISR 能力建设	国际电子战	2009 年		●			
2009 年国外情报、监视与侦察发展态势	电子工程信息	2010 年			●		
2009 年世界主要国家侦察机装备发展动向	世界空军装备	2010 年			●		
国外航空侦察系统的现状与发展	航空航天侦察学术	2010 年			●		
持续稳定的情报、监视与侦察（ISR）	海军译文	2010 年	译文	●			
美军情报、监视、侦察系统一体化建设及启示	海军军事学术	2010 年		●			
美国陆军新一代 ISR 系统及其作战运用探析	外军信息战	2010 年					●
美国海军新一代陆基 ISR 飞机体系	外军信息战	2010 年			●		
近距离剖析情报、监视与侦察技术发展现状	通信电子战	2010 年					●
美空军 ISR 的未来发展	国际电子战	2010 年					●
天基系统：持久的 ISR 能力	电子工程信息	2010 年			●		

（续表）

文章	期刊	时间	文章类别	观点			
				未明确ISR含义	ISR对应侦察	ISR包括网络	ISR直接转引美军
ISR能力倍增器——传感器融合技术的发展及应用	现代军事	2011年			●		
美军ISR无人机通信系统发展浅析	外军信息战	2011年					●
美军航天侦察监视装备体系分析	空军军事学术	2011年		●			
美国空军对情报监视与侦察部队的指挥、组织与运用	世界空军装备	2011年					●
21世纪的ISR提升无人驾驶系统作战使用能力的“使能器”	无人机	2011年					●
美国空军的ISR装备	通信导航与指挥自动化	2011年	译文		●		
印军大力打造网络化ISR系统	国际电子战	2011年					●
美军联合作战中的情报、监视与侦察	解放军国际关系学院学报	2011年					●
情报、监视、侦察的重大变革	外国空军军事学术	2011年	译文				●
美空军情报、监视与侦察系统（ISR）的未来发展	世界空军装备	2011年			●		
中空长航时察打一体无人机在反恐平叛作战中的使用分析	中国无人机系统峰会论文集	2011年			●		
美国海军新型情报、监视与侦察飞机发展综述	飞航导弹	2012年					●
对非传统情报、监视与侦察系统的分析	空军指挥学院学报	2012年	译文		●		
英国的情报、监视与侦察	外国空军训练	2012年	译文		●	●	

（续表）

文章	期刊	时间	文章类别	观点			
				未明确 ISR 含义	ISR 对应侦察	ISR 包括网络	ISR 直接转引美军
无人系统创造 ISR 数据收集的新范式	通信电子战	2012 年	译文		●		
航空情报侦察监视力量现状及技术展望	航空航天侦察学术	2013 年			●		
海量数据处理是美空军下一代 ISR 体系的关键	防务视点	2013 年					●
阿富汗战争之后美国空军的情报、监视与侦察	外国空军军事学术	2013 年	译文				●
《美空军全球一体化情报监视侦察行动》解读	外军信息战	2013 年					●
美国陆军情报、监视与侦察能力发展面临的挑战	国外兵器参考	2013 年					●
美国空军对情报、监视与侦察的定义与原则	世界空军装备	2013 年					●
美国空军《全球一体化情报、监视与侦察行动》的主要内容和特点分析	外国军事学术	2013 年					●
美国加快提高未来 ISR 能力	国际航空	2013 年	译文				●
聚焦情报、监视与侦察行动	外国空军军事学术	2013 年	译文				●
致盲空中情报侦察监视系统的基本构想	教育训练参考	2013 年			●		
千里眼——亚太地区机载 ISR 的发展	通信电子战	2013 年	译文		●		
美空军落实 ISR 审查提出的建议	国际电子战	2013 年					●
海军情报、监视及侦察系统	舰船光学	2014 年					●

（续表）

文章	期刊	时间	文章类别	观点			
				未明确ISR含义	ISR对应侦察	ISR包括网络	ISR直接转引美军
情报、监视与侦察（ISR）设备与平台发展动态	通信导航与指挥自动化	2014年	译文		●		
解读美空军《全球一体化ISR作战》条令	外国空军军事学术	2014年					●
解读美国空军《情报、监视与侦察2023：提交决策优势》	世界空军装备	2014年					●
“红旗”演习检测美国空军战场环境下ISR能力	外国空军训练	2014年					●
聚焦美国空军ISR路线图	外国空军训练	2014年					●
水下战场UUV侦察与监视研究	舰船电子工程	2014年			●		
随机性理论在情报监视侦察建模中的应用	国防科技大学学报	2014年12月		●		●	
美空军重组情报监视与侦察局意在提高作战能力	防务视点	2014年					●
21世纪美国空军情报监视与侦察转型探析	解放军外国语学院学报（社会科学版）	2014年8月					●
浅析亚太再平衡背景下美国空军情报、监视与侦察转型的未来走向	解放军外国语学院学报（社会科学版）	2014年12月					●
情报监视侦察系统发展趋势	航空航天侦察学术	2015年			●		
美军未来新型远程ISR打击能力的规模	防务视点	2015年		●			
美国空基ISR系统发展趋势	国际航空	2015年3月					●
大数据证析及ISR的未来	外军电信动态	2015年	译文	●			

（续表）

文章	期刊	时间	文章类别	观点			
				未明确 ISR 含义	ISR 对应侦察	ISR 包括网络	ISR 直接转引美军
美军情报侦察监视通信传输网建设与启示	空军装备研究	2015 年 4 月					●
以情报监视侦察的视角论混合战争	外国空军军事学术	2015 年	译文	●			
美国空军情报监视与侦察转型的启示	空军指挥学院学报	2015 年					●
从 ISR 看融合战	国际电子战	2015 年		●			
从全球一体化 ISR 作战条令看美空军情报支援新变化	外国空军军事学术	2015 年					●
英军联合情报监视与侦察体系构建及运行	外国军事学术	2015 年					●
美空军 ISR 一体化作战研究与启示	空军军事学术	2016 年					●
美国机载 ISR 发展与雷达技术分析	空载雷达	2016 年		●			
战术级 ISR：美海军陆战队为无人机系统计划增加互操作和多用途性能	国外舰船工程	2016 年					●
合计				41	28	5	52
占比				38.32%	26.17%	4.67%	48.60%

附录 3：美军涉及 ISR 的条令文件相关内容

1.1991 年 6 月 30 日，联合文件测试版 JP2-0 test《联合行动的情报支援》：

搜集既包括“获取信息”也包括“向加工和（或）生产要素提供这些信息”。

搜集资源的协调。应协调所有搜集源的搜集行动（包括数据交换），以允许搜集源之间进行交叉提示和数据交换。这将需要组件、作战指挥和国家情报系统与程序的互操作性。在全源分析中，应将搜集到的数据进行整合和关联。由此产生的重叠，多源搜集能力应用于减少敌人的反制和欺骗措施的影响，(以保障）其行动的突然性和安全性，并提高情报信息的准确性和完整性。

几乎没有司令部具有建制内的搜集资产，以满足所有的信息需要。因此，联合部队的情报搜集管理必须能够对联合部队的任何搜集能力进行任务分配，并能够获取外部资源的援助，以获取所有必要的情报。[1]

2. 1993 年 4 月 14 日，联合文件 JP3-55《联合作战侦察、监视与目标获取支援》：

RSTA 的任务范围在战略、战役和战术层面基本相同。但是，这些任务区域内的任务将根据级别、重点、需求和可用力量而有所不同。RSTA 任务领域包括：显示与警告（I & W），计划与利用、评估。

……RSTA 行动与作战周期的全部五个阶段都相关联，对计划与搜集阶段尤为重要。[2]

[1] U. S. Joint Chiefs of Staff, JP2-0 test Intelligence Support to Joint Operations, 30 June 1991, 第四部分第 4 页。

[2] U. S. Joint Chiefs of Staff, JP3-55 Reconnaissance, Surveillance, and Target Acquisition Support for Joint Operations, 14 APRIL 1993, 第三部分第 1 页。

3. 1993 年 8 月 27 日，联合文件 JP3-55.1《无人机联合战术、技术与程序》：

无人机部队的首要任务是作为战术 RSTA 系统支援各自的军种司令部，为指挥官提供收集关于敌对力量的位置、组成和状态的近实时数据的能力……通过其 RSTA 搜集能力，无人机满足了许多情报需求。[1]

4. 1996 年 2 月 7 日，联合文件 JP3-13.1《指挥与控制战》：

在决策周期的观察阶段，指挥官从侦察、监视与目标获取（RSTA）设备以及友军部队的态势报告中收集信息（gathers information）。指挥官的 RSTA 能力以及友军部队态势报告的知识，大部分来自友军 C2 系统的控制部分——即来自下属部队的指挥官。[2]

5. 1996 年 2 月 22 日，联合文件 JP3-01.5《联合战区导弹防御》：

攻击行动的目标是通过攻击整个系统的每个要素来阻止战区导弹的发射，包括破坏发射平台，侦察、监视与目标获取平台，指挥控制（C2）节点，导弹库和基础设施等……攻击行动高度依赖预先的情报。[3]

6. 1996 年 3 月，国防部《年度防务报告》第三部分“增强国防管理科学技术”：

以下概念对于实现上述未来联合作战能力至关重要：

在情报、监视与侦察（ISR）中，合成孔径雷达、移动目标指示雷达和红外摄像机的图像将被融合以获得战场通用图像。自动目标识别（ATR）算法增强了

[1] U. S. Joint Chiefs of Staff, P3-55.1 Joint Tactics, Techniques, and Procedures for Unmanned Aerial Vehicles, 27 August 1993, 第二部分第 2 页。

[2] U. S. Joint Chiefs of Staff, JP3-13.1, Joint Doctrine for Command and Control Warfare (C2W), 7 February 1996, 附录 A 第 1 页。

[3] U. S. Joint Chiefs of Staff, JP3-01.5 Doctrine for Joint Theater Missile Defense, 22 February 1996, 第三部分第 10 页。

对该图像的即时利用，无人机的传感器可以为所有层级的司令部提供该图像。

在指挥、控制、通信、计算机和信息（C4I）中，通信和数据链将利用卫星数字中继，支援整个战区的联合和联盟作战，并允许所有层级的部队从远程数据库中抽取他们最需要的信息。从传感器到射手的直接连接将实现对 ATR 发现目标的近实时响应，从而提供可以攻击那些稍纵即逝的目标的新能力。[1]

报告第四部分“防御组成”第 27 章“指挥、控制、通信、计算机、情报、监视与侦察”：

世界正在以多方面和非凡的速度进行根本性的重组。技术的变化以及该技术在市场中的快速同化导致产品、服务和组织的量子变化。信息所有权，管理权，访问权和占有权被视为权力和影响力的衡量标准。技术正在迅速将这种权力向下扩散到个人，向外扩展到那些最有能力利用它的组织和国家。这种变化模式既是建立和满足国防部指挥、控制、通信、计算机、情报、监视与侦察（C4ISR）要求的重要机遇，也是一项挑战。

通过 C4ISR 计划，国防部搜集、处理、生产、分发和使用信息。国防部必须灵活、持续地访问和控制任务执行所需的信息和信息环境。军事指挥官必须能够在时间和战斗空间中同步和整合世界任何地方的高速行动。美国和盟军之间的全球端到端信息连接将成为全球准备、机动性、响应能力和作战的关键任务能力和力量增强器。必须在战场上实现系统互操作性和信息集成，以最大限度地提高作战效益，显著改善联合行动和多国行动，并支持国家级司令部。必须建设现代化的信息系统以支持重新设计的功能与流程。[2]

报告“监视与侦察”部分：

监视与侦察的重点是直接支持士兵在战场上的优势地位。战场优势要求：（1）战场态势感知，为作战人员提供更好的、以任务为中心的和有针对性的

[1] William J Perry, Annual Defense Report of the Secretary of Defense to the President and the Congress, March 1996, p.139.

[2] William J Perry, Annual Defense Report of the Secretary of Defense to the President and the Congress, March 1996, p.235.

了解所有部队的部署、能力和意图；(2) 先进的 C4ISR 基础设施，以迅速分发战场态势感知信息；(3) 精确定位信息，为精确制导武器以及其他致命和非致命进攻武器提供。改进的情报、侦察与监视提供了抵御战争迷雾的工具，并使作战能够在对手的决策周期内进行。因此，美国军队可以采取并保持主动权，加速作战节奏，并在他们选择的时间和地点集中力量。[1]

国防情报局（DIA）建立了情报、监视与侦察（ISR）联合作战能力评估小组，研究联合作战的未来部队结构，并评估新兴技术的应用。这些研究已经改变了联合作战文件与情报文件的内容，指出了优化相互支援情报行动的方法。[2]

7. 1997 年 7 月 16 日，国防部《联合文件百科全书》：

侦察、监视与目标获取

侦察

通过目视观察或其他探测方法，获取有关敌人或潜在敌人活动和资源的信息，或获取有关特定区域的气象、水文、地理特征的数据。

监视

通过视觉、听觉、电子、摄影或其他方式系统地观察空天、地表或地下、地点、人物。

目标获取

充分详细地检测、识别和定位目标，以便有效使用武器。[3]

侦察、监视与目标获取（RSTA）行动的主要目标是支持各种军事行动。RSTA 的行动由以 RSTA 为首要任务的部队和具有附带任务或能力的其他部队执行。现代情报搜集系统可以得到大量信息。为使信息得到有效使用，这些信息必须具有相关性、准确、经过分析、格式正确并及时分发给适当的用户。

[1] William J Perry, Annual Defense Report of the Secretary of Defense to the President and the Congress, March 1996, p.242.

[2] William J Perry, Annual Defense Report of the Secretary of Defense to the President and the Congress, March 1996, p.245.

[3] U. S. Joint Chiefs of Staff, *Joint Doctrine Encyclopedia*, 16 July 1997, p.611.

此外，必须对信息进行适当保密，以保护 RSTA 系统及其技术，同时需要处理到一定程度，以便分发到适当的用户级别。

RSTA 任务范围。RSTA 任务区域在战略、战役和战术层级的行动和范围基本相同。但是，这些任务将根据层级、重点、需求和可用力量而有所不同。RSTA 任务区域包括显示和警告、计划与利用以及评估。显示和警告。战略和战役层面的 RSTA 行动提供了评估威胁美国及其盟国的部队和设施所必需的信息。它可能被用来增强盟国在全球、战区或地区进行军事行动的能力。RSTA 任务可能需要持续监视和按需侦察，以便及时提供威胁或即将发生的攻击。RSTA 资产可以协助监督或验证国际协议的遵守情况，例如军备控制协议。

战术 RSTA 行动提供类似于评估部队兵力部署、进攻防御能力以及可能影响美国和 / 或盟军军事计划和行动的其他因素所必需的战略和战役级别的信息和情报。RSTA 任务可能需要持续监视和按需侦察。他们可以在充足的时间内对威胁或即将发生的攻击提出指示和警告，以便作出适当的响应。

RSTA 作战行动为指挥官提供当前的区域数据，包括环境、组织、基础设施以及规划战区战役和主要行动所需的力量，包括突发事件。另外，它们可以为当前行动提供合适的实时规划。

战术 RSTA 作战部队和资产可以提供计划和成功使用部队所需的详细信息（即地形、敌人部署、战斗命令、移动攻击与防御能力）。

RSTA 行动在军事行动之前、期间和之后为各级指挥部提供评估支持。它们可以为评估欺骗行为提供重要手段。战损评估等评估可以提供有关军事行动成功、后续行动或新行动的信息。他们可以协助确定何时何地使用稀缺资源并集中精力。这种评估将影响各级冲突的政策和军事计划的制定。[1]

8. 1997 年 9 月，空军条令文件 AFDD1《空军基础文件》：

战争中的空天力量

战争通常与空气、陆地、海洋和太空的不同介质有关。现在认为，信息

[1] U. S. Joint Chiefs of Staff, Joint Doctrine Encyclopedia, 16 July 1997, pp. 611-613.

是可以进行战争某些方面的一种媒介。美国空军进行空中、太空和信息战，以支持联合部队指挥官（JFCs）的目标。此外，空天部队完成的各种传统与信息相关的功能，通常被描述为情报，监视与侦察（ISR）。这些功能可以独立于地面和海上行动，可以补充、支援地面与海上作战，或得到地面与海上作战的支援。[1]

9. 1998 年国防部《对总统和国会的年度报告》：

ISR 系统不仅包括监视与侦察资产，还包括能够聚焦并改善战场情报准备效率的系统。[2]

10. 1998 年 5 月 12 日，国防部联合文件 JP3-09《联合火力支援文件》：

联合部队指挥官必须同步一些 C4I 领域的工作，例如侦察、监视与目标获取（RSTA）。负责 RSTA 活动的联合、军种和国家机构必须支援整合与同步火力。为了支援火力同步，C4I 必须响应用户并能够进行实时信息管理和数据处理。[3]

11. 1998 年 5 月 20 日，空军条令文件 AFDD2-1.2《战略打击》：

有效行动的要素

情报、监视与侦察

情报、监视与侦察（ISR）在计划和实施战略空中作战方面发挥着至关重要的作用。事实上，可以说空中战略的本质是通过在精心挑选的作战重心上打击目标设施来影响对手。为了有效地计划和实施空中作战，除了军事能力之外，对于对手的历史、文化、政治组织结构、经济、动机或意图的了解至

[1] U. S. Air Force, Air Force Doctrine Document 1, September 1997, p.7.

[2] William S. Cohen, Annual Report to the President and the Congress, 1998, p.126.

[3] U. S. Joint Chiefs of Staff, JP3-09 Doctrine for Joint Fire Support, 12 May 1998, 第一部分第 4 页。

关重要。天气知识对于空袭活动的规划和实施尤其重要。天气能影响敌人的能力、决策周期和行动计划。此外，敌方大规模杀伤性武器的位置、能力和行动原则、大规模杀伤性武器生产和储存场所的主被动防御，正日益成为情报的重要组成部分。这些知识使指挥官能够集中攻击重要目标或系统，以产生对实现既定目标具有最具决定性影响的效果。

准确的情报是计划战略攻击的关键因素。无知会导致错误的假设，从而导致悲惨的结果。假设信息优势和情报比实际更好，可能是灾难性的。在整个第二次世界大战期间，德国人和日本人完全相信他们的密码的安全。盟军破解轴心国信息传递的能力对整个战争期间许多盟军行动的成功至关重要，并且在战争结束很久仍然是一个秘密。在“沙漠风暴”行动中，获得准确、及时情报相关的问题仍然存在。[1]

12. 1998 年 7 月 15 日，空军条令文件 AFDD2-1.5《核作战》：

正确使用 ISR 资产对于核行动的规划、实施和评估至关重要。ISR 使指挥官能够及时地收集信息和作出决定。[2]

13. 1998 年 7 月 29 日，多军种共同条令 FM 100-103-2/MCWP 3-25.2/NWP 3-56.2/AFTTP(I) 3-2.17《战区空地系统多军种程序》：

ISR 小组是联合空天作战中心整合、计划、布置任务与执行 ISR 需求和资产的单一点。联合空天作战中心 ISR 小组负责协调、分配任务、执行和动态转发联合空天作战中心的 ISR 需求。联合部队空军指挥官使用 ISR 整合空中、地面和海上图像，并将通用作战图分发到战区范围内使用。[3]

[1] U. S. Air Force, AFDD2-1.2 Strategic Attack, 20 May 1998, pp.28-30.

[2] U. S. Air Force, AFDD 2–1.5 Nuclear Operations, 15 July 1998, p.21.

[3] Air Land Sea Application Center, FM 100-103-2/MCWP 3-25.2/NWP 3-56.2/AFTTP(I) 3-2.17 Multiservice Procedures for The Theater Air-Ground System, 29 July 1998, 第三部分第 14 页。

14.1998 年 10 月，白宫《新世纪国家安全战略》：

情报、监视与侦察

我们的情报、监视与侦察（ISR）能力是实施国家安全战略的关键手段。美国情报界为我们在海外的所有活动提供重要支持——外交、军事、执法和环境。需要全面的搜集和分析能力，为美国国家安全威胁发出警告，对政策和军队给予分析支持，在危机时刻提供近实时情报，同时保持全球视野，确定提升我们国家利益的机会，并在国际舞台上保持我们的信息优势。

ISR 行动必须涵盖比以往更广泛的威胁和政策需求。我们将保护和增强情报能力放在首位，提供有关对美国安全构成最严重威胁的国家和群体的信息。目前的情报优先事项包括其政策和行动对美国不利的国家；拥有战略核力量或控制核武器、大规模毁灭性武器或核裂变材料的国家或其他实体；跨国威胁，包括恐怖主义、国际犯罪和贩毒；可能影响美国国家安全利益的潜在区域冲突；加强对美国利益的外国情报搜集的反情报，包括经济和工业间谍、信息战威胁、对美军和海外公民的威胁。还需要情报支持来制定和实施美国政策，以促进海外民主、识别对我们的信息和空间系统的威胁、监测军备控制协议、支持人道主义工作和保护环境。

我们的 ISR 能力包括世界范围的新闻广播搜集、重要事件的近距离线人报道、空间和空中的图像和信号情报搜集，以及高级分析专家对所有这些来源的综合深入分析。ISR 系统利用我们在持续、非接触、天基成像和信息处理方面的巨大优势，提供监测条约遵守、军事行动以及大规模杀伤性武器的开发、测试与部署的能力。利用 ISR 产品支援外交和军事行动，显示美国是一个非常宝贵的盟友，或者是一个强大的敌人。

虽然我们的 ISR 能力依赖先进技术得以增强，但仍然无法替代经验的、主观的人力判断。我们必须保持吸引和留住足够多的高素质人才，在那些没有技术可依靠的新兴领域提供人力情报搜集、翻译和分析，我们必须与专业人才尤为密切的私营企业和公共机构建立牢固的联系。加强情报界机构之间的合作以及情报品类的融合，可以最有效地搜集和分析高优先级情报问题的数据。[1]

15. 1998 年 12 月 1 日，空军指令文件 AFPD10-22《情报、监视、侦察计划与作战》：

ISR 主任，由负责空天作战的空军副参谋长担任（HQ USAF/XOI），负责监督空军 ISR 作战相关战略政策和指令的执行。ISR 主任是空军高级情报官员，是空军在军事情报委员会和国家情报委员会（IC）内的代表。ISR 主任负责管理美国空军情报局。空军情报局（AIA）是美国空军一个野战局（FOA），为国家、战区、联合部队和作战人员各层级提供情报产品，为空军 ISR 部队提供支持和行动。每个空军的一级司令部都要将空军 ISR 部队和参谋人员直接整合进作战部队，以规划和执行包括信息作战在内的空天任务。[2]

16. 1999 年 2 月 12 日，国防部联合文件 JP3-07.3《和平行动的联合战术、技术与程序》：

情报、监视与侦察（ISR）。空间系统提供各种 ISR 能力，可以增强指挥官对争端各方的态势感知及其对协议的遵守情况。[3]

17. 1999 年国防部《对总统和国会的年度报告》第二部分“今天的武装部队”之“信息优势与太空”：

国防部正在为情报、监视与侦察 (ISR) 系统设计发展战略，通过一个被认可的结构框架，并与作战人员的要求相一致。这一战略将平衡发展新的搜集能力、部队现代化，维持现有的基础设施，向空间、空中、陆地和海上等系统之间的互操作性发展。联合指挥官和他们的部队可以期待一幅整合的通用作战

---

[1] The White House, A National Security Strategy for a New Century, October 1998, pp.24-25.

[2] U. S. Air Force,AFPD10-22 Intelligence, Surveillance, and Reconnaissance (ISR) Planning and Operations, 1 December 1998, 第一部分第 2 页。

[3] U. S. Joint Chiefs of Staff,JP3-07.3Joint Tactics, Techniques, and Procedures for Peace Operations, 12 February 1999, 第二部分第 9 页。

图，建立在图像和地理空间信息的基础上，在任何天气条件下，展示全球战场的友军、中立方和敌军的部署。进入 21 世纪，ISR 系统发展战略将专注于机动复杂的现代威胁，增强的传感器到射手的需求，技术机遇和资源优先序列。[1]

18. 2000 年 6 月 30 日，多军种条令 FM 3-100.2(FM 100-103-1)/MCRP 3-25D/NTTP 3-52.1(A)/AFTTP(I) 3-2.16《一体化作战空域指挥与控制的多军种程序》：

ISR 行动使用传感器或目视观察来获取有关敌人机动、威胁和能力的信息，从而为指挥官提供战场态势感知。[2]

19. 2000 年 1 月 22 日，空军 AFDD2-1《空战》：

情报、监视与侦察（ISR）

情报为计划和执行军事行动，针对外国能力与意图，提供清晰、简要、相关和及时的分析。情报的全部目的就是使指挥官和作战部队“了解敌人(知彼)”。它通过在适当的时间搜集、分析、融合、定制和分发情报到正确的地方，帮助指挥官在各种军事行动中作出关键决定。情报可以提供敌人意图，并为决定如何、何时、何地、与敌方部队接触提供指导，以实现指挥官的目标。它通过弹药效果评估和炸弹毁伤评估协助进行战斗评估。

情报组织根据对敌人思考和作战方式的详细了解，将技术和定量评估与分析判断结合起来。情报人员应保持独立的观点。指挥官预期即使是最好的情报也可能无法提供完整的情况，尤其是当敌人实施欺骗或情报来自单一来源时。尽管如此，情报仍然为指挥官提供了对敌人能力、作战重心和行动方案的最佳判断。

---

[1] William S. Cohen, Annual Report to the President and the Congress, 1999, p.87.

[2] Air Land Sea Application Center, FM 3-100.2(FM 100-103-1) /MCRP 3-25D/NTTP 3-52.1(A)/AFTTP(I) 3-2.16 Multiservice Procedures for Integrated Combat Airspace Command and Control, 30 June 2000, 附录 C 第 3 页。

监视是通过视觉、听觉、电子、摄影或其他方式系统地观察空中、空间、地海面或地下的区域、地点、人或物。监视是一个持续的过程，不是针对一个具体的“目标”。为了满足军队的需求，监视必须提供关于敌人计划和威胁的警告，并发现敌人活动的变化。空中和太空监视资产利用高度来远距离探测敌方行动。例如，它的极端高度使得天基导弹发射探测与跟踪对于弹道导弹防御不可或缺。监视资产现在对国家和战区防御以及所有军事力量的安全至关重要。

侦察，包括监视，是通过目视观察或其他探测方法获得有关敌人或潜在敌人的活动和资源的具体信息；或确认有关特定地区的气象、水文或地理特征的数据。侦察通常具有与任务相关的时间限制。搜集能力，包括有人与无人、空中与太空，及其相关的支持系统为不断变化的全球任务的强烈需求提供灵活性、响应性、多功能性和机动性。对当前作战行动至关重要的情报来自侦察行动，并对需要这些信息的要素进行近实时地评估与分发。

情报、监视与侦察必须共同行动，使指挥官能够保护力量、实现效率、达成战役目标。[1]

20. 2001 年 6 月 14 日，陆军野战条令 FM3-0《作战》：

ISR 整合是信息优势的基础。完全整合的 ISR 作战增加了许多搜集来源。ISR 整合消除了用于计划、报告、处理信息和生产情报的部队和功能“烟囱”。它为所有部队提供了一种通用的机制以协调、协同的方式进行 ISR 作战。

ISR 作战允许部队提供有关敌人和环境的情报（包括天气、地形和民事方面的考虑)，这是作出决策所必需的。这种情报可以满足整个作战过程中发展的需求。及时准确的情报激励大胆行动，并能促进可能否定敌人在士兵和物资方面的优势的行动。通常，及时和准确的情报依赖于积极和持续的侦察和监视。[2]

[1] U. S. Air Force, AFDD2-1 Air Warfare, 22 January 2000, pp.20-22.

[2] Headquarters Department of the Army, FM 3-0 Operations, 14 June 2001, 第十一部分第 7 页。

21.2001 年 9 月 6 日，陆军野战条令特别文本 ST2-50.4（FM 34-8）《情报战斗指挥手册》：

ISR 的计划与执行并不意味着陆军基本文件的改变。最近对 ISR 行动的强调反映了对下列行动努力统一、整合、同步的重要性。

计划与指导 ISR

搜集与处理信息

生产情报

当需要时向用户分发情报与战斗信息

ISR 整合。这个任务将 ISR 资产整合到情报生产的努力中，这将使得指挥官获得态势感知。这些搜集、处理、分析、生产、分发的能力对于成功的计划与指导作战至关重要。情报需求需识别、排序、证实。ISR 计划开发使之与机动方案同步。[1]

2000 年国防部《对总统和国会的年度报告》，第二部分“今天的武装部队”之“信息优势与太空”部分：

在接下来的 10 年里，所有的 ISR 能力将被融合到系统的系统架构中，这种结构将国家 / 战区 / 战术传感器、指挥官和射手联系在一起，使美国军队和联军可以在大范围内实施快速决定性打击。[2]

22.2000 年 5 月 24 日，国防部联合文件 JP2-01.3《联合战场情报准备的联合战术、技术、程序》：

侦察、监视与目标获取

联合侦察、监视与目标获取（RSTA）的目标是促进联合部队指挥官对战场和对手的认识与理解。对手可能试图通过伪装、隐藏和欺骗、频繁重新定

[1] United States Army Intelligence Center & Fort Huachuca, ST 2-50.4/FM 34-8 Combat Commanders Handbook on Intelligence, 6 September 2001, P iii.

[2] William S. Cohen, Annual Report to the President and the Congress, 2000, p.91.

位资产以及选择性使用防空系统来迫使空中的RSTA资产低于最佳飞行剖面来抵消RSTA能力。联合战场情报准备支持RSTA，目的是通过确定敌人的活动时间和地点来优化RSTA资产的使用。此外，RSTA还搜集更新联合部队联合战场情报准备所需的信息。因此，RSTA既是联合战场情报准备数据的使用者又是提供者。在部队保护的情况下，可以探讨联合战场情报准备用以支持反制敌人的RSTA能力。[1]

23.2001年5月11日，国防部联合文件JP3-70《战略打击（第二稿）》：

支持联合战略打击的ISR要求，以及满足这些要求的程序，与其他联合行动是一样的，具体见JP3-55。[2]

24.2001年7月10日，国防部联合文件JP0-2《统一行动武装部队》：

情报、监视与侦察（ISR），卫星、C4（指挥、控制、通信与计算机）支持系统必须实时响应，以便为联合部队指挥官提供准确、及时、相关和充分的信息。[3]

25.2001年国防部《对总统和国会的年度报告》，第二部分“今天的武装部队”之“信息优势与太空”章节：

情报、监视与侦察（ISR）

在未来十年，国防部正在实施情报、监视、侦察整合拱顶石战略计划(ISR-ICSP)，为整个军队提供整合和响应的ISR能力，并确保为国家指挥者和联合力量提供及时相关信息。正在采取措施改进信息基础设施、作战/ISR整合、空中/空间整合、ISR整合、交互式搜集管理、收集器和新功能以及多

[1] U. S. Joint Chiefs of Staff, JP2-01.3 Joint Tactics, Techniques, and Procedures for Joint Intelligence Preparation of the Battlespace, 24 May 2000, 第四部分第10页。

[2] U. S. Joint Chiefs of Staff, JP3-70 Joint Doctrine for Strategic Attack (Second Draft), 11 May 2001, 第三部分第2页。

[3] U. S. Joint Chiefs of Staff, JP0-2Unified Action Armed Forces (UNAAF), 10 July 2001.

种情报协作。强调国家 / 战区 / 战术传感器、指挥官和射手的整合将使美国、盟国和联军能够在大范围内对时间敏感目标快速果断打击。[1]

26. 2001 年 9 月 10 日，国防部联合文件 JP3-0《联合作战》：

使用情报、监视与侦察（ISR）资产，以提供实时和近实时的态势感知。[2]

27. 2001 年 9 月 19 日，国防部联合文件 JP3-02《两栖作战》：

1. 简介：两栖作战：情报、监视与侦察

两栖作战中，情报、监视与侦察（ISR）的基本性质并未改变。……仍然需要情报来评估基础设施数据、天气和地形以及关心地域的友军面临的威胁。

2. 所需的情报、监视与侦察能力

两栖作战需要以下情报能力：

a. 支持大范围机动空间和指挥。

b. 详细的地形和水文分析。

c. 国家、战区和联合部队情报组织信息系统的互操作性。

d. 满足两栖部队和地面部队要求的搜集资产。

e. 连接海上与岸上分散部队的情报分发系统。

f. 灵活的情报资产。[3]

28. 2002 年 1 月 17 日，国防部联合文件 JP3-60《目标获取》：

通常 ISR 和目标获取（TA）能力支持及时的目标探测……

每个组件都具备使用大量 ISR 和 TA 资产（建制内、联合与国家层次）观察战场的能力……

[1] William S. Cohen, Annual Report to the President and the Congress, 2001, p.119.

[2] U. S. Joint Chiefs of Staff, JP3-0 Doctrine for Joint Operations, 10 September 2001, 第三部分第 20 页。

[3] U. S. Joint Chiefs of Staff, JP3-02Joint Doctrine for Amphibious Operations, 19 September 2001, 第五部分第 1 页。

加快决策者对 ISR 和 TA 传感器的动态重新分配……

每个联络官都提供各军种的专业系统知识，并在某些情况下通过建制内 ISR 和 TA 能力提供额外的搜集支援。[1]

29. 2002 年 8 月 9 日，国防部联合文件 JP3-14《太空作战》：

从太空监视陆地（空中、地面和海上）的作战关心地域，揭示战争中的战术位置、战役部署和战略意图。这些信息提供了攻击预警、战役作战评估、战术战场毁伤评估（BDA），以及反馈美国军队如何影响敌人对战斗空间的理解。通过情报界内已建立的搜集管理，提供 ISR 支援。向战斗人员层级的分发必须及时准确。[2]

文件附录 A：

ISR 是在持续、事件引发或计划的基础上，搜集目标或关心地域中的数据和信息。在相对连续的一段时间内的搜集称为监视。事件引发或者较短的时间内计划的、重复出现或偶尔短暂一次性的，通常称为侦察。随着时间的推移应用于目标的轨道特征和系统数量可以决定是否进行侦察或监视。联合部队指挥部可以使用空间系统，可以收集各种军事、政治或经济信息，这些信息对于在整个军事行动（包括维和行动）、人道主义或救灾任务中的计划和实施都很有价值。更具体地说，可以搜集、处理、利用和分发各类信息，如指示和警告（包括弹道导弹攻击）、目标分析、友军行动过程进展、对手能力评估、战场毁伤评估（BDA）或战场特征等。从太空收集的数据和信息类型可包括信号情报、通信情报、图像情报、电子情报以及测量和特征情报。

a. 情报是对关心的国家或地区可获取信息的搜集、处理、整合、分析、评估和解释所生产的产品。太空系统通过监视与侦察活动促进情报的发展。

---

[1] U. S. Joint Chiefs of Staff, JP3-60 Joint Doctrine for Targeting, 17 January 2002, 附录 B 第 3—6 页。

[2] U. S. Joint Chiefs of Staff, JP3-14 Joint Doctrine for Space Operations, 9 August 2002, 第四部分第 8 页。

b. 监视。空间系统可以通过视觉、电子、摄影或其他方式为指挥官提供对太空、空中、地海面、地点、人员、事件的连续观察，从而为指挥官提供特定地域的态势感知。

c. 侦察。单独的低轨和中轨卫星，或有限数量的低轨和中轨系统非常适合于侦察任务。

太空ISR系统的主要优势在于它们能够提供持续的、聚焦的对关心地域的覆盖。通常，空间或地面系统的产品可以通过提示另一个空间系统调查关心地域来提高用户的准确性和反应时间。同样，基于空间的资产可用于提示基于地面的系统，以实现更精确的区分和定位。ISR系统还通过提供地形与敌方军力部署的最新信息来增强计划能力。太空图像尤其支持各种军事情报活动，包括指示警告、当前情报、战斗序列、科技情报评估、目标和战斗评估。图像也可用于进行任务计划与演练。

国家层级与国防部ISR支援。国家级ISR系统为总统提供直接支援。高级政府领导人使用这些系统提供的信息来制定战略性政治或军事决策，对联合部队指挥官也具有很大的实用价值。除军种的国家能力战术开发系统（TENCAP）外，还通过直接和间接馈送向联合部队指挥官提供国家系统的信息。ISR支援请求应通过战斗司令部或联合任务部队情报参谋（J-2）和搜集负责人。其他信息和辅助来源包括从相应的国家级或国防部情报机构分配的联络官或支持团队。[1]

30. 2002年9月16日，国防部联合文件JP3-06《联合城市作战》第三章“作战任务和考虑因素”：

情报、监视与侦察

信息优势是联合城市作战概念中不可或缺的一部分，而情报是实现信息优势的主要手段之一。在联合城市作战期间，联合部队指挥官依靠全面的情

[1] 文字与图均引自 U. S. Joint Chiefs of Staff, JP3-14 Joint Doctrine for Space Operations, 9 August 2002, 附录A第1页。

报来确定社会政治和文化环境、物理地形、对手能力、人口统计特征和城市战场的其他特征。[1]

31.2003 年 9 月 3 日，国防部联合文件 JP3-09.3《近距空中支援》第二章“指挥、控制、通信、计算机、情报、监视与侦察”：

情报、监视与侦察

a. 战斗空间联合情报准备（JIPB）。

b. 各层级近距空中支援的情报准备很大程度上取决于任务和规划时间。

c. 人力情报（HUMINT）。

d. 近距空中支援相关的 ISR 系统。[2]

32.2003 年 11 月 17 日，空军条令文件 AFDD1《空军基础文件》：

情报

情报是对关心的国家或地区可用信息的搜集、处理、整合、分析、评估和解释所产生的产品。具体而言，情报工作将集中在：外国军事实力；政治团体；政治、社会和技术发展；特定的地理环境。情报艺术正在迅速将通过监视与侦察搜集的信息转变为准确、可预测和可操作的格式，可用于协助计划、实施和评估空天作战。情报的总体目标是向指挥官和作战部队提供战场态势感知，使他们能够成功地计划、实施和评估各种军事行动的结果，使他们能够成功地计划、执行和评估各类军事行动。

监视与侦察

监视是通过视觉、听觉、电子、摄影或其他方式系统地观察空中、空间、地海面或地下的区域、地点、人或物。监视是一个持续的过程，不是针对一

[1] U. S. Joint Chiefs of Staff, JP3-06 Doctrine for Joint Urban Operations, 16 September 2002, 第三部分第 9 页。

[2] U. S. Joint Chiefs of Staff, JP3-09.3 Joint Tactics, Techniques, and Procedures for Close Air Support (CAS), 第二部分第 23、24 页。

个具体的"目标"。为了满足军队的需求，监视必须提供关于敌人计划和威胁的警告，并发现敌人活动的变化。空中和太空监视资产利用高度来远距离探测敌方行动。例如，它的极端高度使得天基导弹发射探测与跟踪对于弹道导弹防御不可或缺。监视资产现在对国家和战区防御以及所有军事力量的安全至关重要。

侦察通过目视观察或其他探测方法获取有关敌人或潜在敌人的活动和资源的具体信息，从而对监视进行补充；或确保有关特定区域的气象、水文或地理特征的数据。侦察通常具有与任务相关的时间限制。

监控和侦察能力及其相关的支持系统经过量身定制，可提供全球任务所需的灵活性、响应性、多功能性和移动性。对当前作战行动至关重要的情报进行评估，并近乎实时地传递给那些需要该信息的人。

侦察部队拥有多种多样的能力。由于这些能力在各级战争中都很有价值，因此他们在任何一个级别的具体工作都应考虑对其他级别的可能影响。情报、监视与侦察必须共同运作，使指挥官能够保持力量，实现效率、达成战役目标。它们是获取和保持信息优势所不可或缺的。[1]

33. 2003 年 11 月 28 日，陆军野战条令 FM3-13（FM100-6）《信息作战：文件、战术、技术与程序》：

ISR 是一种使所有战场作战系统进行同步与整合的赋能行动，搜集相关信息帮助指挥官的决策。[2]

34. 2003 年 12 月 17 日，国防部 JP3-05《联合特种作战文件》：

特种部队的支援必须与任务相适应，足够灵活以应对不断变化的应用环境。特种作战联合的特点需要跨军种的支援，同时也强调独特的需求以保持

[1] U. S. Air Force, AFDD1 Air Force Basic Doctrine, 17 November 2003, pp.54-56.

[2] Headquarters Department of the Army, FM 3-13/FM 100-6 Information Operations: Doctrine, Tactics, Techniques, and Procedures, 28 November 2003, 第一部分第 10 页。

独立和远程作战。此外，特种部队必须能够利用来自国家、战区、战术（情报、监视与侦察）各层级支援系统中所有可用的信息。[1]

35. 2004 年 3 月 23 日，国防部联合文件 JP3-31《联合地面行动指挥与控制》第四章“计划与作战”：

B 部分作战

情报、监视与侦察

a. 联合部队地面行动指挥官定义了地面部队的情报职责，下属地面部队的优先情报需求，并在联合部队指挥官日常的联合目标与协调委员会中代表地面部队及下属。参谋人员整合并同步所有 ISR 工作，包括人力情报和反间谍（CI）工作。联合部队地面行动指挥官是联合部队指挥官关于敌人地面部队情报、目标获取和战斗评估的焦点。联合部队地面行动指挥官阐述了作战需求并提供持续的反馈，以确保对作战行动最优的 ISR 支援。填补联合部队地面行动指挥官 ISR 差距的第一个选择应该是要求增加战区和 / 或国家级资产。

这很重要：

（1）支持指挥官。

（2）识别、确认和标记目标。

（3）支援作战计划和实施。

（4）避免突袭、增强态势感知。

（5）协助友军欺骗行动。

（6）评估作战结果。

（7）评估对手弱点。

（8）协调电子频谱用于电子攻击和通信。

（9）如果使用了 CBRNE（生物、化学、放射性、核、高爆炸）武器，为

[1] U. S. Joint Chiefs of Staff, JP3-05 Doctrine for Joint Special Operations, 17 December 2003, 第四部分第 1 页。

先于对手使用 CBRNE 武器提供快速反应，或辅助集中防御行动。[1]

36.2004 年 5 月 11 日，国防部联合文件 JP3-02.1《登陆部队行动的战术、技术与程序》：

虽然对两栖作战的情报支援可能在很多方面不同于对其他军事行动的情报支持，但是在两栖作战中，情报、监视与侦察的基本性质并没有改变。准确及时的情报是计划与决策的基石。由于在攻击初始阶段难以大幅度修改计划，因此两栖作战行动中情报需求与登陆部队特别相关。[2]

37.2004 年 9 月 21 日，陆军 FM1-02(FM101-5-1)/MCRP5-12A《作战术语与标图》：

整合与同步战场所有作战系统的赋能行动，搜集和生产相关信息以辅助指挥官决策。也叫作 ISR。[3]

38.2004 年 10 月 1 日，陆军临时野战条令 FMI3-07.22《反叛乱作战》：

ISR 任务是情报搜集行动。ISR 任务包括以下三类：情报、监视、侦察。在整个作战过程（计划、准备、执行、评估）中，成功的 ISR 的关键因素是整合了所有的 ISR 部队、地区、当地政府及跨机构组织。所有人员协作行动以提供通用作战图的威胁与环境部分，这是为指挥官提供成功 ISR 支援的关键。[4]

---

[1] U. S. Joint Chiefs of Staff, JP3-31 Command and Control for Joint Land Operations, 23 March 2004, 第四部分第 5 页。

[2] U. S. Joint Chiefs of Staff, JP3-02. 1Joint Tactics, Techniques, and Procedures for Landing Force Operations, 11 May 2004.

[3] Headquarters Department of the Army, FM1-02 (FM101-5-1)/MCRP5-12A Operational Terms and Graphics, 21 September 2004, 第一部分第 102 页。

[4] Headquarters Department of the Army, FMI 3-07.22 Counterinsurgency Operations, 1 October 2004, 第四部分第 16 页。

39. 2005 年 1 月 11 日，空军条令文件 AFDD3-13《信息作战》(2011.07.28 修订)：

ISR 是一种部署任务、搜集、处理、利用、分发准确及时情报信息的整合能力。ISR 是一个关键的功能，可以帮助指挥官提供成功计划和执行作战所必需的战场态势感知。[5]

40. 2006 年 6 月 8 日，空军条令文件 AFDD3-60《目标选择与打击》(2011.07.28 修订)：

ISR 部门中的 ISR 行动小队负责通过空军和航天联合部队指挥官的资产，计划与协调情报收集任务。[6]

41. 2006 年 12 月 13 日，陆军野战条令 FM 3-21.20《步兵营》：

ISR 是一项战术赋能行动，旨在支持营情报制订、计划与决策的活动。ISR 作战的目标是满足营指挥官的关键信息需求和其他信息需求，以便能够及时有效地作出决策。步兵营侦察排仍然是营指挥官首要的眼睛和耳朵，为其提供建制内的侦察能力。

ISR 一词目前适用于将以前所说的侦察和监视（一项机动任务）与情报的生产与分发（以前表现为一项参谋任务）结合起来的联合作战赋能行动。ISR 是一项持续的行动，其重点是搜集相关信息，分析这些信息以产生情报，帮助形成指挥官的可视化并支持作战周期。以下 ISR 的定义是从 FM3-0 中提取的。[7]

42. 2007 年 1 月 7 日，空军条令文件 AFDD3-40《反化学、生物、放射、核作战》(2011.11.1 修订)：

---

[5] U. S. Air Force, AFDD3-13 Information Operations, 11 January 2005, p.40.

[6] U. S. Air Force, AFDD 3-60 Targeting, 8 June 2006, p.75.

[7] Headquarters Department of the Army,FM 3-21.20 The Infantry Battalion, 13 December 2006, 第三部分第 1 页。

ISR 是反化学、生物、放射、核作战行动的关键组成部分。ISR 的目标是探测、验证和追踪敌方大规模杀伤性武器的开发与部属。ISR 通过提供有关化学、生物、放射、核材料的预警和报告信息，支持指挥官保护空军和盟军来支持被动防御作战。[1]

43. 2008 年 7 月 4 日，空军《情报、监视与侦察战略》：

这是一份新的文件，具体说明了我们空军为什么和如何会提供全谱 ISR 的范围和能力。它使得我们可以为联合部队的空中力量赋能，使其在智力上超越任何对手。这是我们整合人员、设备、过程和投入，通过空中、太空和网络系统的跨域整合，实现全球警戒、全球到达和全球力量的总体计划。

44. 2008 年 9 月 11 日，陆军野战条令 FM2-0《情报》：

RSTA/ISR 是陆军用来执行支援战术行动的持久监视这一联合文件概念。可靠的技术和积极响应的情报可以减少不确定性、偶然性、摩擦和复杂性的影响。复杂和动态的陆军战术行动需要广泛的 ISR 能力来满足指挥官的信息需求，以检测、定位、识别、跟踪和锁定高价值目标，并在一个不断变化的行动环境中提供实时战斗评估。

侦察、监视与目标获取（RSTA）/ 情报、监视与侦察（ISR），是一项全谱联合任务，整合地面与空中能力，以提供有效、动态、及时、准确和可靠的战斗信息和多品类可行动情报，以致命和非致命的效果与决策，直接支援地面战术指挥官。[2]

45. 2009 年 3 月 15 日，陆军野战条令草案（FM）2-01《ISR 同步》：

[1] U. S. Air Force, AFDD3-40 Counter-Chemical, Biological, Radiological, and Nuclear Operations, 26 January 2007, p.53.

[2] Headquarters Department of the Army, FM 2-0 Intelligence, C1, 11 September 2008, 第一部分第 28 页。

该条令为陆军情报、监视与侦察(ISR)同步理论提供了基础，并取代2008年发布的FMI 2-01。它的范围是ISR同步和对ISR整合的情报支援，以及计划与作战过程中的ISR。读者必须理解FM 3-55(出版时)，它描述了ISR的总体理论概念，同时这份文件抓住了联合武装ISR行动的真正重要性。

46. 2009年4月21日，陆军野战条令FM3-24-2《反叛乱战术》：

RSTA和ISR是同步和整合传感器、资产、处理、利用、分发系统计划与作战的活动，直接支持当前和未来的作战。这是一个整合的情报和作战功能(JP 2-01)。RSTA/ISR提供有关作战环境的所有方面的相关信息。RSTA/ISR帮助指挥官评估信息优势取得的程度。RSTA/ISR通过在细节上确认目标直接支援信息战，并通过帮助评估友好和对手信息战的效率。[1]

47. 2012年8月31日，陆军条令出版物ADP2-0《情报》和陆军条令参考出版物ADRP2-0《情报》：

陆军执行ISR，是通过作战、情报流程（重点强调情报分析和利用更大的情报界）与信息搜集。[2]

48. 2017年4月11日，陆军野战条令FM 3-12《网络战与电子战行动》：

网络空间ISR是联合部队司令部（JFC）根据执行命令授权，或附属的信号情报（SIGINT）部队在临时的信号情报作战任务授权下进行的情报行动。网络空间ISR包括在网络空间开展的搜集情报的活动，以支持未来的网络空间进攻（OCO）或网络空间防御（DCO）。[3]

[1] Headquarters Department of the Army, FM3-24-2 Tactics In Counterinsurgency, 21 April 2009, 第四部分第29页。

[2] Headquarters Department of the Army, ADP2-0 Intelligence, 31 August 2012, p.1.
Headquarters Department of the Army, ADRP2-0 Intelligence, 31 August 2012, 第一部分第1页。

[3] Headquarters Department of the Army,FM 3-12 Cyberspace and Electronic Warfare Operations, 11 April 2017, 第一部分第9页。

49.2013 年 3 月 25 日，多军种文件 ATP 3-11.37/MCWP 3-37.4/NTTP 3-11.29/AFTTP 3-2.44《生物、化学、放射性与核侦察监视的多军种战、技术与程序》：

在陆军理论中，信息搜集取代了情报、监视与侦察（ISR）一词。信息搜集现在包括四个主要任务（而不是传统的三个）：侦察、监视、安全行动和情报行动。

ISR 是一种同步、整合和处理来自传感器和资产的信息的活动，用于利用和信息分发，直接支持当前和未来的作战。这是一个综合的情报和作战功能。对于军队来说，这项活动是一项联合行动，重点是优先情报要求（PIRs），同时响应指挥官关键信息需求（CCIRs）。通过 ISR，指挥官和参谋人员不断地计划、分配任务和使用搜集资产与部队。这些资产搜集、处理和分发及时准确的战斗信息和情报，以满足指挥官关键信息需求和其他情报需求。ISR 通过同步与整合来支持军事行动。[1]

[1] Air Land Sea Application Center, ATP 3-11.37/MCWP 3-37.4/NTTP 3-11.29/AFTTP 3-2.44 Multi-Service Tactics, Techniques, and Procedures for Chemical, Biological, Radiological, and Nuclear Reconnaissance And Surveillance, 25 March 2013, 第一部分第 1 页。

参考文献

一、美军条令与官方文件：

见附录 1

二、英文期刊与报告：

1. Bichson Bush, Intelligence, Surveillance, and Reconnaissance (ISR) Support to Urban Operations, School of Advanced Military Studies United States Army Command and General Staff College Fort Leavenworth, Kansas, 2001.
2. David Stein, Jon Schoonmaker, Eric Coolbaugh, Hyperspectral Imaging for Intelligence, Surveillance, and Reconnaissance, Space and Naval Warfare Systems Center, AUG 2001.
3. Klaus Niemeyer, Arguments for a NATO owned Intelligence, Surveillance and Reconnaissance System, 31.10.2001.
4. Douglas Webb, An Air Deployed Multi-Cycle Ocean Profiler for Intelligence, Surveillance, and Reconnaissance, Webb Research Corporation, 30 SEP 2002.
5. Robert A. Piccerillo, Predictive Battlespace Awareness: Linking Intelligence,

Surveillance and Reconnaissance Operations to Effects Based Operations, 2004 Command and Control Research and Technology Symposium, 2004.

6. Elham Ghashghai,Communications Networks to Support Integrated Intelligence, Surveillance, Reconnaissance, and Strike Operations, 2004.
7. Carl M. Bradley, Intelligence, Surveillance and Reconnaissance in Support of Operation Iraqi Freedom: Challenges for Rapid Maneuvers and Joint C4Isr Integration and Interoperability, Joint Military Operations Department, Naval War College, 09-02-2004.
8. John Mahaffey, Observations in allocation and tasking of Joint level Intelligence Surveillance and Reconnaissance (ISR) systems in support of Coalition Operations, 2004.
9. Mr John L Mahaffey, Observations in the Dissemination of Intelligence Surveillance and Reconnaissance (ISR) Data and Information within a Coalition Environment, NATO Consultation, Command and Control Agency, 01 APR 2005.
10. DANIEL R. JOHNSON, Enabling Intelligence, Surveillance, and Reconnaissance Effects for Effects-Based Operations Conditions, Air War College, June 2005.
11. Ernest Marvin III, Mark Wasilewski, Unmanned Surface Vehicles: Reducing Risks for Joint Surface Force Protection Operations, Naval Undersea Warfare Center, 28 NOV 2006.
12. LCDR Brian Elkowitz, The Submarine and Operational Art: The Need for Joint ASW, Joint Military Operations Department, Naval War College, 13 February, 2006.
13. TODD C. KRUEGER, MaJ USAF, Persistent ISR from UAVs: Doctrinal Considerations for Operational Warfare, Joint Military Operations Department, Naval War College, 13 February 2006.
14. Shi, Leyuan, An Optimization Framework for Intelligence, Surveillance, and Reconnaissance Systems, Department of Chemical and Nuclear Engineering,

The University of New Mexico, 18 OCT 2007.

15. Raymond W. Holsapple, Phillip R. Chandler, Autonomous Decision Making with Uncertainty for an Urban Intelligence, Surveillance and Reconnaissance (ISR) Scenario, American Institute of Aeronautics and Astronautics, 18-21 August 2008.
16. Tien Pham, Gregory H. Cirincione, Dinesh Verma, Gavin Pearson, Intelligence, Surveillance, and Reconnaissance Fusion for Coalition Operations, U.S. Army Research Laboratory, JUL 2008.
17. Lance Menthe, Jeffrey Sullivan,A RAND Analysis Tool for Intelligence, Surveillance,and Reconnaissance The Collections Operations Model, 2008.
18. Michael T.Flynn, Rich Juergens, Thomas L.Cantrell, Employing ISR SOF Best Practices, National Defense University,Institute for National Strategic Studies, 3d quarter 2008, *joint force quarterly*, JFQ.
19. Nichoe lE.Brooks, Francesco P.Mastracchio, ISR Evolution in the Iraqi Theater, Raymond T.Odierno, National Defense University,Institute for National Strategic Studies,3d quarter 2008, *joint force quarterly*, JFQ.
20. Michael Grunwald, Jr, Transforming Air Force ISR for the Long War and Beyond, Air Command and Staff College, January 2009.
21. Barbara Essendorfer, Eduardo Monari, Heiko Wanning, An Integrated System for Intelligence, Surveillance and Reconnaissance (ISR), *International Journal on Advances in Security*, vol 2 no 2&3, 2009.
22. David J. Gordon, A Tasking Construct for Non-Traditional Intelligence, Surveillance, and Reconnaissance, Air Command And Staff College, Air University Maxwell Air Force Base, APR 2009.
23. Seunghan Lim, Hyochoong Bang, Waypoint Guidance of Cooperative UAVs for Intelligence, Surveillance, and Reconnaissance, 2009 IEEE International Conference on Control and Automation, December 9-11, 2009.

24. Rachel A. McCaffrey, Reciprocally Embedding ISR Liaisons to Build Unity of Effort, U.S. Army War College, 04-02-2010.
25. Richard A. Best Jr, Intelligence, Surveillance, and Reconnaissance (ISR) Acquisition: Issues for Congress, CRS Report for Congress, June 15 2010.
26. Marcus Yin, Tan Lay Beng, Intelligence, surveillance and reconnaissance: The role of advanced electro-optics, *Electronics Review*, August 2010.
27. Dave Deptula, Mike Francisco, Air Force ISR Operations Hunting versus Gathering, *Air & Space Power Journal*, winter 2010.
28. Intelligence, Surveillance, and Reconnaissance Actions are Needed to Increase Integration and Efficiencies of DOD's ISR Enterprise, Highlights of GAO-11-465,a report to congressional committees, June 2011.
29. Jason B. Mitchell, Persistent Intelligence, Surveillance, and Reconnaisance (P-ISR): Debunking the Myth, Establishing the Concept, and Achieving the Possible, USMC Command and Staff College, 03-05-2011.
30. Ryan Rogers, Improving Intelligence, Surveillance and Reconnaissance Enterprise Management, U.S.Army War College, 22-03-2012.
31. David C. Quinene Air Sea Battle Intelligence, Surveillance, and Reconnaissance Concept of Operations: Getting back to fundamentals, USMC Command and Staff College, 2012.
32. Tyler Morton, Manned Airborne Intelligence, Surveillance, and Reconnaissance, *Air & Space Power Journal*, November–December 2012.
33. Airborne Infrared Hyperspectral Imager for Intelligence, Surveillance and Reconnaissance Applications, Philippe Lagueux, SPIE Vol. 8542, May 2012.
34. H. Keith Quarles, Use of Simplified DoDAF Viewpoints to Improve Dynamic Emergency Management through Intelligence Surveillance and Reconnaissance, The School of Engineering and Applied Science of The George Washington University, May 20, 2012.

35. Frederick E. Bush, Evolving Intelligence, Surveillance & Reconnaissance (ISR), Air University, Air War College, 14 FEB 2013.
36. James Eagan,The ISR Regiment: Operationally Shaping the Battelspace for the MAGTF Commander, USMC Command and Staff College, 21-04-2013.
37. Marshall Curtis Erwin, Intelligence, Surveillance, and Reconnaissance (ISR) Acquisition: Issues for Congress, CRS Report for Congress, April 16 2013.
38. Andrew A. Torelli, Building Partnership Capacity by Using MQ-9s in the Asia-Pacific, *Air & Space Power Journal*, July–August 2013.
39. Robert W. Cone, Reconnaissance and Surveillance: Looking Deep, National Defense University, 4th quarter2013, *joint force quarterly,* JFQ.
40. Garry S. Floyd, Airborne Intelligence, Surveillance, and Reconnaissance: Mission Command and Centralized Control, U.S. Army Command and General Staff College, 30-11-2013.
41. Joseph Davidoski, Rewiring the MCISR-E, Enabling a professional intelligence network, *Marine Corps Gazette*, August 2014.
42. Jonathan Z. Bakdash, Diego Pizzocaro, Alun Precee, Soldier Decision-Making for Allocation of Intelligence, Surveillance, and Reconnaissance Assets, U.S. Army Research Laboratory, JUN 2014.
43. Robert Crimmins, Balloon Wars: An ISR Operator's Account of the Wars in Iraq & Afghanistan, 2014.
44. Adam B. Young, Employing Intelligence, Surveillance, and Reconnaissance: Organizing, Training, and Equipping to Get It Right, *Air & Space Power Journal*, January–February 2014.
45. Jason M. Brown, Strategy for Intelligence, Surveillance, and Reconnaissance, Air Force Research Institute, AFRI Paper 2014-1 DEC 2014.
46. Jason M. Brown, Strategy for Intelligence, Surveillance, and Reconnaissance,*joint force quarterly,*JFQ, 1st Quarter 2014.

47. Thomas Doherty, Intelligence Surveillance Reconnaissance is Greater Than Aerial Surveillance, *Small Wars Journal*, Feb 18 2014.

48. Matthew J. Martin, Unifying Our Vision: Joint ISR Coordination and the NATO Initiative, *joint force quarterly,*JFQ, 1st Quarter 2014.

49. Mark A. Welsh III, Global Vigilance, Global Reach, Global Power for America: The World's Greatest Air Force——Powered by Airmen, Fueled by Innovation, *Air & Space Power Journal*, APR 2014.

50. Robert P. Haffa Jr, Anand Datla, Joint Intelligence, Surveillance, and Reconnaissance in Contested Airspace, *Air & Space Power Journal*, May–June 2014.

51. Jonathan Z Bakdash, Diego Pizzocaro, Alun Preece, Human Factors in Intelligence, Surveillance, and Reconnaissance: Gaps for Soldiers and Technology Recommendations, US Army Research Laboratory, A reprint from the 2013 IEEE Military Communication Conference, July 2014.

52. K. Dewayne Brown, Mary Beth A Johns, Model-Based Design for Affordability of a Netted Intelligence, Surveillance, and Reconnaissance Concept, Hopkins APL Technical Digest, 2015.

53. Koen Willems, SoldierMo, Airborne Intelligence, Surveillance and Reconnaissance (ISR), Winter/Spring 2015.

54. Michael R. Gerhart, Maritime-Based UAVs: A Key to Success for the Joint Force Commander,Joint Military Operations Department, Naval War College, 18-05-2015.

55. Jared B. Patrick, Why Humans are More Important Than Hardware in Airborne Intelligence, Surveillance, and Reconnaissance, Joint Forces Staff College, 12-06-2015.

56. Jon A. Kimminau, Five Examples of Big Data Analytics and the Future of ISR,*joint force quarterly,*JFQ 2nd Quarter 2015.

57. Tetyana (Tanya) Krupiy,A Case against Relying Solely on Intelligence, Surveillance and Reconnaissance Technology to Identify Proposed Targets,

Journal of Conflict & Security Law, 23-July-2015.

58. Jonathan D. Tucker,S. Robert Stanfill, Context Exploitation in Intelligence, Surveillance, and Reconnaissance for Detection and Tracking Algorithms,SPIE Vol. 9473, 07/09/2015.
59. Jason Roll, Peter Venero, Donald Adkins, Sarah Lampke, Timothy MtCastle, Exploring Immersive Environments to Aid Urban Intelligence, Surveillance, and Reconnaissance Operations, SPIE Vol. 9470. 07/08/2015.
60. Latasha Solomon, Wesley Wang, Miriam Häge, Battlefield Acoustic Sensing, Multimodal Sensing, and Networked Sensing for Intelligence, Surveillance, and Reconnaissance (ISR) Applications, US Army Research Laboratory, Sep 2015.
61. R. Meo, R. Esposito,Autonomous Abnormal Behaviour Detection in Intelligence Surveillance and Reconnaissance Applications, IEEE, 2015.
62. Jonathan D. Tucker, S. Robert Stanfill, Context Exploitation in Intelligence, Surveillance, and Reconnaissance for Detection Algorithms, IEEE Winter Conference, 2015.
63. Daniel E. Sowders, Factors Influencing the Adoption of Intelligence, Surveillance, and Reconnaissance Technology by Collection Managers, Northcentral University, March, 2016.
64. Julian Abich IV, Lauren Reinerman-Jones, Gerald Matthews, Ergonomics, Impact of three task demand factors on simulated unmanned system intelligence, surveillance, and reconnaissance operations, *Ergonomics*, 24 Aug 2016.
65. Brian A. Hill, Assessing ISR: Effectively Measuring Effectiveness, *Air & Space Power Journal*, Fall 2017.
66. Nicholas A. Nobriga, Global Integrated ISR: a Better Organizational Construct for Air Force LD/HD ISR, Air War College, Air University,6 April 2017.
67. Sean A. Atkins, Multidomain Observing and Orienting, *Air & Space Power Journal*, Fall 2018.

68. CRS: Airborne Intelligence, Surveillance & Reconnaissance (ISR): The U-2 Aircraft and Global Hawk UAV Programs, 2000.
69. CRS: Military Transformation: Intelligence, Surveillance and Reconnaissance, 2003.
70. RAND:Communications Networks to Support Integrated Intelligence, Surveillance, Reconnaissance, and Strike Operations, 2004.
71. CRS: Intelligence, Surveillance, and Reconnaissance (ISR) Programs: Issues for Congress, 2005.
72. GAO: Preliminary Observations on DOD's Approach to Managing Requirements for New Systems, Existing Assets, and Systems Development, 2007.
73. GAO: Greater Synergies Possible for DOD's Intelligence, Surveillance, and Reconnaissance Systems, 2007.
74. RAND: A Strategies-to-Tasks Framework for Planning and Executing Intelligence, Surveillance, and Reconnaissance (ISR) Operations, 2007.
75. RAND: A RAND Analysis Tool for Intelligence, Surveillance, and Reconnaissance: The Collections Operations Model, 2008.
76. RAND: Methodology for Improving the Planning, Execution, and Assessment of Intelligence, Surveillance, and Reconnaissance Operations, 2008.
77. GAO: DOD Can Better Assess and Integrate ISR Capabilities and Oversee Development of Future ISR Requirements, 2008.
78. GAO: Overarching Guidance Is Needed to Advance Information Sharing, 2010.
79. CRS: Intelligence, Surveillance, and Reconnaissance (ISR) Acquisition: Issues for Congress, 2010.
80. Defense Science Board: Counterinsurgency (COIN) Intelligence, Surveillance, and Reconnaissance (ISR) Operations, 2011.
81. GAO: Actions Are Needed to Increase Integration and Efficiencies of DOD's ISR Enterprise, 2011.
82. Lexington Institute: U.S. Air Dominance in a Fiscally-Constrained

Environment: Defining Paths to the Future——Intelligence, Surveillance and Reconnaissance, 2013.

83. CRS:Intelligence, Surveillance, and Reconnaissance (ISR) Acquisition: Issues for Congress, 2013.

84. RAND: DATA_FLOOD: Helping the Navy Address the Rising Tide of Sensor Information, 2014.

85. CRS: Intelligence Support to Military Operations, 2018.

86. CRS: National and Defense Intelligence, 2018.

87. CRS: Military Use of the Electromagnetic Spectrum, 2019.

三、中文著作：

1.《中国军事百科全书·军事学术 I》，军事科学出版社 1997 年版。

2.《中国军事百科全书·军事情报学分册》，军事科学出版社 1992 年版。

3.《中国人民解放军军语》，军事科学出版社 2011 年版。

4.《世界飞机手册（2000)》，航空工业出版社 2000 年版。

5.《世界飞机手册（2011)》，航空工业出版社 2011 年版。

6. 张晓军等：《美国军事情报理论研究》，军事科学出版社 2007 年版。

7. 军事科学院军事历史研究部：《海湾战争全史》，解放军出版社 2000 年版。

8.《海湾战争（上）——美国国防部致国会的最后报告》(军事科学院外国军事研究部译)，军事科学出版社 1992 年版。

9.《海湾战争（中）——美国国防部致国会的最后报告附录》(军事科学院外国军事研究部译)，军事科学出版社 1992 年版。

10.《海湾战争（下）——L·阿斯平与 W·迪金森的研究报告》(军事科学院外国军事研究部译)，军事科学出版社 1992 年版。

11. 中国人民解放军总参谋部军训部：《科索沃战争研究》，解放军出版社 2000 年版。

12.《科索沃战争（上）——美国国防部关于联盟力量行动的战后审查报告》（军事科学院外国军事研究部译），军事科学出版社 2000 年版。

13.《科索沃战争（中）——科索沃航空兵与导弹战役的经验教训》（军事科学院外国军事研究部译），军事科学出版社 2000 年版。

14.《科索沃战争（下）——法德等国官方及学者论科索沃空袭战的经验教训》（军事科学院外国军事研究部译），军事科学出版社 2000 年版。

15.《伊拉克战争——来自参战国军方的报告》（军事科学院世界军事研究部译），军事科学出版社 2005 年版。

16. 王永明、刘小宁：《伊拉克战争研究》，军事科学出版社 2003 年版。

17. 雷厉主编：《侦察与监视——作战空间的千里眼和顺风耳》，现代电子信息技术丛书，国防工业出版社 2008 年版。

18. 任国军：《美军情报条令导读》，军事科学出版社 2013 年版。

19. 中国人民解放军总装备部军事训练教材编辑工作委员会编：《军事技术概论》，国防工业出版社 2006 年版。

20. 汪致远总主编、孙家栋分卷主编：《现代武器装备知识丛书·导弹武器与航天器装备》，原子能出版社、航空工业出版社、兵器工业出版社 2003 年版。

21. 孙建民：《战后情报侦察技术发展史研究》，军事科学出版社 2008 年版。

22. 张晓军主编：《美国军事情报理论著作评介》，时事出版社 2005 年版。

23. 车先明、陈学惠主编：《美军作战理论前沿问题聚焦》，军事科学出版社 2005 年版。

24. 华人杰等：《空军学术思想史》，解放军出版社 2008 年版。

25. 李德顺主编：《航空兵与空战》，航空工业出版社 2007 年版。

26. 王晓华：《情报战的秘密》，解放军出版社 2002 年版。

27. 张震、苏庆谊主编：《高技术与现代空军》，军事科学出版社 1993 年版。

28. 张沁华、关永豪、侯素强等：《触目惊心情报战》，河北科学技术出版社 2000 年版。

29.〔美〕阮春荣：《大气中飞行的最优轨迹》（茅振东译），宇航出版社 1987 年版。

30. 章仁为：《卫星轨道姿态动力学与控制》，北京航空航天大学出版社 1998 年版。

31.《密码与战争——无线电侦察及其在第二次世界大战中的作用》，群众出版社 1998 年版。

32. 赵承庆：《航空航天》，新时代出版社 2002 年版。

33.《空军装备系列丛书》编审委员会编：《侦察情报装备》，航空工业出版社 2009 年版。

34. 童志鹏等：《现代电子信息技术丛书》，国防工业出版社 2008 年版。

35.《雷达手册》（王军等译），电子工业出版社 2003 年版。

36. 郑守华、董文进主编：《外军特种侦察作战典型战例研究》，军事科学出版社 2014 年版。

37. 马增军编译：《侦察、监视与目标捕获——美军第一骑兵团第二中队战术标准作业程序》，航空工业出版社 2016 年版。

38. 王浩编译：《美国陆军情报与信息搜集行动研究》，辽宁大学出版社 2013 年版。

39. 耿卫、马增军编译：《情报分析的应用思维》，航空工业出版社 2016 年版。

40. 范虎巍、李进编译：《美国海军作战构想》，航空工业出版社 2012 年版。

41. 温百华编译：《海神的工具：日本海洋监视及近海防御能力》，航空工业出版社 2016 年版。

42.〔美〕拉姆斯菲尔德著：《已知与未知》（魏骅译），华文出版社 2013 年版。

43.〔美〕埃里克·布鲁姆：《无所畏惧》（李娟、张蕊译），长江文艺出版社 2014 年版。

44.〔美〕塞巴斯蒂安·荣格尔：《血战库伦加尔山谷——美军 173 空降旅阿富汗反恐实录》（朱强译），重庆大学出版社 2014 年版。

45.〔美〕鲁斯蒂·布莱德利、凯文·莫勒：《坎大哈之狮——阿富汗战争“美杜莎”行动中的美国陆军特种部队》（小小冰人译），中国长安出版社 2013 年版。

46.〔美〕凯文·莫勒：《痞子英雄——美军特种部队绿色贝雷帽阿富汗战地纪实》（王璜译），化学工业出版社 2016 年版。

47.〔美〕小彼得·F. 潘泽瑞：《“海神之矛”行动：海豹突击队猎杀本·拉登》（张立功译），中国市场出版社 2016 年版。

48.〔美〕马克·欧文著：《艰难一日——海豹六队击毙本·拉登行动亲历》（杨保林、张宝林、王蕾译），中信出版社 2012 年版。

49.〔美〕肖恩·帕内尔、约翰·R. 布鲁宁：《亡命排》（小小冰人译），人民日报出版社 2012 年版。

50.〔美〕克里斯·凯尔、斯科特·麦克伊文、吉姆·德菲利斯：《美军第一狙击手》（秦程程译），中国画报出版社 2013 年版。

51.〔美〕马库斯·鲁特埃勒、帕崔克·罗宾逊：《孤独的幸存者》（赵宏涛译），长江文艺出版社 2009 年版。

52.〔美〕斯坦利·麦克里斯特尔：《重任在肩：一位美国四星上将的军事回忆录》，中信出版社 2014 年版。

53. 张华翼编译：《鹰之猎场》，军事科学出版社 2009 年版。

四、中文期刊：

见附录 2